本书受上海市政府发展研究中心、上海对外经贸大学"高端开放与国际规则决□基地"资助（项目编号GYY2015017）

张秋菊 著

出口稳定增长的制约因素及对策研究

Restraining Factors and Ways of Maintaining Stable Export Growth

经济管理出版社
ECONOMY & MANAGEMENT PUBLISHING HOUSE

图书在版编目（CIP）数据

出口稳定增长的制约因素及对策研究/张秋菊著．—北京：经济管理出版社，2016.1
ISBN 978-7-5096-4060-9

Ⅰ．①出…　Ⅱ．①张…　Ⅲ．①出口贸易—贸易增长—制约因素—研究—中国 ②出口贸易—贸易增长—经济发展战略—研究—中国　Ⅳ．①F752.62

中国版本图书馆 CIP 数据核字（2015）第 289627 号

组稿编辑：贾晓建
责任编辑：贾晓建
责任印制：黄章平
责任校对：王　淼

出版发行：经济管理出版社
　　　　　（北京市海淀区北蜂窝 8 号中雅大厦 A 座 11 层　100038）
网　　址：www.E-mp.com.cn
电　　话：（010）51915602
印　　刷：北京九州迅驰传媒文化有限公司
经　　销：新华书店
开　　本：720mm×1000mm/16
印　　张：15.25
字　　数：275 千字
版　　次：2016 年 1 月第 1 版　　2016 年 1 月第 1 次印刷
书　　号：ISBN 978-7-5096-4060-9
定　　价：48.00 元

目 录

第一章 导 论

第一节 研究背景和研究意义

一、研究背景

自改革开放以来，我国积极参与了世界经济全球化的进程，随着经济全球化的不断推进和发展，我国的出口也得到了快速的发展。1978 年我国的出口额仅为 97.5 亿美元，2011 年增加至 18986.0 亿美元，比 1978 年增加了近 194 倍。我国出口增长速度也远远超过世界平均水平，2001~2010 年我国出口以年均 18.3% 的速度增长，远远高于世界同期 8.9% 的年均增长速度。此外，我国出口占世界出口的比重及在世界出口大国中的排名也大幅上升。1978 年我国出口额占世界出口额的比重不到 1%，2011 年该比重上升到 10.4%。我国在世界出口大国中的排名也由 1978 年的 32 位跃升到 2009 年的第 1 位，2010 年和 2011 年仍维持在世界第 1 位。

我国出口在快速增长的同时，由于外部环境和内部因素的影响，其可持续性受到一系列严峻的考验。全球经济危机导致我国出口大幅下滑，我国的"人口红利"优势开始减弱，旧有的高耗费、高污染的贸易模式难以为继。

首先，我国的出口增长主要是靠数量增长带动的，容易受到外部经济环境的冲击，而且随着出口增长，出口企业生产成本不断增加。例如，由于受到 2008 年金融危机的冲击，2009 年我国出口大幅下滑并出现负增长。至今，我国出口增长虽然有所恢复，但仍然面临一系列的不稳定因素。过去，我国主要依靠廉价劳动力投入、大量资源消耗和大规模政府投资来实现出口快速增长。我国单位国内生产总值的能耗远超过世界平均水平以及高收入国家和中等收入国家水平，具体如图 1-1 所示。我国高耗费、高污染和低附加值的经济和贸易模式决定了出口在快速增长的同时能源耗费的数量也在快速增加，2009 年我国进口 32766 万吨标准油，仅次于美国和日本，为世界第三大能源进口国。国际市场上能源价格不断波动，而且呈上升趋势，使我国企业出口增长的稳定性受到威胁。同样，由于我国在国际分工中主要参与劳动密集型生产环节，随着我国出口的快速增长，对劳动力的需求也会快速增加，而由于人口老龄化，国内劳动力供给的增加速度比较缓慢，再加上生活成本不断提高，这一系列因素导致近些年来我国劳动力成本也在快速增加。2011 年以来，北京、上海、江苏、广东、浙江等 25 个地区的最低工资标准平均增长 22%，外贸企业用工成本增长幅度更高，我国"人口红利"优势正在逐渐弱化。而我国出口仍以加工贸易为主，劳动力成本低是国外品牌在我国代工的一个重要原因，随着我国劳动力成本的快速增加，一些国外著名品牌必然会将订单转移至泰国、越南等劳动力成本更低的东南亚国家，例如，阿迪达斯计划关闭位于苏州的在华唯

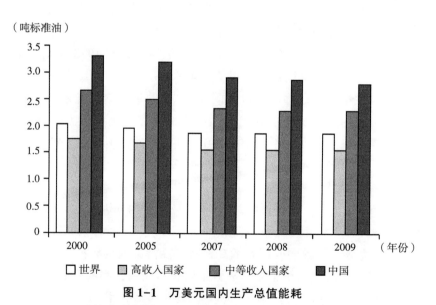

图 1-1　万美元国内生产总值能耗

（吨标准油/万美元，购买力平价法，2005 年不变价）

资料来源：2011 年国际统计年鉴。

一直属工厂，将工厂转移至成本更低的东南亚地区。随着我国劳动力成本的增加，国内的代工企业订单减少，利润下降，很多代工企业尤其是一些中小型企业面临经营困难。我们通过在第 112 届广交会上的调研分析发现，2011 年以来，我国以纺织业为代表的传统劳动密集型产业的中低端产能订单减少而且有向外迁移的趋势。随着我国中低端产能外迁，虽然有一些企业通过开发新产品提高出口商品价格带动了出口增长，但大多企业还是靠成本拉动出口量的增长。由此可见，我国制造业出口面临严峻形势：中低端产能在慢慢丧失低成本优势的同时，高端产能的竞争力还比较弱，而且我国今后在培养高端产能竞争优势的过程中面临来自发达国家的激烈竞争。

其次，我国出口商品面临的贸易壁垒种类和数量在不断增加。根据世界银行 2011 年发布的报告，全球 47% 新发起的贸易救济调查和 82% 已完成的案件都针对我国。截至 2010 年，我国已经连续 16 年成为遭遇反倾销调查最多的 WTO 成员国，连续 5 年成为反补贴调查最多的 WTO 成员国。其中一个重要原因是我国出口数量的快速增加对发达国家制造业造成了冲击，引发了发达国家国内的就业问题，尤其是在金融危机背景下，为了缓解就业压力，发达国家会增加针对我国出口商品的贸易壁垒。例如，发达国家利用自身技术水平高于我国的优势对我国出口商品设置了技术性贸易壁垒，技术性贸易壁垒已经成为我国出口商品面临的最主要贸易壁垒。随后，发达国家又以保护劳动者和动物福利为由，提出了社会道德责任标准（SA8000），从而为我国出口设置障碍。近几年来，发达国家又以减少碳排放为由酝酿对来自我国的出口商品征收碳关税，虽然大多数发达国家还没有立即开始征缴碳关税，但由于碳关税的征收既不违反 WTO 的规定，又得到欧美等发达国家的积极支持，碳关税的实施是一种必然的趋势。而我国旧有的贸易模式是高耗费、高污染的模式，所以，碳关税实施后我国出口必将会受到一定冲击。

最后，当前人民币汇率形成机制呈市场化的趋势，人民币汇率波动幅度比较大，出口企业面临的汇率风险增加。此外，当今全球价值链正在重组，以美国、欧盟为代表的发达国家已经提出了"制造业回归"。美国正在通过推进第三次产业革命来实现制造业回归本土。以 3D 打印机为代表的第三次工业革命以"智能制造"为核心，这次产业革命将会使产品的制造方式和制造地点发生根本性的改变，从而引起全球价值链的重组。第三次工业革命的发生也必然会使单纯以劳动力成本获得的比较优势越来越不明显，制造业回流到本土是一种毋庸置疑的趋势①，我国以低劳动力成本优势成为"世界加工厂"的地位将会受到威胁。

由此可以看出，当今，在经济全球化背景下我国出口稳定增长受到一系列国内外形势的制约，我国只有适应国内外经济形势新变化，把推动出口发展的立足点放在提高质量和效应上来，以质带动量的发展，以创新驱动发展，增强出口增长的动力，才能促进出口稳定增长。我们有必要系统分析保持我国出口稳定增长的制约因素，并根据这些因素对我国出口稳定增长的影响提出相应的对策建议，这正是本书试图解决的问题。

二、研究意义

本书的研究既具有很强的现实意义也具有很强的理论意义。

从现实来看，出口稳定增长是我国经济发展中的重要议题，它关系到我国经济的稳定发展和社会的安定。商务部印发的《对外贸易发展"十二五"规划》指出，"十二五"期间外贸发展的目标是：稳增长促平衡取得实质进展、进出口商品结构进一步优化、发展空间布局更加完善、国际竞争力明显增强。把出口增长保持在合理的范围，对我国经济的稳定发展和社会的安定很重要。出口增长速度过高，会导致过度地使用资源和原材料，产品的生产成本就会上升，而且最终会引起通货膨胀，贸易摩擦的增加，快速的出口增长将无法继续维持下去；相反，如果出口增长太慢，就会造成资源的闲置以及工人的失业，有可能会造成通货紧缩，国内经济发展缓慢。所以，如何保持出口稳定增长是我国经济和贸易发展中一个重要的议题，具有很强的现实意义。因此，系统分析保持我国出口稳定增长的制约因素和对策，不仅可以为我国长短期外贸政策的制定提供分析基础，还可以为出口企业在全球经济危机背景下有效地增加本企业的出口提出一些具体的可操作的政策措施。

在理论方面，关于出口增长影响因素方面的研究很零散，本书在消化吸收国内外出口增长问题上的各种理论之后，提出全方位系统的分析框架，用于中国问题的研究；在研究手段上，把西方经济学、计量经济分析和贸易研究综合在一起。

---

① 蔡春林、姚远，（2012）"美国推进第三次工业革命的战略及对中国借鉴"［J］.《国际贸易》第9期：17-22.

第二节 研究对象和研究框架

一、研究对象和相关概念

（一）研究对象

本书主要基于我国的样本研究经济全球化背景下影响出口的主要因素与出口稳定增长的关系，并提出相应的对策建议。有很多的理论和实证分析已经发现影响一国出口的因素有很多，我们将这些因素归为两类：一类是外部因素；另一类是内部因素。尤其是在经济全球化背景下，我国作为一个出口大国，其出口必然会受到外部因素的影响，同时也会受到我国内部因素的影响。外部因素通常是我国难以控制的，但我国可以通过干预一些外部因素来辅助出口稳定增长，例如，我国政府可以通过外汇市场干预人民币汇率，进而影响我国的出口增长。但对于另外一些外部因素我国政府是无法干预的，例如，对于金融危机背景下进口国收入水平的整体下降，我国政府无法对此进行干预来促进我国出口稳定增长。因此，我们将分别探讨可干预及不可干预的外部因素对我国出口增长的长短期影响，并采用面板数据分析了各种外部因素对我国出口增长影响的差异。内部因素通常是可以控制的，但有些内部因素容易控制，如出口退税政策；而有些内部因素是不易控制的，如技术水平。因此，我们将内部因素归为两大类：一类是易控制的内部因素；另一类是不易控制的内部因素。我们分别探讨了易控制和不易控制的内部因素对我国出口稳定增长的影响，并分析了各种内部因素对出口稳定增长的影响机制和影响程度的差异。由于我国出口增长会同时受到内外部因素的共同作用，所以，我们随后又分析了内外部因素对我国出口稳定增长的共同作用，并比较了内部因素和外部因素对出口稳定增长影响机制的差异，通过建立向量自回归模型（Var）分析和比较了当期外部因素与内部因素的变化对我国当期及今后出口增长的动态影响。最后，我们根据丁伯根创立的经济政策学和前面的分析结果，全面、系统地提出促进我国出口稳定增长的对策建议。

（二）相关概念的界定

由于经济全球化背景下制约我国出口稳定增长的因素有很多，我们根据问卷调查和文献研究结果来确定影响我国出口增长的主要因素。我们向广东、上海等地出口文具、五金、机械、游艇、洁具、陶瓷、家具和服装的 27 家企业发放了 300 份出口增长影响因素调查问卷，调查问卷的结果见附录一。由调查问卷分析结果可以看出，我国企业出口增长主要受到进口国的经济状况、贸易壁垒、人民币汇率、技术水平、出口退税、出口商品种类的变化、工资的上涨和出口市场的集中程度的影响。由现有文献研究结果可以看出，影响我国出口增长的主要因素有 10 种：进口国收入、外生贸易壁垒、汇率、外商直接投资和区域贸易安排、技术水平、出口商品结构、出口退税、出口商品结构集中度和出口商品地理集中度。由此可以看出，问卷调查结果与文献研究结果基本是一致的，因为我们调研的一部分出口企业是独资或合资企业，所以外商直接投资是必然会影响我国出口的，区域贸易安排会使企业面临的贸易壁垒发生变化，所以区域贸易安排也必然会影响我国的出口，工资的上涨对企业出口的影响可以通过技术水平的提高来抵消，企业出口商品种类的变化会引起我国出口商品结构和出口商品结构集中度的变化。所以，我们可以按照现有文献研究结果确定影响我国出口增长的主要因素。我们把这些因素分为外部因素和内部因素。这里先对该课题所涉及的概念进行界定，为后续研究做铺垫。该课题涉及的概念主要包括出口稳定增长、外部因素、可干预的外部因素、不可干预的外部因素、内部因素、易控制的内部因素、不易控制的内部因素。

出口稳定增长是指出口增长和出口稳定的协调和统一，出口增长是指出口规模的扩大，着重出口"量"的增加，出口稳定指出口的可持续性，更着重出口"质"的提高。所以，出口稳定增长是指出口规模和出口商品质量同时提高，最终实现以质带动量的增长，从而保证出口增长能一直持续下去。商品出口包括有形商品出口和无形商品出口，我们这里主要研究的是有形商品的出口。

外部因素是指影响出口增长的外部经济环境，如汇率、引进外资、国外收入变化等。根据相关文献研究成果及问卷调查结果，该课题将五种因素列为主要的外部因素进行研究，这五种外部因素包括进口国收入、外生贸易壁垒、汇率、外商直接投资和区域贸易安排。可干预的外部因素指那些可以通过国内政策调整进行干预的外部因素，可干预的外部因素包括汇率、外商直接投资和区域贸易安排。不可干预的外部因素指那些没办法通过国内政策调整直接进行干预的外部因素，该课题研究的不可干预的外部因素包括进口国收入和外生贸易壁垒。

内部因素指影响出口增长的内部环境，本书研究的内部因素包括技术水平、出口商品结构、出口退税、出口商品结构集中度和出口商品地理集中度。易控制的内部因素是指采取措施后容易改变的内部因素，本书研究的易控制的内部因素包括出口退税、出口商品结构集中度及出口商品地理集中度；不易控制的内部因素是指采取措施短期内也不容易改变的内部因素，本书研究的不易控制的内部因素包括技术水平和出口商品结构。

二、研究框架

本书根据国内外主要学者现有成果提出自己的综合性分析框架，首先分析了我国出口增长及其不稳定性现状，引出要研究的问题。其次遵循先分后总、先理论后实证的思路分析各种因素与我国出口稳定增长之间的关系并加以比较，寻求各种因素影响出口增长的不同途径。最后根据各种因素对我国出口稳定增长影响的分析结果提出保持我国出口稳定增长的对策建议。

除本章之外，本书还有六章的分析，具体的结构安排如下：

第二章对出口稳定增长影响因素相关文献进行了梳理。第一节归纳了影响出口稳定增长的因素，第二节总结了单个影响因素与出口增长关系的探讨，最后对相关文献进行了简评。从中我们发现一国出口增长受到很多因素的影响。

第三章是对我国出口增长现状及其不稳定性进行了分析。分别从我国整体、各行业和各地区三个方面总结了出口增长现状及其不稳定性特征，进而引出我国出口增长不稳定的原因。发现我国出口增长速度超过发达国家和发展中国家平均水平，但同时我国出口增长的不稳定性也远超过发达国家和发展中国家平均水平，我国出口增长受到外部经济环境和内部因素的影响。

第四章分析了外部因素与我国出口稳定增长的关系。首先，从理论和实证两方面分析了不可干预的外部因素对我国出口稳定增长的影响。我们发现，进口国的收入无论在长期内还是在短期内都会影响我国出口稳定增长，国际经济环境的恶化，不利于我国出口稳定增长。针对我国劳动密集型出口商品的外生贸易壁垒的增加，会使我国出口商品数量减少，会间接促进我国产业结构和出口商品结构的优化，针对我国资本技术密集型出口商品的外生贸易壁垒的增加不但不利于我国出口增长，而且不利于我国产业结构和出口商品结构的优化，外生贸易壁垒已经成为制约我国出口稳定增长的一个重要因素。其次，分析了可干预的外部因素对出口稳定增长的影响。我们发现无论从长期来看还是从短期来看人民币汇率都会影响我国出口稳定增长，长期来看，人民币升值不利于我国出口增长，但影响系数比较小。外商直接投资会影响我国及各地区出口的稳定增长，其中对东部地区出口的长期影响比对中部和西部地区的出口影响更明显，但在短期内外商直接投资对东部地区和中部地区出口的影响比较明显，对西部地区的影响不明显。参与区域贸易安排能促进我国出口增长，但这种促进作用的大小与区域内的自由贸易化进程密切相关。最后，比较了各种外部因素对出口稳定增长影响的差异，发现不同外部因素对我国出口稳定增长的影响路径和影响程度不同，进口国收入对我国出口增长的影响最直接也最大，其次是区域贸易安排和外商直接投资。

第五章分析了内部因素与我国出口稳定增长的关系。首先，分析了不易控制的内部因素对出口稳定增长的影响。技术进步会促进我国整体出口增长，但在中西部地区，技术进步对出口增长的促进作用并不明显。工资提高对我国制造业出口增长的制约可以通过技术进步促进劳动生产率更快速地提高来缓解。出口商品结构的优化能促进我国出口稳定增长，我国出口商品结构的改变无论从长期来看还是从短期来看都能明显地影响我国出口增长。其次，分析了易控制的内部因素对出口稳定增长的影响。发现出口退税对不同行业的出口影响不同，应针对不同行业设置不同的出口退税率。无论从短期还是从长期来看，出口商品结构集中度均会影响我国出口增长，长期来看，出口商品结构集中度的增加会促进我国出口增长，但同时出口商品结构集中度的增加又会导致我国出口增长波动的增加。出口商品地理集中度对我国出口增长的影响不明显。最后，比较了各种内部因素对出口稳定增长影响的差异，发现不同内部因素对我国出口稳定增长的影响路径和影响程度不同。出口商品结构和技术水平对我国出口增长的影响程度最大。

第六章对内外部因素与我国出口增长的关系进行了扩展分析。首先，分析了内外部因素共同制约出口稳定增长的机制，并对外部因素与内部因素对出口稳定增长的制约机制进行了比较，发现大多外部因素会直接影响外国对我国产品的需求，或间接影响我国国内供给和生产，而且对我国国内生产和供给的影响相对比较小。其次大多内部因素会直接影响我国国内生产和供给，进而影响我国出口商品质量和竞争力，对外国对我国产品需求的直接影响相对比较小。最后，采用脉冲响应函数方法比较了内外部因素对我国出口增长的动态影响。

发现随着时间的推移，内部因素出口商品结构对我国出口的影响越来越大，外部因素外商直接投资对我国出口的影响越来越小并趋于稳定。由此我们得出结论，外部因素的变化对我国出口增长的短期影响更大，内部因素的变化对我国出口增长的长期影响更大，改变和影响内部因素是促进我国出口稳定增长的根本途径。

第七章是保持我国出口稳定增长的对策研究。根据第三至第六章的分析结果，并结合经济政策学的相关理论，全面、系统地提出促进我国出口稳定增长的对策建议。指出我国当前应该从根本上改善内部因素，面对复杂的外部经济环境，化危机为机遇，变压力为动力，发挥外部因素对我国内部因素改善的辅助作用，实现我国出口长期稳定增长。

本书的研究框架结构图如下：

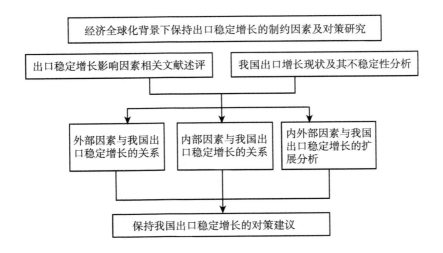

第三节　研究方法和创新之处

一、研究方法

本书综合运用系统方法研究内外部因素对我国出口稳定增长的影响，并提出相应的对策建议。以实证研究为主，坚持定量分析与定性分析相结合。

实证研究方法主要采用误差修正模型 ECM（Error Correction Model）分析了各种因素与我国出口增长之间的长短期因果关系。对于那些不是同阶单整的两个变量，通过建立 ARDL（自回归分布滞后模型）分析两者之间的关系。采用面板数据并建立回归模型比较了各种外部因素对出口增长影响程度的大小。各种内部因素之间有很强的相关性，为了消除多重共线性的影响，对于各种内部因素对我国出口稳定增长影响程度大小比较的实证分析，我们选择了偏最小二乘（Partial Least-Squares，PLS）方法进行回归分析。偏最小二乘回归聚集了普通最小二乘法与主成分分析的优点，既不损失自变量又能消除多重共线性。

定性分析主要是对各种因素对出口稳定增长影响机制的阐述，根据相关的理论分析定性地总结了各种因素对出口稳定增长的影响途径及内外部因素共同作用出口稳定增长的机制，并比较了内外部因素对出口稳定增长影响机制的差异，发现在长期内保持出口稳定增长的关键是要改善影响出口稳定增长的内部因素。此外，还采用经济政策学的分析方法并结合定量分析结果提出了相应的对策建议。

二、创新之处

本书的创新之处主要有以下几个方面：

（1）采用误差修正模型 ECM（Error Correction Model）的长、短期因果关系检验方法，系统分析了各种因素与出口增长之间长短期的关系。直接对影响出口增长的因素和出口增长的变量进行因果关系检验（Granger，1988），则无法明确各种因素与出口之间的关系是属于长期还是短期。将误差修正模型引入分析框架，不仅可以避免伪回归等统计问题的出现，而且有利于对长期政策的指导。

（2）比较分析了各种因素影响我国出口稳定增长的机制和程度。首先比较了不同外部因素对我国出口增长的影响程度，接着比较了不同内部因素对我国出口增长的影响程度，最后比较了内部因素与外部因素对我国出口增长的动态影响。通过比较分析，就内部因素和外部因素对我国出口增长的重要性进行了对比，发现内部因素是影响我国出口稳定增长的根本性因素，所以，我们可以通过从根本上改善内部因素，同时发挥外部因素对内部因素改善的辅助作用，实现我国出口稳定增长。这些分析可以为我国政府制定外贸政策提供一定的依据。

（3）全面系统地提出了保持出口稳定增长的对策。采用经济政策学的理论并结合内外部因素对我国出口稳定增长影响的分析，全面系统地提出相应的对策建议，为政府和企业提供保持出口稳定增长的具体的可操作的政策措施。

第二章　出口稳定增长影响因素相关文献述评

当今学术界对保持出口稳定增长的问题已经有了一些研究，20 世纪 60 年代，国外就已经有学者开始研究出口不稳定对一个国家经济发展的影响。他们发现出口不稳定会对一个国家宏观经济发展产生不利影响。例如，出口贸易的不稳定对外汇收入产生了不确定性，从而减少了工业原材料及机器设备的进口进而影响投资意愿，如此下去不但会影响制造业的发展甚至会因资金短缺而导致整个经济水平的滑坡（Massell，1964）。此后，国内外学者和各个国家政府开始关注出口增长的稳定性。国内外很多学者采用不同的数据开始对出口增长的稳定性进行了一系列实证研究。

与出口增长相关的理论研究相比，学术界对出口增长的实证研究更多，我们将现有成果归为两类：一类是影响出口稳定增长的因素的探讨；另一类是分别对各种因素与出口增长的关系进行的探讨。

第一节　影响出口稳定增长因素的探讨

Massell（1970）首次较全面地列出了出口不稳定性的九个影响变量：商品集中度、地理集中度、食物专业化生产程度、原材料专业化生产程度、出口市场份额、出口产品的国内消费情况、出口部门的规模、人均收入、国家的发达程度。随后开始有越来越多的学者开始研究影响出口稳定增长的因素。国内外学者通过理论和实证研究发现影响出口增长的因素有很多，我们根据他们采用的理论模型将这些研究归为以下几个方面。

一、建立回归模型进行的研究及其结果

（一）采用国家层面数据进行的研究及其结果

Satis Chandra Devkota（2004）采用尼泊尔的数据建立计量模型，将尼泊尔出口增长的不稳定因素归结为商品集中度、地理集中度、非农业 GDP 不稳定性、农产品供给的不稳定、配额和补贴政策、出口商品质量不高等因素。

魏巍贤（2000）根据理性微观经济主体的效用函数最大化原理建立出口增长模型，并运用误差修正程序进行回归分析，中国出口与贸易汇率之间存在着长期关系，汇率对出口增长的短期影响存在着"J曲线"效应。在汇率变化的当期和第一季度，对出口增长有统计上不显著的负面影响；到第二季度，对出口增长开始发挥正面影响，但不显著；进入第三季度，对出口有显著的正面影响。虽然外国收入和外国价格不是中国出口增长的长期决定因素，但它们对中国出口增长有显著的短期影响，并且两个解释变量的估计系数具有理论预期的符号。

赵丙奇（2005）从增幅层面和统计学角度对进出口不稳定性进行了实证分析，并对主要影响因素进行线性回归分析，结果表明出口不稳定与商品集中度、市场集中度、初级产品出口比率、纺织产品及其制品出口比率及机械及运输设备出口比率无明显的线性相关关系。赵革、黄国华（2006）通过构建计量模型分析了自 1981 年以来影响中国出口的主要动力，发现我国出口增长的主要动力是加工贸易进口、全球经济的发展和外贸管理制度。

李荣富（2008）建立了出口贸易与其影响因素间的经济计量模型并进行了实证分析，结果表明除了实际利率与出口贸易是反向关系外，其他的解释变量对出口贸易都具有正向作用。其中，影响最大的是贸易条件，世界经济增长率与外贸管理度对出口贸易的拉动和推动作用也很显著，而加工贸易进口与外商直接投资的影响微弱，但金融因素（实际利率和实际有效汇率）对出口贸易的影响不容忽视。洪波（2008）采用时间序列分析方法，利用 1986～2005 年的相关数据对中国的出口贸易进行实证研究，发现中国出口增长与世界进口需求的增长互动性强，国内经济增长对出口增长具有显著推动作用，与国际接轨对推动我国出口贸易的发展作用显著，但引进外资对促进出口贸易的作用不够明显。

孙治宇（2010）利用1997年第一季度至2008年第四季度的数据估计了中国进出口贸易需求的收入弹性、价格弹性和汇率弹性，结果发现国外收入变化是影响中国出口的主要因素，产品价格对出口的影响较小，而人民币汇率波动对出口的影响不确定。因此，如果采取低价格促进出口的措施，不仅是低效的，而且是得不偿失的。白红光、陈建国（2011）从经济增长、劳动禀赋、工资、劳动生产率、人力资本以及技术进步这几个因素，通过计量分析，分析这几个因素对出口的影响作用。认为我国在继续利用好低工资优势的同时，应提高人力资本水平、促进技术进步、提升出口产品结构及技术含量，保证我国出口的可持续性。

（二）采用地区数据进行的分析及其结果

杨扬（2003）采用江苏省20世纪90年代的时间序列资料，拟合出其指数型出口趋势线，据此衡量出各期的出口不稳定值，并以地理集中度、商品集中度、初级产品比率、纺织产品比率、机构设备产品比率为解释变量进行了回归分析。结果显示造成江苏省出口不稳定的主要因素是地理集中度、纺织产品比率和商品集中度。要保证江苏省出口的持续、快速、健康发展，只有通过实施市场和商品的多元化战略，才能保证纺织、机电两大类商品出口的共同健康增长。

胡本田（2004）通过实证分析认为影响安徽省出口不稳定的主要因素有商品集中度，轻纺产品、橡胶制品、矿业产品及其制品的出口比率，机械设备的出口比率和杂项制品的出口比率，地理集中度的影响相对不显著。

（三）采用行业数据进行的实证分析及其结果

钟昌标（2007）利用中国电子工业子行业面板数据实证分析1999～2002年期间该行业出口的决定因素，特别是外商直接投资（FDI）的作用。研究结果发现FDI尤其是来自中国港澳台地区的FDI和规模经济对出口有正向作用。同时发现国有资本份额与出口负向相关，而资本密集度、研发和人力资本并不是影响中国电子行业出口的重要因素，表明中国的电子企业大多仍处于国际产品分工链的低端。

二、采用引力模型进行的研究及其结果

曾国平、申海成（2006）构建中国农产品出口贸易引力模型，利用面板

数据研究分析影响中国农产品出口贸易的主要因素，该文发现中国农产品进口国家和地区的 GDP、APEC 组织和地区虚拟变量与中国农产品出口正相关，而汇率和距离与中国农产品出口负相关。因此，中国农产品出口的主要市场集中在距离相对较近、GDP 较大且与中国属于同一贸易组织的国家和地区，国际市场汇率变动对中国农产品出口贸易的间接作用相对较弱。中国经济规模和人口数量变化对农产品出口贸易的影响不明显，进口国和地区的 GDP 增长、人口增长都会增加当地对中国农产品的需求，从而在一定程度上推动中国农产品出口增长。

曹宏成（2007）采用国际上通行的贸易引力模型，对 2005 年我国与 34 个最大的贸易伙伴国之间贸易流量进行了实证分析，发现贸易双方的经济总规模（GDP）、地理距离与制度安排（是否为东盟成员）是影响我国对外贸易的主要因素。

胡求光、霍学喜（2008）通过对中国水产品出口贸易引力模型的实证检验，发现水产品进口国的经济总量、中国渔业生产总值和 APEC 区域贸易制度安排都对中国水产品出口贸易流量和流向有显著的正面影响，而距离所代表的运输成本则是阻碍水产品出口的主要因素。东南亚国家距离中国相对较近，从运输成本角度考虑出口到这一区域的运输成本较低，故中国对这一区域出口较多，GDP 较大的日本和美国则占据了中国水产品出口市场的很大份额。在其他条件相同时，由于面临更低的贸易壁垒，中国更愿出口到 APEC 成员国。

三、基于企业异质性贸易模型的分析及结果

钱学锋、熊平（2010）利用 1995～2005 年 HS-6 位数国际贸易数据，客观描述了中国出口增长二元边际结构的特征性事实。文章发现无论在多边层次还是在双边层次，中国的出口增长主要是沿着集约的边际实现的，扩展的边际占据的比重很小。并利用 Tobit 模型对中国与 11 个主要贸易伙伴的经验研究发现，二元边际并不具备完全相同的影响机制，即便在某些方面有着相同的影响机制，也存在着程度上的差异。首先，经济规模有助于提升出口的集约边际，但对出口的扩展边际却构成了一种障碍。这意味着，要想提升中国出口增长结构中扩展边际的比重，中国的出口企业确实应该实施多元化的市场战略，而不仅仅将目光盯在经济规模较大的欧美日等传统出口市场。其次，多边阻力对于集约的边际没有正向的作用，但却能帮助实现出口的扩展边际。由此引申的政

策含义是，当多边贸易自由化进程受阻时，中国应该加紧促进扩展的边际的出口。第三，外部冲击显示出了对集约边际的显著负面冲击，但却为出口的扩展边际提供了发展契机。因此，中国出口稳定增长和贸易利益的有效改善，都有赖于出口结构中扩展边际比重的进一步提升。第四，出口目的地（本国）的生产率水平对二元边际的不同影响，可能是中国开放型激励政策导致的结果。第五，固定成本对总贸易流量的影响主要是通过对扩展边际的影响来实现的。因此，中国未来的贸易自由化路径应注重内部的制度改革以获取贸易伙伴的对等让步，从而降低中国出口所面临的固定成本，最终促进出口的扩展边际的提升。第六，区域贸易协定的签订只能促进出口的集约边际，却不能提升出口的扩展边际。这体现了区域贸易自由化的有限性和保守性。因此，在未来的区域贸易自由化谈判中，应该鼓励拓展贸易品的范围和种类，实施"增量"意义和"深度"意义上的自由化，以提升出口的扩展边际。

施炳展（2010）利用1995～2004年六分位贸易数据，将中国出口增长分解为广度增长、数量增长与价格增长，在此基础上利用非参数技术研究了中国出口增长模式。结论发现：中国出口产品价格低、数量大。从增长速度来看，数量增长速度最快；广度增长速度次之，两者共同成就了中国出口的迅速增长；价格对出口增长几乎没有贡献。

由以上研究结果可以看出，影响出口增长的因素有很多，而且各种因素对不同国家、不同地区和不同行业出口增长的影响有一定差异。此外，不同因素会影响一国不同类型的出口增长，有的因素会影响一国出口数量增长，有的因素会影响一国出口的价格增长或广度增长。

第二节　单个影响因素与出口增长关系的探讨

国内外学者分别对单个影响出口增长的因素如对外直接投资、汇率、技术创新、贸易壁垒、出口商品结构及出口关系的维持等与出口增长的关系进行了分析。我们将这些研究分为两大类：单个外部影响因素与出口增长的关系、单个内部影响因素与出口增长的关系。

一、单个外部影响因素与出口增长的关系

（一）对外直接投资与出口增长的关系

关于对外直接投资对出口增长影响的研究，国内外学者从对外直接投资对母国出口增长的影响及对外直接投资对东道国出口增长的影响两个角度进行了分析。

对外直接投资对母国出口贸易的影响方面，不同学者得出的结论有一定差异。如 Eaton、Jonathan 和 Tamura（1994）对日本对外直接投资与日本商品进出口的相互关系进行了研究，结果表明日本对外直接投资对商品进出口起到了促进作用。MariAmiti（2000）对 FDI 与国际商品贸易间的关系进行了经济计量检验，发现两者呈互补关系。汪素芹、姜枫（2008）的研究结果表明，日本、美国在中国投资对本国的出口贸易影响不同。日本对华投资，出口贸易增加，投资与贸易是一种互补关系；美国对华投资，出口贸易下降，投资与贸易是一种替代关系。

对外直接投资对东道国出口增长的影响方面，国内外大多数学者认为外商直接投资能促进东道国的出口增长。如 Blomstrom（1991）、Liu（2002）、谢建国（2003）、王子军和冯蕾（2004）通过一些数据进行的实证分析，发现由于外商直接投资的技术溢出效应，外商直接投资能给发展中国家带来先进的技术和管理经验，促进发展中国家的技术进步，从而促进东道国的出口竞争力，进而促进东道国出口的增长。国内大多文献基本上支持该观点。许和连和赖明勇（2002）、李国荣（2006）发现从长期与短期来看，FDI 都对我国出口贸易产生了积极促进作用，并且对工业制成品出口的影响要显著大于对初级产品出口的影响，FDI 规模的扩大促进了对外贸易规模的增加、出口产品竞争力的提升和出口商品结构的改善。戴志敏和罗希晨（2006）发现外商投资对出口贸易的影响宏观上属于互补效应，外商直接投资和商品出口额互相影响。胡求光、黄平川（2008）发现外商直接投资对出口贸易起了促进作用，但外商直接投资对不同产业和企业促进作用不同。然而，也有一些实证分析（Jun，1996；Ailken，1999）发现外商直接投资并没有对东道国的出口起到促进作用。

由此，我们可以看出外商直接投资对母国出口增长的影响是不确定的，因为各个国家的对外贸易政策和资本丰裕程度等自身条件是有差异的。大多学者

认为外商直接投资能促进东道国的出口增长，但对不同地区和部门的影响程度
有差异。外商直接投资对东道国出口的影响取决于 FDI 的投资目的、完善的国
际销售网络和东道国当地的配套环境等因素。Cray（1998）进一步指出，市场
寻求型 FDI 会替代贸易，而生产效率寻求型 FDI 会促进贸易。

（二）汇率波动与出口增长的关系

我们可以将国内外学者关于汇率波动对出口增长影响的观点归结为以下
三种。

第一种观点认为汇率波动会抑制出口增长。

国外支持该观点的文献主要有：Chowdhury（1993）、Doroodian（1999）
运用 GARCH 模型分析印度、韩国和马来西亚的对外贸易时也发现，汇率波动
对贸易流量有着显著的负面影响。Arize（2000）通过对 13 个发展中国家的研
究，发现汇率波动对每个国家的出口都有显著的负面影响。Clark 等（2004）
也支持该观点。

国内支持该观点的文献主要有：卢向前和戴国强（2005）运用协整向量
自回归的分析方法，对实际汇率波动与我国进出口之间的长期关系进行了实证
检验。结果均表明，人民币实际汇率波动对我国进出口存在着显著的负面影
响。曹阳和李剑武（2006）发现无论从长期还是短期来看，人民币实际汇率波
动都会对出口产生不利影响。梁琦和徐原（2006）指出，从汇率角度来看，
中国出口贸易的最大威胁不是人民币升值，而是未来国际外汇市场汇率变动引
起的汇率风险。郑恺（2006）采用 Var 模型分析了 1994 年以来中国对美国按
SITC 出口贸易与实际汇率波动之间的关系。发现实际汇率波动对出口带来负
面影响，不同行业对汇率波动的反应不同，制造业产品受到的影响明显大于初
级产品，另外，制造业中不同产品对汇率的反应也不一致。孔慧（2009）指
出，由于中国轻工业出口产品多为劳动密集型、低附加值产品，需求价格弹性
较大，人民币升值对轻工业出口贸易产生了一定的负面影响。

第二种观点是汇率波动对出口增长的影响不确定。

国内外部分学者认为，对于不同的国家、不同的产业及汇率波动幅度，汇
率波动对出口增长的影响也不同。

从国家的角度进行的实证分析主要有：Koray 和 Lastrapes（1989）应用
GARCH 模型分析各国汇率波动与进出口贸易之间关系时发现，汇率波动与贸
易流量之间成正相关关系。Gagnon（1993）也指出，工业化国家的汇率波动

可能促进了这些国家对外贸易的发展。Viaene 和 Vries（1992）、Sercu 和 Van-hulle（1992）的研究也支持上述观点。Sauer（2001）分析 1973～1993 年 22 个发达国家和 69 个发展中国家的汇率波动与贸易量，结果发现发展中国家比发达国家受汇率波动的损害更大，特别是拉丁美洲和非洲，但汇率波动对亚洲的发展中国家影响较小。同时其他实证分析结果也显示，汇率波动在不同程度上损害了发展中国家的贸易发展，而对发达国家的影响则是不确定的。马丹和许少强（2005）考察 1997 年东南亚金融危机以来汇率变动对东亚四国（韩国、泰国、马来西亚和印度尼西亚）出口的影响。通过实证分析发现，韩国和泰国的汇率变动对其各自的出口基本上没有什么影响；马来西亚的汇率变动对其出口有较明显的影响，汇率的贬值能有效地刺激其出口增长；印度尼西亚汇率变动对其出口没有明显影响。潘红宇（2007）研究汇率波动率对中国向三个主要贸易伙伴：美国、欧盟和日本出口的影响。通过协整检验、误差修正模型和 Granger 非因果检验等方法估计变量间长短期的关系。研究表明，中国向美国和欧盟的实际出口与实际汇率波动率存在长期显著的负相关关系，而中国向日本的出口与汇率波动率无关。短期内汇率波动率只影响中国向美国的出口，对向欧盟和日本的出口没有影响。封福育（2010）基于我国 1995 年第一季度至 2008 年第三季度的数据，通过建立和估计门限回归模型考察不同人民币实际汇率波动幅度下汇率波动对我国出口贸易的影响。实证分析的结果表明：在不同的波动幅度下，汇率水平变化对我国出口贸易的影响呈不对称特征。当汇率波动幅度小于 1.26% 时，实际汇率贬值，我国的出口贸易量将增加；然而汇率波动幅度大于 1.26% 时，汇率与出口贸易之间关系并不显著，实际汇率贬值并不能改善我国的出口状况。

从产业角度进行分析的文献主要有：谷任（2006）从产业组织角度探讨人民币实际汇率变动对我国纺织品出口价格影响的汇率传递问题。采用 Johansen 协整技术，以美国市场为主要研究范围，以印度和韩国作为我国主要竞争对手，以人民币实际有效汇率变动对我国棉纱、棉机织物纺织品的国际竞争力影响程度及特征进行实证分析，并最终认为人民币汇率变动对纺织品出口价格没有明显的影响。叶春霜和胡丹婷（2007）主要选取了纺织品出口汇率弹性这个指标，并通过构建计量经济学模型的方法，进行简单的回归分析，对人民币汇率影响中国对美纺织品出口贸易进行实证研究，结果表明人民币汇率并不是影响对美纺织品出口贸易的重要因素。姚大庆（2007）对 2005 年 7 月人民币汇率改革以来我国 12 类出口商品月度数据的实证检验，结论是汇率波动幅度增加对企业出口决策的影响取决于企业生产的附加值，汇率波动幅度的上升会增加高附加值企业的产出和出口水平，减少低附加值企业的产出和出口水平。陈六傅和钱学锋等（2007）分析了人民币实际汇率波动风险对我国六大类企业出口可能产生的影响，采用协整分析方法和误差修正模型估计各类企业长、短期出口需求方程，发现不论是短期还是长期，实际汇率风险对企业出口都存在正面或负面冲击，但负面冲击更具显著性。冲击程度在各企业间存在差异，这种差异与各类企业风险意愿类型、风险规避能力以及出口产品质量等因素有关。

第三类观点是汇率波动不会影响出口增长。

支持该观点的相关文献较少。Aristotelous（2001）对英美两国 1889～1999 年的双边贸易数据进行实证分析时发现汇率制度的选择以及汇率波动均不会影响贸易流量。余珊萍（2005）借鉴贸易引力模型，对 2000～2003 年中国和 10 个主要贸易伙伴国的面板数据进行计量分析，考察汇率波动对我国双边贸易的影响程序，发现名义汇率波动总体上对我国出口影响并不明显。

由以上文献可以看出，国内外大多学者认为汇率波动会影响出口增长，但由于分析的角度和采用的数据不同，得到的结论也有差异。这主要是因为不同的国家汇率制度不同，不同产业进出口需求弹性、风险意识及出口产品的质量等也就不同。

（三）贸易壁垒与出口增长的关系

在贸易壁垒对出口增长的影响方面，国内外学者主要研究了技术性贸易壁垒和绿色壁垒对出口增长的影响，由于技术性贸易壁垒和绿色壁垒难以度量，相关的定量研究较少。相关文献的观点有以下两个。

一类观点认为技术性贸易壁垒和绿色壁垒阻碍了出口增长。

刘建明（2003）、徐碧祥（2003）通过具体数据和案例分析了技术性贸易壁垒对我国出口的负面影响。叶梅（2002）绿色壁垒成为我国出口发展的障碍。廖涛（2003）发现欧盟的 TBT 已广泛地冲击我国农产品、纺织品、机电产品、玩具和医药产品等的出口。师求恩（2004）对 2000 年和 2002 年两次调查的结果进行比较分析，表明 TBT 技术复杂，隐蔽性强，扩散效应大，影响面广，已经成为制约我国出口发展的最大障碍。马一可（2010）指出我国出口贸易遭受的技术性贸易壁垒案件呈上升趋势，这直接影响到我国产品出口的市场准入门槛、降低了产品的竞争力，最终导致国际贸易摩擦。

杨昌举（2003）、孙龙中和徐松（2008）通过具体案例和数据分析了技术性贸易壁垒对我国农产品出口增长的负面影响。尹政平（2005）、田强（2007）通过具体数据分析了技术性贸易壁垒对我国纺织品出口增长的负面影响。王静岩（2010）指出绿色贸易壁垒对我国农产品出口贸易造成巨大的经济损失，造成我国农产品的出口萎缩，增加了我国农产品的出口成本和市场开拓难度。

另一类观点认为技术性贸易壁垒能促进出口增长。

Swann 等（1996）对技术标准的宏观经济影响进行了实证研究，采用英国的数据发现标准能促进贸易和增强竞争优势；赵志强和胡培战（2009）利用浙江1995~2007年出口美日欧三国的数据构建了时间序列/截面数据模型，实证研究了浙江技术标准战略以及国外技术贸易壁垒的实施对浙江出口美日欧市场竞争力的影响程度，发现美日欧实施的技术贸易壁垒对浙江出口美日欧市场存在不太显著的正向影响。

由此可以看出，国内外学者一致认为外生贸易壁垒会影响出口增长。以上文献之所以得出不同的结论，是因为他们研究的角度不同。关于技术贸易壁垒和绿色壁垒对出口增长负面影响的结论是从静态角度进行分析得到的，关于技术贸易壁垒和绿色壁垒对出口增长正面影响的结论是从动态角度进行分析得到的。

（四）国际经济环境与出口增长的关系

在国际经济环境对本国出口的影响方面，魏巍贤（2000）根据理性微观经济主体的效用函数最大化原理建立出口增长模型，并运用误差修正程序进行实证分析，结果表明外部冲击对中国出口增长有显著影响；许和连和赖明勇（2002）运用多元统计数据分析方法——偏最小二乘回归方法建立模型进行实证分析，发现国外收入对我国出口贸易的解释作用很强，说明世界经济发展状况对我国的出口贸易影响显著，我国出口受外部冲击的影响较大，随着我国经济与世界经济融合程度的提高，外部冲击很有可能通过影响我国的对外贸易进而影响我国的国内经济；赵革和黄国华（2006）通过建立计量经济模型，发现年均15.9%的出口升幅中21.8%应归因于世界经济的持续增长，这期间，全球经济指数年均增长3.6%，良好的国际经济发展环境为我国出口产品提供了巨大的需求拉动。

（五）区域贸易安排与出口增长的关系

区域贸易安排对出口增长的影响方面的研究主要有两类观点。

一种观点认为区域贸易安排对参与国出口增长的促进作用明显。

Tinbergen（1962）率先在引力模型中加入了 PTA（优惠性贸易协定）虚拟变量，经过研究发现，达成某种形式的 PTA 可以促进双边贸易。Tibor Besedes 和 Thomas J. Prusa（2007）通过比较不同国家的出口增长与出口关系的维持，发现如果发展中国家如果能与其他国家维持出口关系，例如墨西哥通过与美国和加拿大建立北美自由贸易区，就能大大促进自身的出口增长。

刘青峰（2002）建立了 2000 年中国与前 30 位贸易伙伴的引力模型，证明 APEC 对促进双边贸易流量具有明显的正向作用。姜书竹（2003）建立了东盟（ASEAN）的贸易引力模型，验证了 ASEAN 和 APEC 的存在明显促进了东盟国家之间的贸易。薛敬孝和张伯伟（2004）应用 GTAP 模型对东亚经贸合作安排的几种方式进行了比较，得出如果中韩建立自由贸易区，中国的出口和进口将分别增长 34.11% 和 37.89%。徐婧（2008）、陈雯（2009）、郑宝银和林发勤（2010）以中国为视角考察中国—东盟自由贸易区的建立对中国与东盟国家进出口贸易的影响。实证结果表明，近几年中国—东盟自由贸易区的建立在一定程度上促进了中国同东盟国家的进出口贸易。

另一种观点认为区域贸易安排对参与国出口增长的促进作用不一定明显。

Venables（2000，2002）将 RTA 和比较优势有机联系在一起，发现参与 RTA 在多大程度上促进出口潜力取决于成员国家间比较优势的强弱。比较优势越强促进出口增长的潜力越大。李玉举（2005）通过总量和产品类别两个层面的实证分析，得出区域贸易安排对不同产品类别出口潜力的影响效果并不一致。研究认为在指导我国参与区域贸易安排的战略选择上，需要将引力模型得出的贸易不足和贸易过度结论与比较优势和出口收益传导机制有机结合起来。刘李峰和武拉平（2006）指出，中国与新西兰自由贸易协定签署后，中新农产品贸易的规模将进一步扩大，但新西兰非常有限的关税减让空间、狭小的国内市场，决定了中国农产品对新出口不会因贸易创造效应而显著扩大。

二、单个内部影响因素与出口增长的关系

（一）技术创新与出口增长的关系

相关的大部分文献认为技术创新能促进出口增长。

相关的外国文献如 Hughes（1986）以英国出口数据为基础的研究显示，

国内 R&D 投入对英国出口产生正面的影响，而国外 R&D 投入对英国出口产生负面影响。另外对 OECD 各国的实证研究也表明，在影响出口贸易的各种因素中，技术创新对贸易的作用最大。Braunerhjelm（1996）、Bernardand 和 Jensen（1999）对瑞典和美国企业层面的研究表明，相对于传统的成本因素，R&D 投入对企业出口有着更积极的作用，新产品的引入能增加出口。

　　相关的国内文献，如董秘刚（2004）得出的技术进步与出口贸易相关变量的回归结果表明：中国 1991～2002 年间技术进步对出口贸易增长有着很强的促进作用。如 R&D 经费支出变量与出口贸易的相关性最强，相关系数平均高达 98%，而且在出口贸易变量之中，与 R&D 经费支出相关性最密切的是全国高技术产品出口额，其相关系数竟达 99%。魏龙和李丽娟（2005）运用计量方法，建立了技术创新对中国高技术产品出口影响的计量分析模型。分析结果显示：R&D 投入强度和科技活动人员因素对高技术产品出口有一定的影响，但不显著；相对而言，人均拥有专利申请数因素对高技术产品出口的影响较为显著，但拉动能力不大。这说明技术创新还没有在促进中国高技术产品出口增长方面发挥应有的作用。杨波（2008）以 R&D 投入作为科技创新的替代变量，用面板数据的方法将中国与美国、德国、日本、英国、法国、加拿大这六个发达国家进行比较研究，结果表明中国科技创新对出口增长的促进作用明显比发达国家小，一个国家相对于其他国家的技术进步可以对本国的出口增长起着直接的、积极的促进作用。何龙斌（2008）指出近年来，我国对外出口已进入高速增长时期，但这种增长本质上是一种传统的粗放型增长，其特点是出口企业以外资企业为主，出口方式以加工贸易为主，出口商品以劳动密集型产品为主；其后果是出口将不可持续地发展，并且威胁国家经济安全。

　　也有少部分文献认为技术创新有可能会抑制出口增长。

　　Wakelin（1998）利用企业层面的 R&D 数据和技术创新数据对英国制造业技术创新对出口表现的影响进行研究。对所有企业的研究表明，技术创新显著减少出口可能性和出口倾向，而在技术创新型企业中，技术创新量越大，出口的可能性越大。

　　（二）出口商品结构与出口增长的关系

　　国内外相关文献分析出口商品结构与出口增长关系的文献比较少。Dani Rodrik（2006）通过分析中国出口商品结构，认为影响中国快速发展的一个重要因素是中国是否继续转向高收入产品的出口而不是出口规模的扩大。闫逢柱和苏李（2009）借助 HP 滤波法从总体和结构两个角度分析了中国的出口增长波动，发现劳动密集型产品仍然是影响中国总出口增长的重要动力，易模仿的研发密集型产品对中国出口波动的影响力正在快速上升；资本密集型产品出口波动幅度最大，其影响力次于易模仿的研发密集型产品和劳动密集型产品；原料密集型产品出口增长速度最慢，其对中国出口波动的影响力正在下降；难模仿的研发密集型产品的出口虽在逐步发展，但在一定程度上负作用于中国总出口增长。从长期看，总出口增长波动和各类产品出口增长波动之间存在均衡关系，尽管短期可能出现失衡。肖黎和谭忠真等（2010）采用灰色系统理论中灰色关联分析方法，对 2005~2009 年湖南出口商品结构与出口贸易增长的关系进行了研究。研究发现，与湖南出口贸易增长强关联的出口商品构成几乎都是传统的一般贸易商品，机电产品、高新技术产品等科技含量高的商品关联度相对偏低，名牌产品极少。

一国的出口商品结构会影响一国出口的稳定增长，良好的出口商品结构才能保证出口的稳定增长。

（三）出口退税与出口增长的关系

出口退税制度在促进一国出口中的作用一直是经济学家研究的热点问题之一。国内外学者关于出口退税与出口增长的关系的研究结论不大一致，我们可以将相关文献的结论分为以下两类。

一种观点认为出口退税能明显促进出口增长。

在国外，早在经济学建立之初经济学家就已开始了对出口退税的研究。亚当·斯密认为高关税比低关税危害大，出口税比进口税危害更大。大卫·李嘉图则进一步从税收来源的角度认为对出口产品退税是必要的。Chao、Chou 及 Yu（2001，2005）等构建了一个一般均衡模型，采用中国的数据发现出口退税可以促进出口并对与出口退税商品相关联的上游和下游产业存在促进作用。Chen 等（2006）建立了一个国内企业、国外企业在第三国市场出口的古诺竞争模型，研究了出口退税政策对本国出口的影响。结果表明，出口退税率提高会促进本国对第三国的出口量，而降低国外竞争者对第三国市场的出口量。但是，他们只考虑了产量竞争和规模收益不变的生产技术情况。

目前，国内也有一些关于出口退税对出口增长影响的研究。陈平（2003）采用出口退税额排名均在前 10 位的 9 个省份 1992~2001 年的面板数据进行回归分析，发现我国出口退税政策通过实际有效汇率对出口盈利性产生显著的影响，从而使得该政策对促进我国的出口增长无论在长期还是在短期里均起着极其重要的作用。实施出口退税所带来的出口增长及相应的贸易盈余、储备增长又反过来形成了对汇率升值调整的压力。刘穷志（2005）提出了中国出口退税对产出、就业、税收收入以及出口等的激励模型，并运用协整理论进行了经验分析与检验，采用1985~2001年的数据进行计量分析发现出口退税对出口仅存在短期的影响；杨海艳、陈晓川（2006）采用1985~2004年的样本数据，测算出口退税额与中国外贸出口之间的相关系数，结论是在10%的显著水平下出口退税对中国出口增长的促进作用十分明显，出口退税率的调整势必会使中国出口受到直接的影响。魏澄荣等（2008）通过数据分析，发现2006年和2007年我国大幅度下调出口退税率，给福建省外贸出口和行业发展带来了明显的影响。江霞等（2010）在建立向量自回归模型（VAR）的基础上进行协整分析，发现出口退税、外部需求和出口之间存在长期均衡的关系，以弹性系数来看出口退税对出口的长期促进作用低于外部需求。脉冲响应函数与方差分解的结果表明，就短期而言出口退税的激励作用较为显著，而长期来看则外部需求对出口的影响力较大。

另一种观点认为出口退税对出口增长的影响不一定显著。

郑桂环等（2004）根据出口退税率的调整情况分阶段考虑，选用9个不同的回归方程，采用趋势模型分析各阶段出口退税率调整与出口增长率波动之间的相关性。结果表明，出口退税政策的实施确实促进了出口增长，出口退税额对出口总额有正的弹性作用，但在不同的历史时期，由于宏观经济环境的变化，出口退税影响出口增长的力度和表现会有所差异。何兴容、凡福善（2009）以1985~2009年的年度和月度数据为基础，对出口退税与出口进行协整分析，发现二者存在长期均衡关系，脉冲响应分析表明出口退税的变动短期内对出口会形成明显的冲击，引起出口的短期波动。均值 T 检验结果表明，2004年1月至2008年10月的出口退税政策效果显著，但由于受金融危机冲击、外部需求减少、政策效应滞后等因素的影响，2008年11月至2009年4月的政策效果不显著。

郑桂环等（2005）在2004年初实施出口退税率结构性调整的背景下，选用事件分析法，对高新技术产品、焦炭、服装等一些主要行业的出口月度数据进行实证研究。结果表明，出口退税率下调后大部分行业的出口增速并没有出现大幅回落现象，其结构性调整已使主要行业出现了结构性的变化。王孝松和李坤望（2010）以中国纺织品对美出口为例，对2008年8月开始实施的上调纺织品出口退税率的政策效果进行评估，使用 HS 十分位的数据，运用倍差法进行检验，发现此次实施的提高出口退税率政策显著地提高了中国纺织品对美出口的增长率。相比未提高退税率的商品而言，提高出口退税率的商品对美出口的增长率在不同时期平均至少高出 9%～22%。这样的政策效果既存在于不同大类的商品之间，又存在于同一大类内部的各种商品之间。白重恩等（2011）运用倍差法（Difference in Difference），对出口退税率降低引起的出口变动进行了实证分析。结果表明：出口退税率下调对易引起贸易摩擦的商品出口增长率负影响显著，对"高耗能、高污染、资源型"产品的出口增长率负影响不显著。

金雪军、卢佳（2007）运用中国的数据实证检验发现了汇率和出口退税对出口的影响具有地区差异。研究得出，人民币升值对中西部地区出口的抑制作用比对东部地区出口的抑制作用大，而出口退税下调对中西部地区出口的抑制作用比对东部地区出口的抑制作用小。

（四）出口商品集中度对出口增长的影响

Coppock（1962）、Massel（1964）、Mac-Bean（1966）主要从总量层面上对发展中国家出口波动和集中度之间的关系进行分析，实证结果表明两者没有显著的关系。

刘卫江（2002）对 1981～1999 年出口波动进行衡量，研究结果表明出口商品集中度对我国出口稳定性有负面影响，若要降低我国的贸易不稳定性，就要降低我国的出口商品的集中度，实行商品出口的多样化，分散出口产品的类别。徐颖军（2006）根据 1983～2004 年中国出口商品的类别数据和国家数据，对出口不稳定性成因进行了实证分析。研究显示，我国出口商品集中度对出口不稳定性有显著的负影响。因此，我们一方面要继续推行出口市场分散策略，另一方面要加快出口产业升级并实行商品结构多样化战略。

强永昌和龚向明（2011）指出，对于我国而言，出口集中和出口波动具有很强的关联性，出口多样化能减弱出口波动的幅度，同时我国的出口波动又受到出口结构升级、行业出口波动的差异、贸易政策等多种因素的影响。

由以上研究可以看出，大多学者认为出口商品集中度会影响出口增长，出口多样化能减弱我国出口增长的波动。

（五）出口地理集中度与出口增长的关系

Adams 和 Behrman（1982）指出，如果因集中度过高而使一个出口波动频繁的国家难以向世界其他地区的稳定出口或反向波动来平息或改善这种不稳定，就有必要分散出口市场。Tegene（1991）采用非洲一些国家数据进行了分析，发现在一定条件下，出口集中度越高，出口反而越稳定，所以一国政府不要过度采用出口地区多元化战略。

胡兵和乔晶（2009）对有关出口国际区域结构的分析结果显示，我国的商品出口区域分布集中度近年来虽有所下降，但出口区域分布还存在较大程度的不平衡。实证分析表明，我国对某一区域出口的波动，很难通过与世界其他区域的贸易加以抵消，但不同国家和地区对我国商品出口持续稳定增长的影响存在较大差异。随着出口规模的不断扩张，国际贸易摩擦日益增多，而且多发的贸易摩擦很可能与我国出口规模的增长相伴相随。在这种态势下，应以更加开放的理念重新审视我国的市场多元化战略，在积极推进出口贸易的持续稳定发展中不断优化市场结构。

由相关的研究文献可以看出，出口地理集中度在不同的条件下对出口稳定增长的影响不同，但当前对我国来讲，为了保持出口的稳定增长不但要实施市场多元化战略而且要考虑优化市场结构。

第三节　相关文献简评

由上述出口稳定增长影响因素的相关研究来看，学者从不同的角度采用不同模型和数据对影响出口增长的因素的研究结论有一定差异，但我们可以从中看出影响出口增长的因素有很多，不同因素对出口增长的影响有一定差异，而且各种影响因素可能会相互作用。

不同学者关于影响出口增长的因素的观点有一定差异，根据以上文献我们可以将这些影响出口增长的因素归结为外部因素和内部因素两大类，外部因素主要包括进口国收入、外生贸易壁垒、汇率、外商直接投资和区域贸易安排。内部因素主要包括技术水平、出口商品结构、出口退税、出口商品结构集中度和出口商品地理集中度。由于在经济全球化背景下，我国出口增长也会受到这些内外部因素的影响，所以我国出口在增长的同时也必然存在不稳定性。

　　只有系统分析影响我国出口增长的因素，才能更好地制定相应的政策稳定我国出口增长，进而促进我国经济的稳定增长。然而影响我国出口增长的因素有很多，这些因素对我国出口增长的长短期影响怎样？哪些因素对出口增长的影响更大？各种因素对出口增长的影响有什么区别？在协调各种因素之间的相互作用的同时，如何影响这些因素来保持出口的稳定增长？只有对以上问题进行分析，我们才能更好地提出稳定出口增长的政策建议。而现有的成果主要是零散地分析了影响出口增长的因素有哪些及出口增长与一些因素间的关系，缺少对内外部各种因素对我国出口稳定增长影响的系统研究，也缺少各种因素对我国出口增长影响程度的比较研究，对经济全球化背景下保持我国出口稳定增长的对策研究也很缺乏。

第三章　我国出口增长现状及其不稳定性分析

改革开放之后我国出口贸易迅速发展，随着贸易自由化的发展和我国改革开放政策的推进，我国出口贸易发展更加迅速，尤其是 2001 年加入世界贸易组织之后，我国的出口贸易更是出现了一个大的飞跃。中国商品出口额在过去的十几年中一直保持高速增长，年均超过了 20%，在 2007 年中国取代德国成为世界第三大经济体。在全球经济危机的大背景下，中国在 2009 年更是取代德国，成为世界第一大商品出口国。虽然我国是一个贸易大国，出口增长速度很快，但我国在国际分工中主要从事附加值比较低的加工生产环节，主要靠数量增长来带动出口增长，我国出口增长的这种特征决定了我国出口更容易发生波动。我们将在本章第一节和第二节分别从整体出口增长、各行业和各地区的出口增长两个方面分析我国出口增长现状，从我国出口增长现状可以看出，我国出口增长速度很快，但各行业和各地区出口增长速度不同。我们将在第三节分析我国出口增长不稳定性的特征及其原因。

第一节　我国整体出口增长现状

改革开放以来，我国根据国内外经济形势，利用廉价劳动力的优势，通过投入大量的资源、大量地引进外资和积极加入 WTO 促进了我国出口的快速增长，但我国主要以数量带动的出口增长容易受到外部经济环境的冲击，金融危机导致了我国出口增长率大幅下降。

一、总出口增长现状

(一) 总出口额的变化

1978~2010 年，我国总出口额呈上升趋势，具体见图 3-1。1978 年我国出口额是 97.5 亿美元，到 2010 年我国出口额增加到 15779.3 亿美元。从总量上来说，我国自改革开放以来出口额增加了 161 倍。由图 3-1 可以看出，我国出口额的上升趋势可以分为三个阶段。

第一个阶段是 1978~1990 年，是我国改革开放刚起步阶段，改革开放的力度还比较小，该期间我国出口额上升的趋势较为缓慢，到 1990 年我国出口额仅仅增加到 620.9 亿美元，总出口额只增加了 523.4 亿美元。

第二个阶段是 1991~2000 年，我国出口额的增加趋势有所增强，出口额从 1991 年的 719.1 亿美元上升到 2000 年的 2492 亿美元，总出口额增加了 1772.9 亿美元。1992 年邓小平的"南方谈话"对我国 20 世纪 90 年代出口的增加起到很大的促进作用。1992 年邓小平的"南方谈话"指出，改革开放的胆子要大一些，在这之后随着我国改革开放力度的加大，总出口额增加的趋势也更加明显。

第三个阶段是 2001 年至今。在该阶段我国出口额上升趋势更陡。2001 年之后我国进一步融入了经济全球化的进程中，尤其是 2001 年加入世界贸易组织之后，由于我国享受其他世贸组织成员开放或扩大货物、服务市场准入的利益，我国出口发展的步伐更是进一步加快。但到了 2009 年由于金融危机的影响，全球经济放缓，我国出口产品的外部需求减少，导致我国出口额下降，出口额由 2008 年的 14285.5 亿美元下降到 12016.6 亿美元，总出口额下降了 2268.9 亿美元。面对金融危机的严重冲击，我国政府积极采取了一系列鼓励出口的措施，如完善出口退税政策、改善贸易融资环境、扩大出口信用保险覆盖面和提高贸易便利化水平等。在这些措施的作用下，我国的出口额在 2010 年开始稳步回升，由 2009 年的 12016.6 亿美元上升到 15779.3 亿美元，总出口额增加了 3762.7 亿美元。

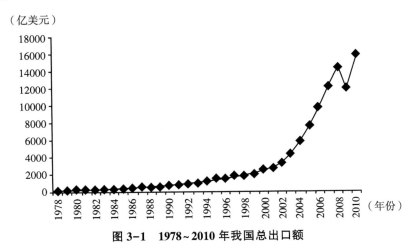

图 3-1　1978~2010 年我国总出口额

资料来源：各年度的《中国统计年鉴》。

（二）我国出口在世界出口中的地位

随着我国出口额的不断增长，我国出口在世界出口中的地位也越来越重要，我国出口占世界总出口的份额也在不断增长。1980 年我国出口额仅占世界出口总额的 0.9%，在世界出口国中的排名为第 26 位。2000 年我国出口额占世界出口额的比重上升到 3.9%，在世界出口国排名榜上跃升为第 7 位。WTO 的统计显示，2005 年我国货物贸易中不论进口还是出口在世界上都排名第 3，我国出口占世界总出口的比重升至 7.3%。2006 年我国出口占世界出口比重上升到 8%，在世界出口中的排名仍然保持在第 3。2007 年我国出口额超过美国，在世界出口额中的排名升至第 2，占世界出口比重的 9.0%。2008 年我国出口占世界出口比重的 8.9%，在世界出口中的排名仍然保持在第 2。2009 与 2010 年世界货物贸易出口额前十名排序如表 3-1 所示。由表 3-1 可以看出，2009 年我国出口额超过德国，在世界出口中的排名上升为第 1 位，占世界出口的比重上升至 9.6%。2010 年我国出口额在世界出口中的排名仍然保持第 1，占世界出口的比重继续上升，达到 10.4%。

表 3-1　2009 年与 2010 年世界货物贸易出口额前十名排序

国别	2009 年			国别	2010 年		
	出口额（10 亿美元）	占比（%）	增速（%）		出口额（10 亿美元）	占比（%）	增速（%）
中国	1202	9.6	-16	中国	1578	10.4	31
德国	1121	9.0	-22	美国	1278	8.4	21
美国	1057	8.5	-18	德国	1269	8.3	13
日本	581	4.7	-26	日本	770	5.1	33
荷兰	499	4.0	-22	荷兰	572	3.8	15
法国	475	3.8	-21	法国	521	3.4	7
意大利	405	3.2	-25	韩国	466	3.1	28
比利时	370	3.0	-22	意大利	448	2.9	10
韩国	364	2.9	-14	比利时	411	2.7	11
英国	351	2.8	-24	英国	405	2.7	15
世界	12461	100.0	-23	世界	15238	100.0	22

资料来源：WTO Annual Report.

（三）我国出口增长速度的变化

就出口增长率来看，从 1978 年到 2010 年我国平均出口增长率为 18.3%。1978~2010 年我国出口增长率如图 3-2 所示。由图 3-2 可以看出，改革开放以来我国出口增长率不断发生变化，基本上是先上升后下降再上升再下降的一个循环往复的趋势。1979~1991 年我国尝试实行开放型保护政策，在这期间我国出口平均增长 17.2%。1992~2001 年，我国进行符合国际规范的贸易政策体系改革，取消进出口指令性计划，改革外贸企业，为我国加入 WTO 做准备，在这期间由于我国的外贸政策调整，我国出口增长速度有所放慢，出口年平均增长率为 14.5%；2001 年我国加入 WTO 之后，出口增长速度进一步加快，2001~2007 年期间我国年均出口增长率上升至 22.9%；由于受到金融危机的冲击，2008 年我国出口增长率有所下降，降至 17.2%。2009 年我国出口出现负增长，出口比上一年度下降 16%。由于我国政府积极采取应对金融危机的措施，2010 年我国出口恢复增长，增长率达到 31.34%。

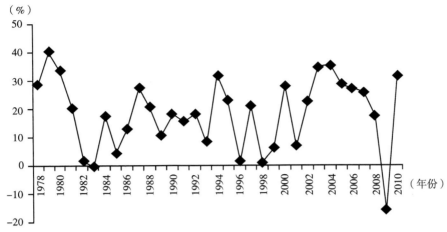

图3-2 1978~2010年我国出口增长率

资料来源：国研网。

由我国出口增长率与整个世界、发展中国家和发达国家出口增长率的比较来看，1981~2010年间我国的出口增长率基本上都高于整个世界、发展中国家和发达国家的出口增长率，具体见图3-3。这说明我国的出口增长速度是很快的。

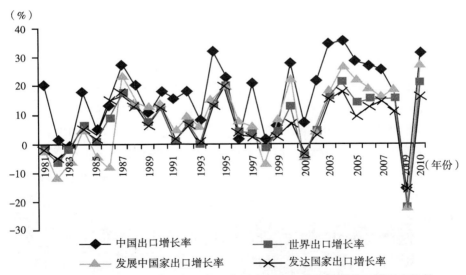

图3-3 1981~2010年我国与世界、发展中国家和发达国家出口增长率比较

资料来源：国研网。

（四）出口占 GDP 比重的变化

改革开放后，我国出口额绝对量在迅速增长的同时，出口额在 GDP 中的相对量总体呈上升趋势。1978 年我国出口额占 GDP 的比重为 4.6%，到 2006 年该比重上升到 35.7%。1978~2010 年我国出口占 GDP 的比重如图 3-4 所示。由图 3-4 可以看出，改革开放后我国出口占 GDP 比重的增加可以分为 3 个阶段。

图 3-4　1978~2010 年我国出口占 GDP 的比重

资料来源：国研网。

第一个阶段是从 1978~1990 年，在这期间我国出口依存度平稳上升。出口占 GDP 的比重从 1978 年的 4.6% 上升到 1990 年的 15.9%，每年平均增加 1.2 个百分点。

第二个阶段是从 1991 年到 2001 年，在这期间我国出口占 GDP 的比重波动性地缓慢上升。其中最大的波动出现在 1993~1994 年，这主要是由人民币汇率贬值引起的，1993 年美元对人民币汇率是 1∶5.76，到 1994 年迅速上升到 1∶8.61。我国出口占 GDP 的比重从 1993 年的 14.9% 上升到 1994 年的 21.6%。

第三个阶段是 2001 年以后，在这个阶段我国出口占 GDP 的比重先是快速增加然后急剧下降又缓慢回升。我国出口占 GDP 的比重从 2002 年的 22.4% 上升到 2006 年的 35.7%，平均每年增加 2.7 个百分点。这主要是受加入 WTO 的影响。由于受到 2008 年发生的金融危机的影响，我国出口占 GDP 的比重从

2008 年的 31.6%降到 2009 年的 24.1%，在一年之内下降了 7.2 个百分点。但是到 2010 年我国出口占 GDP 的比重又开始回升，升至 26.8%。

就我国出口占 GDP 的比重与整个世界、发展中国家和发达国家出口占 GDP 比重的比较如图 3-5 所示。由图 3-5 可以看出，近几年来我国出口占 GDP 的比重迅速赶超了发达国家，而且高于整个世界出口占 GDP 的比重，但要比整个发展中国家占 GDP 的比重稍低。与整个世界、发达国家和发展中国家相比，我国出口占 GDP 的比重上升得比较迅速，发达国家出口占 GDP 的比重上升得不明显。其主要原因是我国的出口增长是靠投资拉动的，而发达国家的出口增长是靠技术进步拉动的。由此可以看出，出口稳定增长对我国经济发展非常重要。

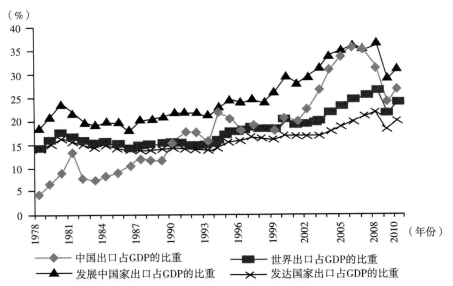

图 3-5 1978~2010 年我国与世界、发展中国家和发达国家出口占 GDP 比重比较

资料来源：国研网。

由对我国总出口现状的分析可以看出，我国总出口额的绝对量很大，增长速度也很快，这是和我国长期以来实行的鼓励出口的贸易政策分不开的，改革开放以来，我国总出口增长非常迅速，其增长速度远远超过发达国家和发展中国家水平。同时，我国出口依存度提高幅度也很大，出口对我国经济增长的影响程度也在加大，出口能否稳定增长会严重影响到我国经济能否稳定增长。

二、不同贸易方式的出口增长现状

（一）一般贸易与加工贸易出口额的变化

近些年来，加工贸易出口迅速发展而且在我国对外贸易中占有重要的地位。1981~2010 年我国一般贸易与加工贸易出口额如图 3-6 所示。由图 3-6 可以看出，1981 年我国加工贸易出口额仅为 11.31 亿美元，远远低于一般贸易的出口额 208 亿美元。到了 1993 年我国加工贸易出口额增加到 442.5 亿美元，首次超过一般贸易出口额的 432 亿美元。之后，加工贸易出口额一直高于一般贸易出口额。1985 年以后，我国加工贸易出口迅速增长。1985~1995 年我国加工贸易出口增长很快，从 1985 年的 33.16 亿美元上升到 1995 年的 737 亿美元，11 年内增长了 20 倍，而一般贸易出口增加的速度相对比较慢，从 1985 年的 237.3 亿美元增加到 1995 年的 713.7 亿美元，10 年内增长了 2 倍。1996~2001 年，由于受到亚洲金融危机的影响，我国出口增长缓慢，加工贸易出口额从 843.3 亿美元上升到 1474.33 亿美元，6 年内增加了 0.75 倍，一般贸易出口额从 628.4 亿美元增加到 1118.8 亿美元，5 年内增加了 0.78 倍。2002~2008 年我国出口又开始迅速增长，加工贸易出口额从 1799.28 亿美元增

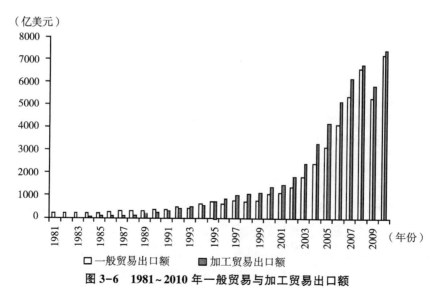

图 3-6　1981~2010 年一般贸易与加工贸易出口额

资料来源:《中国统计年鉴》。

加到 6751.8 亿美元，6 年内增加了 2.75 倍；一般贸易出口增加相对较快，出口额从 1361.87 亿美元增加到 6625.8 亿美元，6 年内增加了 3.87 倍。到了 2009 年，受到 2008 年由美国次贷危机引起的全球金融危机的影响，我国出口出现了下跌，加工贸易出口由 2008 年的 6751.8 亿美元下跌至 5869.8 亿美元，下跌了 13%，一般贸易出口由 2008 年的 6625.8 亿美元下跌至 5298.3 亿美元，下跌了 23%。面对金融危机，我国政府采取了积极有效的应对措施，到了 2010 年我国出口开始恢复增长，加工贸易出口由 2009 年的 5869.8 亿美元上升至 7403.3 亿美元，上涨了 26%，一般贸易出口从 5298.3 亿美元增长到 7207.3 亿美元，上涨了 36%。

（二）一般贸易与加工贸易出口增长速度的变化

1984~2010 年我国一般贸易与加工贸易的出口增长率如图 3-7 所示。由图 3-7 可以看出，加工贸易出口增长率趋势基本和一般贸易出口增长率趋势一致。1984~1993 年加工贸易出口增长速度比一般贸易出口增长速度快，1994~2004 年加工贸易出口增长与一般贸易出口增长速度比较接近，2004 年以后我国加工贸易出口增长速度比一般贸易出口增长速度稍慢。

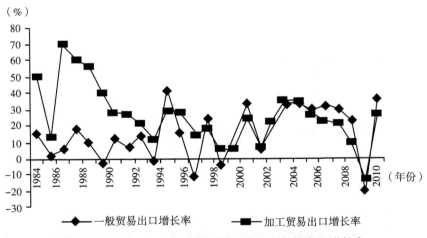

图 3-7 1984~2010 年一般贸易与加工贸易的出口增长率

资料来源：《中国统计年鉴》。

（三）加工贸易出口占总出口比例的变化

1981~2010 年我国加工贸易出口占总出口的比例图 3-8 所示。由图 3-8 可以看出，就加工贸易出口占总出口比例的变化来看，1981~1990 年我国加工贸易出口占总出口比例增长比较快，1981 年加工贸易出口占总出口的比例仅为 5.1%，1990 年该比例上升至 40.9%。1991~1999 年我国加工贸易出口占总出口的比例缓慢上升，由 1991 年的 45% 上升至 57%。从 2000 年开始我国加工贸易出口占总出口比例开始缓慢下降，由 2000 年的 55% 下降至 2010 年的 47%。虽然近几年我国加工贸易出口占总出口的比例有所下降，但仍保持在将近 50%，所以加工贸易的发展对我国出口增长仍起着重要作用。据新华社 2010 年发布的"2009 年中国外贸 200 强"报告，在出口 200 强中，相当部分企业都是加工贸易出口。由此可以看出，加工贸易仍在我国出口中占有很重要的地位。

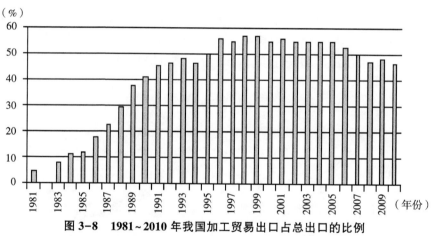

图 3-8　1981~2010 年我国加工贸易出口占总出口的比例

资料来源：《中国统计年鉴》。

由一般贸易与加工贸易出口增长的现状分析可以看出，虽然近些年来加工贸易占我国总出口的比例有所下降，其增长速度也不如一般贸易，但加工贸易出口在我国出口中的地位仍然很重要。虽然关于加工贸易的发展一直存在争议，但加工贸易的发展仍然是我国出口发展的一个重要途径。近年来，我国加工贸易出口速度下降的一个主要原因就是加工贸易处于代工生产阶段，随着劳动力成本和原材料成本的提高，加工贸易的发展受到阻碍，近期陆续出现了代工企业迁往劳动力成本更加低廉的东南亚地区的现象。因此，加工贸易的发展影响到我国出口贸易的稳定发展，必须在发展一般贸易的同时，促进加工贸易的产业升级，使我国加工贸易由OEM（贴牌生产）环节上升到ODM（自主设计生产）环节，提高加工贸易的利润率水平，提高加工贸易的档次。

三、不同性质企业的出口增长现状

（一）不同性质企业出口额的变化

由于不同性质企业出口商品种类及技术水平等各方面的差异，它们的出口额及其变化也必然有差异。我们通过不同性质企业总出口额的变化来看它们出口绝对值的变化。1998~2010年我国国有企业、民营企业和外资企业的出口额如图3-9所示。由图3-9可以看出，1998~2010年我国国有企业、民营企业和外资企业出口额均不断增长；1998~2002年，各种性质企业出口额增长均比较缓慢；2003~2008年，各种性质企业出口额均大幅度增长；2009年由于受到金融危机的冲击，各种类型的企业出口额均下降；2010年各种类型企业出口均又回升。在1998和1999年我国国有企业出口额高于外资企业出口额和民营企业出口额，民营企业出口额非常小。2000年之后外资企业出口额均超过国有企业出口额和民营企业出口额。2006年之后民营企业的出口额开始超过国营企业的出口额。由此可以看出，近些年来，民营企业出口发展很快，但外资企业出口额仍然是各种类型企业出口额中最大的。

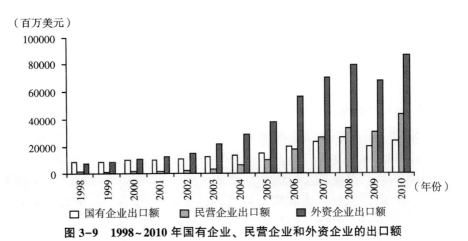

图3-9　1998~2010年国有企业、民营企业和外资企业的出口额

资料来源：《中国统计年鉴》。

（二）不同性质企业出口增长速度的变化

不同性质企业出口额变化不同，必然导致不同性质企业出口增长速度不同。1999~2010 年我国国有企业、民营企业和外资企业的出口增长率如图 3-10 所示。由图 3-10 可以看出，1999~2010 年各种性质企业出口增长速度均是先上升后下降再上升，循环往复，民营企业的出口增长速度最快，其次是外资企业，国有企业的出口增长速度最慢。由于受到 2008 年金融危机的影响，2009 年我国各种性质企业的出口均出现负增长。2010 年各种类型企业出口增长速度出现反弹。

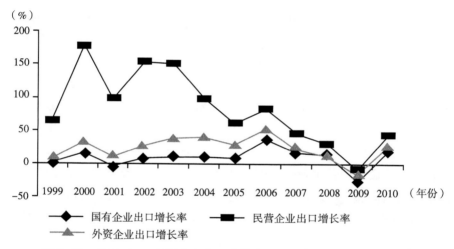

图 3-10　1999~2010 年国有企业、民营企业和外资企业的出口增长率

资料来源：《中国统计年鉴》。

由此可以看出，民营企业出口增长的潜力很大，民营企业已经成为我国出口发展的重要主体。全国工商联公布的 2010~2011 年度中国民营经济发展形势分析报告指出，"面对愈发激烈的市场竞争和前所未有的国际金融危机冲击，我国民营企业充分利用国家一系列鼓励企业'走出去'的优惠政策，积极挺进国际市场，出现了大型企业主动'走出去'，中小企业抱团'走出去'的局面，民营经济已经成为我国对外贸易的重要主体"[1]，与国有企业相比，

---

① 新华网．2010 年我国民营企业出口总额达 4800 余亿美元 [EB/OL]．2011-02-08.

民营企业的发展具有自身的优势，民营企业更加注重提高经济管理水平和技术进步，而且其经营管理模式和方法比较灵活，它们会根据自身行业和所在地区特点不断调整自己的经营模式和方法，促进企业提高效率。近些年来，民营企业通过收购国际著名品牌等方式开拓了海外市场、引进了大量先进技术和人才。因此，我国政府应采取各种措施鼓励民营企业的发展，解决民营企业发展中的障碍，大力促进民营企业出口的发展，以带动我国整体出口的增长。

（三）不同性质企业出口值占工业总产值比例的变化

我们通过不同性质企业出口值占其工业总产值的变化来看它们出口相对值的变化。1998~2009 年我国国有企业、民营企业和外资企业出口占工业总产值的比例如图 3-11 所示。由图 3-11 可以看出，1998~2009 年国有企业工业出口值占其工业总产值的比例整体呈下降趋势，由 1998 年的 23.8%下降到 2009年的 8.9%；民营企业工业出口值占其工业总产值的比例先上升后下降，从1998 年的 2.4%上升至 2006 年的 20.2%，从 2007 年开始下降，2009 年降至12.6%；外资企业工业出口值占其工业总产值的比例先缓慢上升然后又下降，由 1998 年的 39.9%上升到 2004 年的 47.6%，2005 年开始下降，到 2009 年降至 30.1%。整体来看，外资企业工业出口值占其工业总产值的比重远远大于民营企业和国有企业，这是因为外资企业主要从事加工贸易。

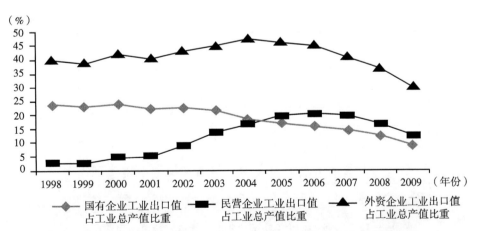

图 3-11 国有企业、民营企业和外资企业出口占工业总产值的比例

资料来源：《中国统计年鉴》。

（四）外资企业在我国出口中的地位

1. 外资企业出口额占我国出口额的比例

外资企业出口在我国总出口中占据绝对的主导地位。新华社 2010 年发布的"2009 年中国外贸 200 强"报告显示，2009 年中国出口 200 强企业中，外商投资企业有 153 家，比 2008 年增加 12 家。我们可以通过外资企业出口额占我国出口额的比例来进一步了解外资企业在我国出口中的重要性。

1986～2010 年外资企业出口额占我国出口额的比例如图 3-12 所示。由图 3-12 可以看出，1986～2008 年外资企业出口额占我国出口额的比例不断增加。1986 年外资企业出口额占我国总出口额的比例仅为 1.9%，到 1990 年突破了 10%，达到 12.6%，到 2001 年突破了 50%，达到 50.1%。到 2008 年该比例达到 68.3%，2009 年和 2010 年该比例有所下降，但仍然超过 50%。2001 年以后外资企业出口额占我国总出口额的比例均在 50% 以上。由此可以看出，外资企业出口对我国总体出口的影响很大，外资企业出口的变化会在很大程度上影响我国出口增长。根据相关研究成果，我们也可以发现，近些年来外资企业的出口发展促进了我国整体出口规模的增长及出口商品结构的改善，而且通过示范效应在一定程度上促进了内资企业的技术进步和经营管理方式的改善。

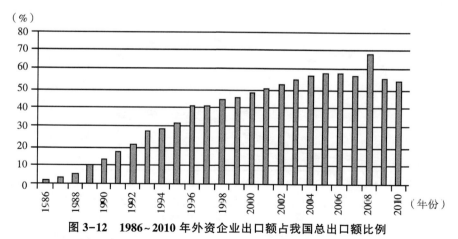

图 3-12　1986～2010 年外资企业出口额占我国总出口额比例

资料来源：《中国统计年鉴》。

2. 外资企业在我国高技术产品出口中的份额

高技术产品出口的增长意味着一国出口商品结构的改善，有利于一国出口贸易的长期稳定增长。我们可以通过外资企业在我国高技术产品出口中的份额进一步来把握外资企业在我国出口中的地位。2002~2011 年不同性质企业在我国高技术产品出口中的份额如图 3-13 所示。由图 3-13 可以看出，2002~2011 年国有企业在我国高技术产品出口中的份额比较小而且呈下降趋势，中外合资企业在我国高技术产品出口中的份额大于国有企业而且也呈下降趋势，外商独资企业在我国高技术产品出口中的份额最大，各年份均超过 50%，2002~2006 年该份额呈上升趋势，2006~2010 年呈缓慢下降趋势，2011 年又有所上升。其他类型企业在我国高技术产品出口中的份额比较小，但呈上升趋势。2011 年，外商独资企业在我国高技术产品出口中的份额仍然最大，达到 67%，并呈现稳定增长的态势。国有企业出口所占份额下滑至 5.8%，并呈现继续下降的趋势。但是以私营企业为代表的其他类型企业继续保持稳步增长态势，2011 年其出口份额占比达到创纪录的 11.7%，增幅达到 6%。由此可以看出，外资企业在我国高技术产品出口中占大部分份额，国有企业和民营企业所占份额比较小，但民营企业所占份额呈稳步上升趋势，而国有企业所占份额呈下降趋势。由此也说明，外资直接投资对我国出口商品结构的改善起了很大的作用。

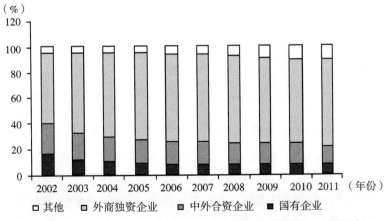

图 3-13 2002~2011 年不同性质企业在高技术产品出口中的份额

资料来源：中国科学技术部 2010 及 2011 年度中国高技术产业数据和 2012 年《科技统计报告》第 3 期。

由不同性质企业出口增长现状的分析可以看出，民营企业出口发展迅速，将成为我国出口贸易发展的重要主体，但外资企业出口在我国出口中的地位也仍然很重要。当前，我国在发挥民营企业对出口增长的带动作用的同时，仍需要引进外商直接投资拉动我国出口增长。民营企业近些年来的出口增长速度虽然很快，但当前民营企业出口在发展过程中也遇到一系列的问题，例如，由于民营企业主要生产和出口劳动密集型产品，随着劳动力成本的提高，民营企业的生产成本提高，获得利润的空间越来越小，此外，民营企业生产规模比较小，无法获得足够的规模经济效益，技术、信息等资源匮乏，融资比较难。因此，我国政府应该采取措施鼓励民营企业扩大生产规模，或进行企业合并，实现规模经济效益，同时通过体制的完善，促使民营企业进行技术创新，对劳动密集型的传统产业进行升级，提高出口商品质量和档次，改变民营企业低价竞争的局面。虽然外资企业出口对我国总出口增长及出口商品结构贡献很大，但外资企业主要从事加工生产环节，随着外资企业的出口发展，外资企业出口增长给我国经济发展也带来了一系列的负面效应。例如，外资企业主要从事加工贸易，外资企业的出口增长，使外资企业获得了大量的出口利润，却加大了我国资源的消耗，同时也加剧了我国的环境污染，我国获得了很少的加工费用却付出了严重的环境污染的代价。应瑞瑶、周力（2006）在"污染避难所"① 的理论基础上，利用计量经济学对外商直接投资与环境问题的关系进行了实证分析。估计结果表明：在我国，FDI 是工业污染的格兰杰原因；各地区 FDI 的相对水平与工业污染程度正相关，东部地区对工业污染的弹性低于中西部地区。因此，今后我国在引进外资时更应关注外资的"质"，提高引进外资的档次，在发挥外资企业对我国出口及经济增长的带动作用的同时，限制高污染产业的进入，鼓励外资企业使用高清洁技术，鼓励外资企业转型升级。在利用外商直接投资促进我国出口增长的同时，避免我国成为发达国家的"污染避难所"。

四、我国与主要贸易伙伴出口增长的分解

Hummels 和 Klenow（2005）将一国一年的贸易份额分解为相对于世界平均水平的扩展边际、价格与数量。出口产品的价值可以分解为产品种类（即产

---

① "污染避难所理论"是指由于不同国家实施的环境标准不同，发展中国家的环境标准比发达国家低，发展中国家企业所承受的环境成本相对要低。为了追求利润的最大化，发达国家会将一些污染企业转移到发展中国家，对发展中国家的环境造成负面影响。

品扩展边际)、产品数量以及产品价格,这三方面相对比重及其增长速度可以反映一个国家的贸易增长模式。我国出口的扩展边际、产品数量和产品价格的增长状况可以反映我国的出口增长模式,而我国的出口增长模式又会影响我国出口增长的稳定性。从产品的角度看,扩展边际增长代表贸易商品种类的增加,集约边际增长则代表原来出口的商品出口了更多的价值量。集约边际增长又可以分解为数量增长和价格增长。通过对我国扩展边际增长、价格和数量增长的分析,可以看出我国出口增长的模式及其不稳定性。

2001~2007 年我国与世界及主要贸易伙伴间的扩展边际增长、价格和数量增长如图 3-14 所示。由图 3-14 可以看出,2001~2007 年我国向世界出口的数量增长率要高于扩展边际增长率和价格增长率,扩展边际增长率为 13.09%,价格增长率为 12.75%,数量增长率为 21.2%①。我国向大多主要贸易伙伴出口的数量增长要高于价格增长和扩展边际增长,只有向美国、日本和中国香港出口的数量增长小于价格增长。

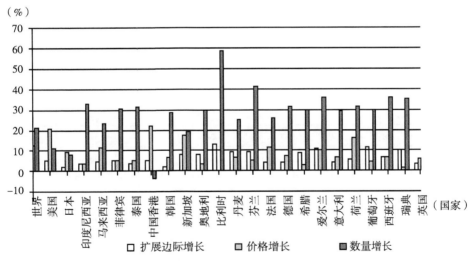

图 3-14 2001~2007 年我国与世界及主要贸易伙伴间的扩展边际增长、价格和数量增长

资料来源:来自 Shi Bingzhan, (2011) "Extensive Margin, Quantity and Price in China's Export Growth" [J]. China Economic Review, (22): 233-243.

---

① Shi Bingzhan, (2011) "Extensive Margin, Quantity and Price in China's Export Growth" [J]. China Economic Review, (22): 233-243.

2001~2007 年扩展边际、数量和价格在我国出口增长中的贡献份额如表 3-2 所示。由表 3-2 可以看出，就扩展边际、数量和价格在我国出口增长中的贡献份额来看，2001~2007 年数量在我国向世界出口增长中的贡献份额远远超过价格和扩展边际在我国出口增长中的贡献份额，分别为 69.18%、15.67% 和 15.14%。大多数情况下，数量在我国向主要贸易伙伴出口增长中的贡献份额最大，通常超过 50%，数量在我国向比利时出口增长中的贡献份额达到 94.4%。价格只有在我国向美国、日本、中国香港和新加坡的出口增长中的贡献份额最大，超过数量的贡献份额。

表 3-2　2001~2007 年扩展边际、数量和价格在我国出口增长中的贡献份额

单位：%

	g_r	g_{EX}	g_P	g_Q	r_{EX}	r_P	r_Q
世界	25.98	3.93	4.07	17.97	15.14	15.67	69.18
美国	26.20	4.70	173.77	3.72	17.94	67.84	14.22
日本	13.41	−0.25	8.60	5.06	−1.83	64.13	37.70
印度尼西亚	26.42	2.44	2.01	21.98	9.22	7.59	83.19
马来西亚	27.01	1.05	11.89	14.06	3.89	44.04	52.06
菲律宾	24.44	1.14	3.98	19.32	4.67	16.29	79.04
泰国	24.90	−0.02	4.64	20.28	−0.09	18.63	81.46
中国香港	22.02	8.97	20.90	−7.84	40.72	94.88	−35.60
韩国	25.18	0.27	4.33	20.59	1.07	17.18	81.76
新加坡	32.02	6.46	17.07	8.50	20.17	53.29	26.53
奥地利	25.48	1.12	3.01	21.35	4.40	11.81	83.79
比利时	42.79	6.75	−4.35	40.40	15.77	−10.17	94.40
丹麦	24.69	0.82	7.12	16.75	3.30	28.84	67.85
芬兰	30.13	0.59	4.14	25.40	1.96	13.73	84.31
法国	23.58	−0.77	8.64	15.71	−3.27	36.64	66.63
德国	24.33	−0.45	6.82	17.95	−1.84	28.04	73.80
希腊	25.69	1.95	2.22	21.52	7.59	8.64	83.77
爱尔兰	34.56	0.39	8.03	26.13	1.13	23.25	75.62
意大利	25.25	0.54	5.79	18.91	2.15	22.94	74.91
荷兰	26.26	0.18	11.49	14.59	0.68	43.76	55.56
葡萄牙	26.42	6.78	3.25	16.38	25.67	12.31	62.01

续表

	g_r	g_{EX}	g_P	g_Q	r_{EX}	r_P	r_Q
西班牙	28.84	1.24	6.13	21.46	4.30	21.27	74.43
瑞典	28.22	0.61	2.80	24.81	2.18	9.91	87.91
英国	20.44	-0.21	5.33	15.32	-1.01	26.07	74.94

资料来源：同图3-14。g_r 表示总的出口增长率，g_{EX} 表示边际增长带来的出口增长率，g_P 表示价格增长带来的出口增长率，g_Q 表示数量增长带来的出口增长率；r_{EX} 表示扩展边际增长对总出口增长的贡献率，r_P 表示价格增长对总出口增长的贡献率，r_Q 表示数量增长对总出口增长的贡献率。

　　由我国总体扩展边际增长、价格和数量增长的现状分析可以看出，我国出口增长模式仍然是粗放型的增长模式，总出口的快速增长主要是靠快速的数量增长带动的，价格增长和扩展边际增长的空间很大，我国的出口仍然是以低价和量多取胜，仍然是大而不强。而以数量增长带动的总出口增长不具有持续性，因为以数量带动的出口增长更容易遭受外生贸易壁垒，而且靠投资拉动带动的出口数量的增加，会带来资源和原材料的高耗费，同时带来环境污染，以数量增长带动的出口增长还会导致一国贸易条件恶化，不利于一国的出口稳定增长。所以，我国以数量带动的出口增长到一定程度就会遇到"瓶颈"，难以长期持续下去。钱学锋、熊平（2010）发现无论在多边层次还是在双边层次，中国的出口增长主要是沿着集约的边际实现的，扩展的边际占据的比重很小。外部冲击显示出了对集约的边际的显著负面冲击，但却为出口的扩展边际提供了发展契机。中国出口的稳定增长和贸易利益的有效改善，都有赖于出口结构中扩展的边际的比重的进一步提升。因此，我国的出口要想保持稳定增长，就必须提高我国出口中价格增长和扩展边际增长的比重。在原材料和劳动力成本上涨的背景下，我国出口企业如果抬高出口商品价格会引起外商不满，如果不抬高出口商品价格，出口企业利润就会不断下降，我国出口企业当前面临严峻考验。要想保持企业出口继续增长，出口企业一方面可以通过产业转移等途径控制生产成本，但控制生产成本的空间是有限的；另一方面可以通过提高原有出口商品质量从而提高出口商品价格，同时开发新产品，提高出口商品种类，提高价格增长和扩展边际增长在我国出口增长中的比重。而出口商品质量的提高和出口商品种类的增加都依赖于技术进步，因此，技术进步是影响我国出口稳定增长的一个重要因素。

第二节　我国各行业和各地区的出口增长现状

我国出口贸易政策的调整和技术水平的提高会引起我国不同行业出口增长发生不同变化，资本技术密集型行业出口额和增长速度快于劳动密集型行业，但由于我国仍然主要从事劳动密集型的生产环节，我国各行业的出口增长也主要是靠数量增长带动；由于我国各地区在技术水平和外商直接投资等各方面存在差异，我国各地区的出口增长也必然不同。

一、我国各行业的出口增长现状

（一）我国各行业出口总额的变化

根据使用要素密集度程度，将我国各行业分为资源密集型行业、劳动密集型行业及资本技术密集型行业。近些年来我国各行业出口不断发生变化，1990~2009 年各行业出口额如图 3-15 所示。由图 3-15 可以看出，我国劳动密

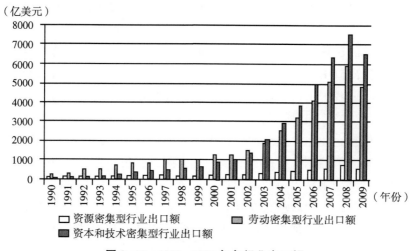

图 3-15　1990~2009 年各行业出口额

资料来源：据各年度《海关统计年鉴》数据计算和整理。

集型行业和资本密集型行业商品的出口在 2009 年之前都呈上升趋势，且上升趋势比较明显，资源密集型行业商品出口额比较小而且增加得不明显。由于受到金融危机的冲击，2009 年我国各行业出口额均下降。2003 年以前我国劳动密集型行业的出口均超过资源密集型行业和资本技术密集型行业的出口额。2003 年开始我国资本技术密集型行业出口额一直超过劳动密集型行业和资源密集型行业的出口额。2003 年我国资本技术密集型行业出口额达到 2075 亿美元，超过劳动密集型行业的出口额 1951 亿美元。受到 2008 年金融危机的冲击，2009 年我国各行业出口均有所下降。

（二）我国各行业出口增长速度

就我国资源密集型行业、劳动密集型行业和资本技术密集型行业的出口增长率来看，各个行业的出口增长率均是先上升后下降然后再上升再下降循环往复的一种趋势。1991~2007 年我国各行业出口增长率如图 3-16 所示。由图 3-16 可以看出，1991~2007 年我国资本技术密集型行业的出口增长速度要快于劳动密集型行业和资源密集型行业的出口增长速度，我国资本技术密集型行业出口均出现正增长，劳动密集型行业和资源密集型行业出口在部分年份出现负增长。2008 年资源密集型行业出口增长速度最大，其次是资本技术密集型行业，劳

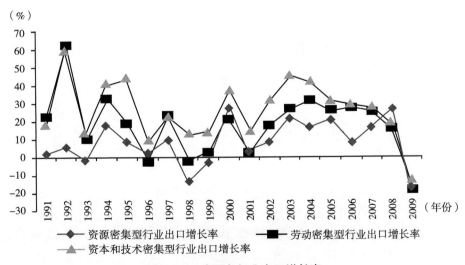

图 3-16　我国各行业出口增长率

资料来源：据各年度《海关统计年鉴》数据计算和整理。

动密集型行业增长速度最小。受到 2008 年金融危机的影响，2009 年我国各行业出口均出现负增长，资源密集型行业、劳动密集型行业及资本技术密集型行业出口均出现负增长。

（三）我国各行业出口在总出口中的地位

由各行业出口占总出口的比例可以看出各行业在我国出口中的地位。1990～2009 年我国各行业出口占总出口比例如图 3-17 所示。由图 3-17 可以看出，1990～2009 年资本和技术密集型行业的出口占我国总出口的比例逐年上升，2005 年资本和技术密集型行业的出口占总出口的比例超过 50%，达到 50.9%，2009 年上升至 54.3%；资源密集型行业出口占总出口的比例逐年下降，由 1990 年的 25.6% 下降到 2009 年的 5.3%；劳动密集型行业出口占总出口的比例先上升后下降。1990～1994 年劳动密集型行业出口占总出口的比例逐年上升，由 1990 年的 40.7% 上升到 1994 年的 60.5%；1995～2009 年劳动密集型行业出口占总出口的比例逐年下降，由 1995 年的 58.3% 下降到 2009 年的 40.3%。由此可以看出，资本技术密集型行业的出口在我国出口中的地位越来越重要，但仍不能轻视劳动密集型行业的出口在我国出口中的地位。

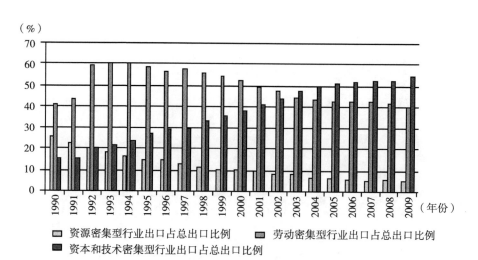

图 3-17 我国各行业出口占总出口比例

资料来源：据各年度《海关统计年鉴》数据计算和整理。

（四）各行业扩展边际增长、数量增长和价格增长

由各行业出口的扩展边际增长、数量增长和价格增长的情况可以看出各个行业的出口增长方式。2001~2007 年我国各行业出口的扩展边际增长、数量增长和价格增长的情况如表 3-3 所示。由表 3-3 可以看出，2001~2007 年在我国各行业的出口增长中数量增长的贡献份额均远远超过扩展边际增长和价格增长的贡献份额，数量增长对总出口增长的贡献率均超过 50%，其中在饮料、烟草、纺织品、印刷和出版、工业化学制品、玻璃及玻璃制品和其他非金属类矿制品的出口增长中，价格增长的贡献为负，在饮料和烟草行业的出口增长中价格增长的贡献份额达到-54.88% 和-55.45%。

表 3-3　2001~2007 年扩展边际、数量和价格在各行业出口增长中的贡献份额

单位:%

	g_r	g_{EX}	g_P	g_Q	r_{EX}	r_P	r_Q
食品	20.99	2.54	0.38	18.07	12.08	1.80	86.11
饮料	17.68	5.70	-9.70	21.69	32.21	-54.88	122.66
烟草	14.37	6.50	-7.97	15.85	45.19	-55.45	110.26
纺织品	24.94	4.37	-0.50	21.07	17.51	-1.99	84.48
服装	23.43	2.10	2.97	18.36	8.95	12.69	78.37
皮革制品	19.19	1.87	6.72	10.60	9.74	35.03	55.23
鞋	23.85	1.72	3.24	18.89	7.20	13.60	79.20
木制品（除了家具）	41.01	7.19	2.96	30.86	17.54	7.21	75.24
家具	21.67	2.98	1.46	17.23	13.75	6.76	79.50
纸和纸制品	35.94	5.93	1.24	28.76	16.51	3.46	80.04
印刷和出版	28.24	2.16	-0.20	26.28	7.64	-0.70	93.06
工业化学制品	30.65	6.56	-2.46	26.55	21.41	-8.01	86.61
其他化学品	29.42	4.32	1.56	23.55	14.68	5.29	80.04
石油精炼	26.34	8.21	1.39	16.74	31.17	5.29	63.54
石油和煤炭制品	16.33	2.87	4.94	8.52	17.55	30.27	52.18
橡胶制品	34.96	3.60	4.76	26.60	10.30	13.63	76.08
塑料制品	26.31	4.11	6.31	15.90	15.61	23.96	60.43
陶瓷	25.44	3.12	7.25	15.07	12.27	28.50	59.23
玻璃及玻璃制品	33.66	4.20	-1.43	30.89	12.49	-4.25	91.76

续表

	g_r	g_{EX}	g_P	g_Q	r_{EX}	r_P	r_Q
其他非金属类矿制品	39.71	6.67	−1.80	34.84	16.79	−4.53	87.73
钢铁	53.21	11.88	9.26	32.07	22.33	17.40	60.28
不含铁的金属	33.78	5.54	2.59	25.66	16.39	7.66	75.95
金属制品	34.09	3.62	4.54	25.93	10.62	13.33	76.06
机械	33.45	2.22	13.02	18.21	6.64	38.93	54.43
电器	31.41	1.91	11.97	17.54	6.07	38.09	55.84
运输设备	41.31	12.06	0.04	29.21	29.19	0.11	70.70
专业和科学设备	31.21	5.77	10.14	15.30	18.48	32.49	49.03
其他制成品	20.96	−0.79	6.43	15.32	−3.76	30.68	73.08

资料来源：同图 3-14。g_r 表示总的出口增长率，g_{EX} 表示边际增长带来的出口增长率，g_P 表示价格增长带来的出口增长率，g_Q 表示数量增长带来的出口增长率；r_{EX} 表示扩展边际增长对总出口增长的贡献率，r_P 表示价格增长对总出口增长的贡献率，r_Q 表示数量增长对总出口增长的贡献率。

由此可以看出，我国各行业的出口增长主要是靠出口数量的大幅度增长带动的，尤其是食品、饮料、烟草、纺织品、纸和纸制品、印刷和出版、工业化学制品、玻璃及玻璃制品和其他非金属类矿制品，其出口增长中数量增长的贡献份额超过 80%，饮料、烟草、印刷和出版、玻璃及玻璃制品出口增长中数量增长的贡献份额更是超过 90%。

由我国各行业出口增长现状的分析可以看出，近些年来，我国资本技术密集型行业的出口增长速度很快，超过了劳动密集型行业及资源密集型行业的出口增长速度，而且资本技术密集型行业出口在总出口中的地位呈上升趋势，劳动密集型行业及资源密集型行业出口在总出口中的地位呈下降趋势，但劳动密集型行业出口占总出口比例仍然很大。由此可以看出，资本密集型行业的出口已经成为我国总出口增长的主力军，但劳动密集型行业的出口仍占很大比例。这主要是由于近些年来我国资本积累和技术水平不断提高，而且政府也越来越关注产业升级和出口商品结构优化。虽然资本技术密集型行业出口在我国出口中的比重越来越大，但我国各行业的出口增长模式没有发生根本性的改变，各行业的出口增长仍主要是靠数量增长带动的，容易受到外部经济环境的影响，进而容易发生波动。

二、我国各地区的出口增长现状

（一）我国各地区出口额的变化

我国各地区[①]（不包括港澳台地区）全面对外开放也即 1992 年以后，出口额不断增长，但各地区间的出口额差距很大，出口贸易在各地区的分布很不平衡。东部地区出口贸易的起步较早，所以出口贸易额比较大，而中西部地区出口贸易额比较小。

就各省份的出口情况来看，广东的出口额最高，其次是江苏、上海、浙江和北京，它们 2009 年的出口额分别为 35895489 万美元、19919919 万美元、14179603 万美元、13301295 万美元、4837932 万美元。出口额最低的是青海，其次是西藏、甘肃和宁夏，它们 2009 年的出口额分别为 25187.6 万美元、37547.1 万美元、73551.2 万美元和 74293 万美元。由此可以看出出口额最高的几个省份都位于东部地区，出口额最少的省份都位于西部地区。

就各地区的出口情况来看，我国东部地区的出口额远远超过中部和西部的出口额。1993~2010 年我国各地区出口额如图 3-18 所示。由图 3-18 可以看出，1993~2008 年各地区的出口额基本上呈上升趋势，东部地区的出口额从 1993 年的 7414108 万美元上升到 2008 年的 129193273.6 万美元；中部地区的出口额从 1993 年的 829767 万美元上升到 2008 年的 8435430 万美元；西部地区的出口额从 1993 年的 362147 万美元上升到 2008 年的 5369846 万美元。在亚洲金融危机的影响下，1996 年和 1998 年我国中西部地区出口额有所下降，东部地区出口额增加很少。2009 年由于受到 2008 年发生的全球金融危机的影响，我国各地区的出口额均有所下降，东部地区的出口额由 2008 年的 129193274 万美元下降到 110283275 万美元；中部地区的出口额由 2008 年的 8435430 万美元下降到 5743117 万美元；西部地区的出口额由 2008 年的 5369846 万美元下降到 4097241 万美元。2010 年我国各地区出口开始恢复增长，东部、中部和西部地区的出口额分别上升至 142170000 万美元、8420000

---

① 在这里各地区数据不包括港澳台，东部包括北京、天津、河北、辽宁、上海、江苏、浙江、福建、山东、广东、广西、海南 12 个省份；中部包括山西、内蒙古、吉林、黑龙江、安徽、江西、河南、湖南、湖北 9 个省份；西部包括四川（由于 1997 年重庆属于四川，所以这里将重庆的数据并入四川）、贵州、云南、陕西、甘肃、青海、宁夏、新疆和西藏 9 个省份。

万美元和 7200000 万美元。

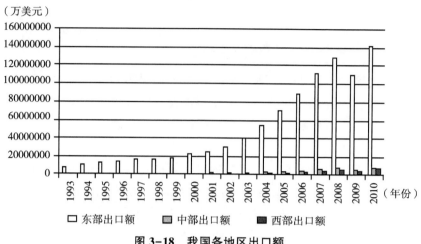

图 3-18　我国各地区出口额

资料来源：各年度《中国统计年鉴》和国家发展改革委员会网站。

由此可以看出，我国各地区出口发展的差距很大，出口贸易主要集中在东部地区，中西部地区的出口额很小，其中一个重要原因是我国在东部地区实行改革开放比较早，开放程度比较大，而中西部地区开放得比较晚，开放的程度比较低。

（二）我国各地区出口的增长速度

我们可以通过我国各地区的出口增长率来观察各地区的出口增长速度。1994～2010 年我国各地区出口增长率如图 3-19 所示。由图 3-19 可以看出，1994～2010 年各地区的出口增长速度先减慢再加快然后又减慢，不断反复。从整体来看，中部与西部地区出口增长速度比较接近，近些年来，中西部地区出口增长速度超过了东部地区，这主要是由于我国政府近些年来实施了中西部开发的政策，给予中西部地区的贸易发展更多的优惠，促进了中西部地区出口的快速发展。此外，我国各地区的出口极易受外部冲击的影响。由于受到金融危机和加入 WTO 的影响，我国各地区出口增长发生了大幅波动。在 1996 年、1998 年、2001 年和 2009 年各地区的增长速度大幅下降，在 1996 年、1998 年、2001 年和 2009 年西部地区出口出现负增长；在 1996 年、1998 年和 2009 年中部地区出口出现负增长；2009 年东部地区出口出现负增长。

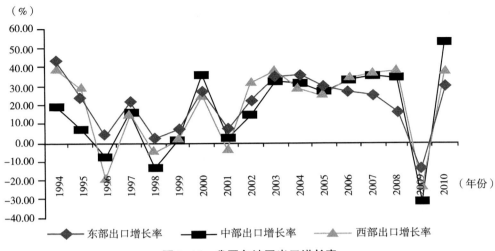

图 3-19 我国各地区出口增长率

资料来源：各年度《中国统计年鉴》和国家发展改革委员会网站。

（三）我国各地区出口在总出口中的地位

东部地区出口在我国总出口中起着主导作用，我国的出口大部分是由东部地区的出口带动的。1993～2010年东部地区的出口占总出口的比例如表3-4所示。由表3-4可以看出，1993～2010年东部地区的出口占总出口的比例均超过80%，1996年东部地区出口占总出口的比例开始超过90%，1997～2010年东部地区出口占总出口的比例一直维持在90%以上。由此可以看出，我国的

表3-4 我国各地区出口占总出口的比例

单位：%

年份	1993	1994	1995	1996	1997	1998	1999	2000	2001
东部	80.81	87.64	88.14	90.03	90.46	91.51	91.90	91.64	92.14
中部	9.04	8.16	7.10	6.48	6.20	5.32	5.05	5.36	5.16
西部	3.95	4.16	4.36	3.48	3.32	3.14	3.00	2.95	2.67
年份	2002	2003	2004	2005	2006	2007	2008	2009	2010
东部	92.26	92.25	92.55	92.67	92.29	91.63	90.30	91.78	90.10
中部	4.83	4.75	4.61	4.56	4.78	5.17	5.90	4.78	5.34
西部	2.88	2.97	2.82	2.75	2.91	3.17	3.75	3.41	4.56

资料来源：各年度《中国统计年鉴》和国家发展改革委员会网站。

出口过分集中于东部地区，这主要是由于东部地区的基础设施比较完善，经济环境比较好，吸引了大量的外商直接投资，外商直接投资利用我国廉价劳动力从事加工贸易，进而带动了东部地区的出口增长。

由我国各地区出口增长现状的分析可以看出，我国东部地区的出口无论在绝对额还是相对额方面均远远超过中西部地区，但近些年来中西部地区的出口发展很快，其增长速度超过了东部地区。因此，我国政府应通过政策的调整干预影响出口增长的各种因素，促使各地区根据各自优势集中生产和出口具有比较优势的产品，避免出口商品结构的雷同，实现各地区出口协调发展，进而促进我国整体出口稳定增长。第一，由于中西部地区资源丰富，劳动力成本比较低，具有发展劳动密集型传统产业的优势，所以，政府应该采取措施改善中西部地区经济环境，促使中西部地区进行传统产业升级。第二，应充分发挥东部地区资本丰裕技术先进的优势，促使东部地区更好地发展高端的资本技术密集型行业。

第三节　我国出口增长的不稳定性特征与原因

出口增长对一个国家的经济发展固然重要，但出口增长的稳定性对一个国家的经济发展也很重要。出口增长不稳定性在统计上是指实际出口值偏离出口长期趋势值的程度。由我国整体出口增长及各行业和地区的出口增长现状可以看出，我国出口增长非常迅速，但我国的出口增长主要是靠数量增长带动的，容易受到外部冲击的影响，出口增长必然存在不稳定性。我们将分别从整体和分行业、分地区两个方面分析我国出口增长的不稳定性特征及其原因。

一、衡量出口不稳定性的方法

（一）出口不稳定性指数

衡量出口不稳定性的方法有很多，最常用的是时间趋势法。早期对趋势的分离一般采用线性和指数方法，该方法要求宏观时间序列趋势平稳，所以我们对数值取对数进行计算，参照 Love（1986）的计算方法计算出口不稳定性指数，具体公式如下：

$$I_t = 100 \times \left| \frac{\ln X_t - \ln \hat{X}_t}{\ln X_t} \right| \tag{3.1}$$

$$\ln X_t = \alpha_0 + \alpha_1 t + \varepsilon_t \tag{3.2}$$

其中，I_t 表示出口不稳定性指数，$\ln X_t$ 表示实际出口额的自然对数，$\ln \hat{X}_t$ 是对 $\ln X_t$ 的时间趋势估计值。I_t 越大表明出口额增长越不稳定；相反，I_t 越小表明出口额增长越稳定。

（二）滤波方法

常用的采用线性和指数方法分离趋势的方法易于操作，但要求宏观时间序列趋势平稳，而滤波方法放松了这一假定，在近几年来的研究中得到广泛应用，而且使用 HP 滤波的方法可以分析我国出口增长波动的周期性[①]。

我们采用 HP 滤波的方法分离出口增长率 RESID 中的趋势成分 Trend，生成周期成分 Cycle。从均值（$\overline{X}$）、标准差（σ）和不稳定性系数（CV）等角度进行比较分析。均值这里采用各阶段内出口增长率（X）的算术平均值。标准差是各阶段内出口增长率数值与其相应阶段均值离差平方的平均数的平方根，反映了波动对于均值的偏离程度，计算公式如（3.3）式。由于各个阶段的均值不同，为了消除均值的不同影响，通常用波动系数来衡量各阶段出口的不稳定性，计算方法为标准差与均值之比的绝对值，计算公式如（3.4）式。

$$\sigma = \sqrt{\frac{\sum (X - \overline{X})^2}{n}} \tag{3.3}$$

$$CV = \left| \frac{\sigma}{\overline{X}} \right| \tag{3.4}$$

二、我国整体出口增长不稳定性的特征

（一）我国整体出口增长不稳定性的现状——基于不稳定指数的分析

可以通过出口不稳定性指数的计算来观察我国出口额增长不稳定性的现

---

① 许军、李勤（2009）、王小平，（2006）曾采用该方法分析了我国加工贸易和服务贸易的波动。

状。我国改革开放后各年度的出口额不稳定性指数如图3-20所示。由图3-20可以看出，我国的出口波动可以分为四个阶段。第一个阶段是改革开放后至1987年，在这期间我国出口额波动较大，这主要是由于我国改革开放政策的实施，促使了我国出口迅速增加，但由于改革开放程度的加大导致我国出口容易受外部冲击，所以，在该阶段我国出口增长很不稳定。第二个阶段是1988~1993年，在该阶段我国出口额增长比较稳定，其中一个主要原因是我国在该阶段国际化程度没有大幅加大，且没有遇到大的外部冲击。第三个阶段是1994~2001年，我国出口额增长的不稳定性开始增强，在该阶段我国参与全球化的程度不断加深，出口更易受到外部的冲击，而且受到亚洲金融危机的冲击。另外一个主要原因是我国为"入世"进行了一系列的外贸政策的调整，这些政策的调整加大了我国出口增长的波动性。第四个阶段是2002~2010年，在该阶段我国出口增长的不稳定性有轻微的缓解，这主要是因为我国政府意识到促进出口稳定增长的重要性，采取了一系列提高出口商品档次、优化出口商品结构，进而改变旧有的"三高一低"的出口贸易模式的措施。例如，为了优化出口商品结构，2004年、2005年和2007年我国连续降低退税率，最终形成11%、9%和5%的差别税率，取消了20余类产品的出口退税政策，调整出口退税结构。为了提高我国出口商品质量，促进我国技术进步，政府开始意识到提高引进外资质量的重要性，同时并增加了研发投入。但是，由于我国旧有的贸易模式并未从根本上改变，而且我国参与经济全球化的程度越来越深，所以我国出口增长仍容易受到外部的冲击，例如，由于受到2008年金融危机的影响，2009

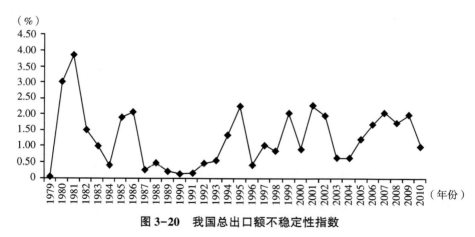

图 3-20　我国总出口额不稳定性指数

资料来源：根据各年度《中国统计年鉴》和国家发展改革委员会网站数据计算所得。

年我国出口增长出现大幅波动。由此可以看出，现阶段我国出口增长的不稳定性虽然有所缓解，但仍然比较大。

与其他国家相比，我国出口额增长的不稳定性近些年来也是比较高的。我们可以通过我国与发展中国家及发达国家的出口不稳定性指数的比较得到该结论。发展中国家、发达国家和中国的出口不稳定性指数比较如图 3-21 所示。由图 3-21 可以看出，1978~1986 年我国的出口不稳定性指数要远远高于发达国家和发展中国家，1987~1989 年我国的出口不稳定性指数要稍微高于发达国家和发展中国家，1990 年和 1991 年我国的出口不稳定性指数高于发展中国家低于发达国家。1992~2010 年我国的出口不稳定性指数远远高于发展中国家和发达国家。由此可以看出，我国出口不稳定性指数无论与发达国家还是与整个发展中国家相比都是比较高的。近些年来，我国出口在过快增长的同时，出口的波动性也过于强。

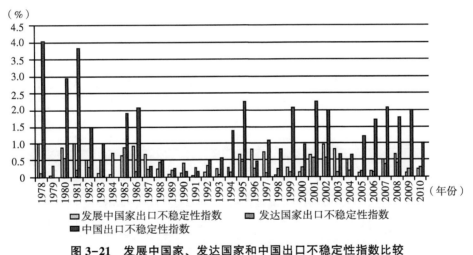

图 3-21　发展中国家、发达国家和中国出口不稳定性指数比较

资料来源：根据各年度《中国统计年鉴》和国家发展改革委员会网站数据计算所得。

(二) 我国总出口增长速度波动的周期性——基于 HP 滤波方法的分析

HP 滤波方法是在对增长率变量进行趋势分离的基础上来测量变量周期波动的方法，用该方法可以识别短周期、中周期及中长周期。通过 Eviews6.0 软件，采用 HP 滤波的方法可以分离我国实际出口增长率 RESID 中的趋势成分

Trend，生成周期成分 Cycle。具体如图 3-22 和表 3-5 所示。

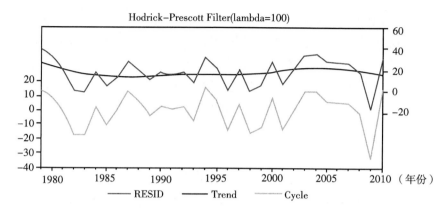

图 3-22　我国总出口增长率、趋势增长率和周期成分

资料来源：《中国统计年鉴》。

表 3-5　我国总出口的趋势增长率和周期成分

单位：%

年份	趋势增长率	周期成分	年份	趋势增长率	周期成分
1979	26.73	13.47	1995	15.71	7.29
1980	23.73	10.07	1996	15.79	-14.29
1981	20.85	-0.45	1997	16.09	4.91
1982	18.35	-16.95	1998	16.63	-16.13
1983	16.45	-16.85	1999	17.50	-11.40
1984	15.21	2.39	2000	18.63	9.17
1985	14.52	-9.92	2001	19.83	-13.03
1986	14.31	-1.21	2002	21.00	1.30
1987	14.39	13.11	2003	21.91	12.69
1988	14.56	5.94	2004	22.35	13.05
1989	14.76	-4.16	2005	22.23	6.17
1990	14.99	3.21	2006	21.59	5.61
1991	15.21	0.59	2007	20.53	5.17
1992	15.39	2.71	2008	19.21	-2.01
1993	15.54	-7.54	2009	17.85	-33.85
1994	15.66	16.24	2010	16.64	14.70

由图 3-22 和表 3-5 可以看出，我国实际出口增长率波动特征与出口贸易的周期成分特征基本相同，由此说明我国实际出口增长率具有周期性，将波动类似的期间划为一个阶段，可以将我国出口贸易的波动周期分为四个阶段。第一个阶段是 1979～1987 年，第二个阶段是 1987～1994 年，第三个阶段是 1994～2000 年，第四个阶段是 2000～2009 年。我国各个阶段出口增长的均值和波动系数见表 3-6。

表 3-6　我国各个阶段出口增长的均值、标准差和波动系数

阶段	年度	时间长度	均值	标准差	不稳定系数
一	1979～1987	9	17.60	13.60	0.80
二	1987～1994	8	18.80	7.40	0.40
三	1994～2000	7	15.97	12.04	0.75
四	2000～2009	10	21.88	14.80	0.68

由表 3-6 可以看出，第一个阶段的出口增长率均值最小，但标准差和不稳定系数高于第二、第三和第四阶段。说明第一个阶段我国出口增长速度较慢而且很不稳定；第二阶段的出口增长率均值比第一阶段高，但标准差和不稳定系数均低于第一阶段，说明在 1987～1994 年我国出口增长加快而且较为稳定，处于快速稳定增长的阶段；第三个阶段的出口增长率均值低于第二阶段，但同时标准差和不稳定系数高于第二个阶段，说明在 1994～2004 年我国出口增长速度有所放缓，而且不稳定性也进一步增强；第四个阶段的出口增长率均值高于前三个阶段，同时标准差和不稳定系数低于第三个阶段，说明我国现在的出口增长进入一个高速增长且波动幅度有小幅放缓的一个阶段。

从图 3-22 的趋势成分曲线可以识别出我国出口贸易增长率所体现的中长周期及其特征。根据图 3-22 和表 3-5 的趋势成分，我们可以看出，从 1979 年至 1994 年，我国出口贸易经历了一个从波峰到波谷再到波峰的一个周期过程，该周期大约包含了两个中周期和五个短周期，历经 15 年，属于中长周期。从 1994 年到 2009 年，我国出口贸易同样经历了一个从波峰到波谷再到波峰的一个周期过程，该周期大约包含了两个中周期和四个短周期，历经 16 年，属于中长周期。由此可以看出，我国出口增长速度的波动具有周期性，其波动周期的时间长度基本符合经济周期波动理论。我国出口贸易增长处一个中长周期阶段。随着我国经济融入全球化的程度越来越深，我国出口增长越来越容易受到外部环境的影响，进而发生剧烈波动。因此，有必要分析我国出口增长波动的周期性特征，建立出口贸易周期波动的检测与预警机制，提早应对外部经济环境变化对我国出口增长的冲击。2004 年 7 月 1 日起开始施行的新的《中华人民共和国对外贸易法》第四十九条明确规定："国务院对外贸易主管部门和国务院其他有关部门应当建立货物进出口、技术进出口和国际服务贸易的预警应急机制，应对对外贸易中的突发和异常情况，维护国家经济安全。"

由我国出口额和出口增长速度的不稳定性分析可以看出，与其他国家相比，我国出口增长的不稳定性偏大，出口增长的波动具有周期性的特征。因此，我们有必要找出我国出口增长不稳定的原因，并把握其波动规律，找出其症结，并采取对应措施尽量减少出口增长的不稳定性，实现我国出口稳定增长。

三、我国各行业和各地区出口增长不稳定性的特征

（一）我国各行业出口增长的不稳定性分析

1. 各行业出口增长的不稳定性现状——基于不稳定指数的分析

由于各行业收入需求弹性不同，所以各行业出口受外部需求变动的影响程度也必然有差异。此外，由于各个行业在技术水平和生产效率及生产成本等各方面的差异，各行业的出口商品在国际市场上的竞争力也不同，各行业出口增长的不稳定性也必然有差异。我国各行业 1990~2009 年出口增长的不稳定性指数如图 3-23 所示。将所有行业分为原料密集型、劳动密集型和资本技术密集型行业。由图 3-23 可以看出，我国资源密集型行业出口增长的不稳定性先上升后下降再上升，可以将该期间分成三个阶段：第一个阶段是 1990~1999 年，在该阶段我国资源密集型行业出口增长趋于不稳定，不稳定性指数从 0.007 上升到 0.039；第二个阶段是 1999~2004 年，在该阶段我国资源密集型行业出口增长开始趋于稳定，不稳定性指数从 0.039 下降到 0.0067；第三个阶段是 2004~2009 年，在该阶段我国资源密集型行业出口增长又开始趋于不稳定。我国劳动密集型行业出口增长的不稳定性先是下降趋势随后上升然后再下降再上升，根据其变化趋势可以将该期间分成四个阶段：1990~1998 年是第一阶段，在该阶段我国劳动密集型行业出口增长趋于稳定，出口不稳定性指数从 0.036 下降到 0.004；第二个阶段是 1998~2001 年，在该阶段我国劳动密集

型行业出口增长趋于不稳定，出口不稳定性指数从 0.004 上升到 0.027；第三个阶段是 2001~2004 年，该阶段我国劳动密集型行业出口又趋于稳定，出口不稳定性指数从 0.027 下降到 0.0003；第四个阶段是 2004~2009 年，该阶段我国劳动密集型行业出口又开始趋于不稳定。资本技术密集型行业出口增长的不稳定性先上升后下降然后又上升，我们可以将该期间分为三个阶段：第一个阶段是 1990~1995 年，在该期间我国资本技术密集型行业出口增长趋于不稳定，不稳定性指数从 0.01 上升至 0.04；第二个阶段是 1995~2003 年，在该期间我国资本技术密集型行业出口增长又开始逐渐趋于稳定，不稳定性指数从 0.04 下降到 0.001；第三个阶段是 2003~2009 年，在该期间我国资本技术密集型行业出口增长又开始趋于不稳定，不稳定性指数从 0.001 升至 0.032。由图 3-26 还可以看出，2009 年，劳动密集型行业和资本技术密集型行业出口不稳定性指数在 2008 年的基础上增加，资源密集型行业出口不稳定性指数反而有所下降。由此说明，外部经济环境会冲击我国劳动密集型和资本技术密集型行业的出口，对资源密集型行业出口影响不大。

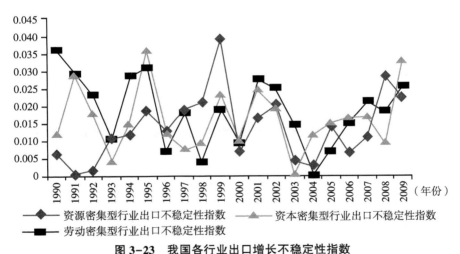

图 3-23　我国各行业出口增长不稳定性指数

资料来源：根据各年度《中国统计年鉴》和国家发展改革委员会网站数据计算所得。

2. 各行业出口增长速度波动的周期性——基于 HP 滤波方法的分析

通过 Eviews6.0 软件，采用 HP 滤波的方法分离我国资源密集型、劳动密集型和资本技术密集型行业实际出口增长率 RESID 中的趋势成分 Trend，生成周期成分 Cycle，如图 3-24、图 3-25 和图 3-26 所示。

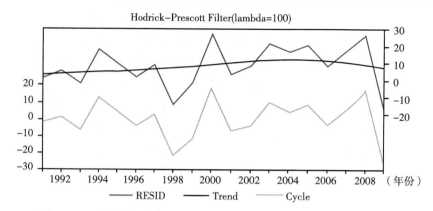

图 3-24　我国资源密集型行业出口增长率、趋势增长率和周期成分

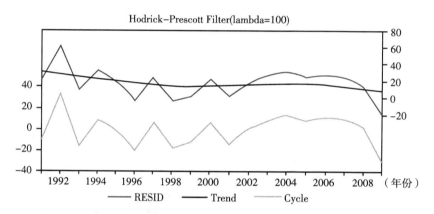

图 3-25　我国劳动密集型行业出口增长率、趋势增长率和周期成分

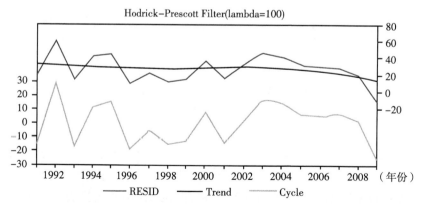

图 3-26　我国资本和技术密集型行业出口增长率、趋势增长率和周期成分

根据图 3-24 中的周期成分，可以将我国资源密集型行业出口增长波动周期划分为两个阶段。第一个阶段是 1991~1998 年，第二个阶段是 1998~2009 年。各阶段的均值、标准差和不稳定系数如表 3-7 所示。

表 3-7　我国资源密集型行业各阶段出口增长的波动比较

阶段	年度	时间长度	均值	标准差	不稳定系数
一	1991~1998	8	3.63	9.55	2.63
二	1998~2009	12	9.47	13.64	1.44

从均值来看，第二个阶段的均值大于第一个阶段；从不稳定系数来看，第二个阶段的不稳定系数小于第一个阶段。说明在第二个阶段我国资源密集型行业出口增长较快且较为稳定。

根据图 3-25 中的周期成分，可以将我国劳动密集型行业出口增长波动周期划分为两个阶段。第一个阶段是 1991~1996 年，第二个阶段是 1996~2009 年。各阶段的均值、标准差和不稳定系数如表 3-8 所示。

表 3-8　我国劳动密集型行业各阶段出口增长的波动比较

阶段	年度	时间长度	均值	标准差	不稳定系数
一	1991~2001	11	20.21	5.751	0.284
二	2001~2009	9	15.18	2.59	0.17

由表 3-8 可以看出，第二阶段的出口平均增长率低于第一阶段，而且第二阶段出口增长的不稳定性系数小于第一阶段。这说明我国劳动密集型行业出口在第二个阶段增长速度下降且不稳定性有所下降。

根据图 3-26 中的周期成分，可以将我国资本和技术密集型行业出口增长波动周期划分为三个阶段。各阶段的均值、标准差和不稳定系数如表 3-9 所示。

表 3-9　我国资本和技术密集型行业各阶段出口增长的波动比较

阶段	年度	时间长度	均值	标准差	不稳定系数
一	1991~1996	6	30.93	18.51	0.598
二	1996~2001	6	18.15	13.01	0.717
三	2001~2009	9	25.15	12.97	0.516

由表 3-9 可以看出，对于均值，第一阶段最大，第三阶段次之，第二阶段最小。对于不稳定系数，第二阶段最大，其次是第一阶段，第三阶段最小。这说明 1991~1996 年我国资本技术密集型行业处于高速且较为稳定的增长阶段，1996~2001 年我国资本技术密集型行业出口增长速度下降且不稳定性增强，2001~2009 年我国资本技术密集型行业出口增长速度加快且稳定性增强。

由我国各行业出口增长不稳定性的分析可以看出，各行业的出口增长的不稳定性也呈现周期性，波动幅度呈现上升和下降循环往复的模式。现阶段，我国资源密集型行业出口增长速度有所加快且较为稳定，劳动密集型行业出口增长速度下降但其稳定性增强，资本技术密集型行业出口增长速度加快且稳定性有所改善。由此可以看出，要想使我国出口保持稳定增长，一方面需要改善劳动密集型行业的出口增长速度和稳定性；另一方面需要进一步提升资本技术密集型行业的出口增长速度并增强其稳定性。必须找出各行业，尤其是劳动和资本技术密集型行业出口增长不稳定性的原因，并采取对应措施进行干预。

（二）我国各地区出口增长不稳定性的特征

1. 各地区出口额增长的不稳定性现状——基于不稳定指数的分析

由于我国各地区技术水平、开放水平及基础设施和经济环境等各方面的差异，各地区出口增长的不稳定性也必然有差异。根据相关数据计算出我国各地区的出口不稳定性指数，具体如图 3-27 所示。由图 3-27 可以看出，1993~2010 年我国各地区每年的出口不稳定性指数都会发生变化，除了 2004 年和 2005 年东部地区的出口不稳定指数略高于中部和西部，其他年份东部地区的出口不稳定性指数基本都低于中西部，而且东部地区不稳定性指数变化幅度较小。1993~2010 年，我国东部地区出口不稳定指数先下降后上升再下降再上升，循环往复，不断发生变化，但变化幅度较小，不稳定指数最小值是 0.006，最大值是 0.022；我国中部和西部出口不稳定性指数较大且先上升后下降再上升再下降，不断循环往复，变化较大。中部地区出口不稳定指数最小值是 0.0008，最大值是 0.054；西部地区出口不稳定指数最小值是 0.0004，最大值是 0.077。这说明我国中部和西部出口增长较为不稳定，且不稳定性变化很大，东部地区的出口增长比中部和西部稳定。

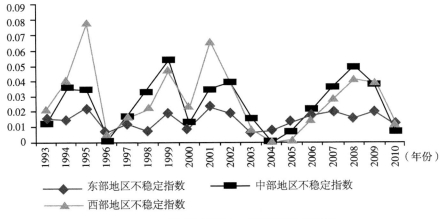

图 3-27　我国各地区出口增长不稳定指数

资料来源：根据各年度《中国统计年鉴》和国家发展改革委员会网站数据计算所得。

2. 各地区出口增长速度波动的周期性——基于 HP 滤波方法的分析

通过 Eviews6.0 软件，采用 HP 滤波的方法可以分离我国东部地区、中部地区和西部地区实际出口增长率 RESID 中的趋势成分 Trend，生成周期成分 Cycle，如图 3-28、图 3-29 和图 3-30 所示。

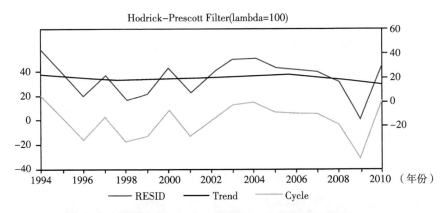

图 3-28　我国东部地区出口增长率、趋势增长率和周期成分

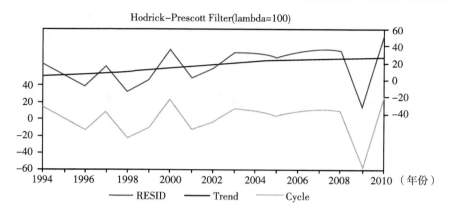

图 3-29　中部地区出口增长率、趋势增长率和周期成分

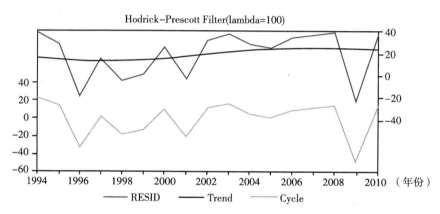

图 3-30　我国西部地区出口增长率、趋势增长率和周期成分

根据图 3-28 和表 3-10 的周期成分，可以将我国东部地区出口增长分为两个阶段，第一个阶段是 1994~2000 年，第二个阶段是 2001~2010 年。各阶段的均值、标准差和不稳定系数如表 3-11 所示。

表 3-10　我国各地区出口贸易的周期成分

年份	东部地区周期成分	中部地区周期成分	西部地区周期成分
1994	19.84	14.21	23.09
1995	2.03	1.44	14.16
1996	-16.51	-14.00	-32.71
1997	2.35	7.90	2.29

续表

年份	东部地区周期成分	中部地区周期成分	西部地区周期成分
1998	−17.02	−23.22	−18.26
1999	−12.28	−10.81	−13.10
2000	8.19	21.83	9.79
2001	−12.67	−13.38	−21.20
2002	1.65	−3.94	12.26
2003	13.03	11.69	16.61
2004	13.98	8.95	5.22
2005	6.98	3.00	0.77
2006	5.74	8.50	9.34
2007	4.99	10.58	11.98
2008	−2.67	8.48	13.89
2009	−31.71	−57.73	−48.28
2010	14.07	26.50	14.14

　　由表3-11可以看出，对于东部地区，第二阶段出口增长率的均值高于第一阶段出口增长率的均值，第一阶段出口增长率均值为18.24%，第二阶段出口增长率均值为21.71%；第二阶段的波动系数低于第一阶段的出口波动系数，第一阶段的波动系数为0.71，第二阶段的波动系数为0.6。由此说明，我国东部地区在第二阶段的平均出口增长速度加快而且稳定性也同时有所增强。

　　根据图3-29和表3-10中的周期成分，将我国中部地区出口增长分为两个阶段，第一个阶段是1994~2000年，第二个阶段是2001~2010年。各阶段的均值、标准差和不稳定系数如表3-11所示。

　　由表3-11可以看出，对于中部地区，第一阶段的均值和波动系数分别为8.16%和1.84，第二阶段的均值和波动系数分别为24.34%和0.89。从均值来看，第二阶段明显高于第一阶段，从不稳定系数来看，第二阶段明显低于第一阶段，说明在第二阶段我国中部地区平均出口增长速度显著加快而且稳定性增强。

　　根据图3-30和表3-10中的周期成分，将我国西部地区出口增长分为两个阶段，第一个阶段是1994~2000年，第二个阶段是2001~2010年。各阶段的均值、标准差和不稳定系数如表3-11所示。

表3-11 我国各地区各阶段出口增长的不稳定性比较

	阶段	年度	时间长度	均值	标准差	波动系数
东部	一	1994~2000	7	18.24	13.00	0.71
	二	2001~2010	10	21.71	13.18	0.60
中部	一	1994~2000	7	8.16	15.10	1.84
	二	2001~2010	10	24.34	21.72	0.89
西部	一	1994~2000	7	12.36	18.55	1.50
	二	2001~2010	10	24.64	19.64	0.79

由表3-11可以看出，对于西部地区，第一阶段的均值和波动系数分别为12.36和1.50，第二阶段的均值和波动系数分别为24.64和0.79。从均值来看，第二阶段明显高于第一阶段，从不稳定系数来看，第二阶段明显低于第一阶段，说明在2001~2010年我国西部地区平均出口增长速度显著加快而且稳定性增强。

由各地区出口增长不稳定性的分析可以得出以下结论：

（1）我国各地区出口增长的不稳定性有很大差异，而且呈现周期波动。各地区出口增长周期成分特征类似，但东部地区出口增长比中西部地区的出口增长稳定。由于经济全球化的发展，我国各地区出口难免受到外部环境的冲击，造成出口增长的波动；此外，出口增长周期性的客观存在，也说明出口增长波动是我国出口贸易发展过程中不可避免的现象。我们可以通过识别各地区出口增长周期波动的状况采取相应措施避免出口增长大幅波动带来的负面影响。

（2）在现阶段，我国各地区出口平均增长率均有所提高，同时出口增长波动幅度变小。但与东部地区相比，中西部地区现阶段的出口增长速度更快但波动系数仍比较高。各地区出口发展的差距是导致我国各地区经济发展差距的一个重要因素，各地区出口发展的不均衡是各种因素作用的结果，缩小地区间出口发展的差异有助于缩小各地区经济发展的差距。所以，政府应采取一些措施加大力度扶持中西部地区出口贸易的发展，通过一系列对外贸易政策扩大中西部的出口。但由于中西部地区出口增长的不稳定性比较强，所以，在平衡各地区出口贸易发展的同时，应推动中西部地区利用自身的优势进行产业升级，减缓出口增长的不稳定性，从而尽量减缓我国整体出口增长的大幅波动。

四、我国出口增长不稳定的原因

由我国整体及各行业各地区出口增长不稳定性的分析可以看出，近些年来我国整体出口在快速增长的同时不稳定性虽有所缓解，但仍然远高于发达国家和发展中国家平均水平，我国有必要保持出口稳定增长。由文献综述及我国出口增长现状的分析可以看出，我国出口增长的不稳定性是由一系列因素造成的。我们可以把这些因素归结为两个方面：内部因素和外部因素。

（一）外部因素

外部因素会直接影响我国出口商品的需求，进而影响我国出口增长。受到亚洲金融危机及 2008 年世界金融危机的影响，我国出口商品的外部需求下降，我国整体及各地区和各行业 1998 年及 2009 年的出口增长率大幅度下跌。随着经济全球化的发展，我国出口会越来越容易受到外部环境的冲击；人民币汇率的波动会影响我国出口商品以外币表示的价格及出口企业的利润，从而也会在一定程度上影响我国的出口增长，造成出口增长的波动。据业内人士估计，人民币升值每提高 1 个百分点，劳动密集型加工贸易企业的出口利润就下降 0.5 个百分点；此外，随着我国出口的快速增长，出口商品遭受的外生贸易壁垒也在增加，外生贸易壁垒的形式也不断发生变化，外生贸易壁垒会通过限制我国出口商品数量和提高出口商品价格等形式影响我国出口增长，从而造成我国出口增长波动；根据相关的理论和实证分析，外商直接投资的变化也会影响我国出口数量和出口商品结构的改变，由我国不同性质企业出口增长现状的分析可以看出，近些年来，外资企业出口占我国总出口的一半以上，由此也可以看出，外商直接投资的变化将必然会明显引起我国出口增长的变化，造成我国出口增长的波动；随着区域经济一体化的发展，各国纷纷参与各区域经济一体化的形式，参与区域贸易安排的各成员会相互削减贸易壁垒，从而促进成员内部贸易的发展，区域贸易安排的参与会使我国出口商品面临的外生贸易壁垒减少，从而有利于我国出口增长，但区域贸易安排的参与对我国出口增长的促进作用与区域贸易安排的自由化程度密切相关，区域贸易安排自由化程度的变化也必然会引起我国出口增长的变化。

（二）内部因素

内部因素是我国出口增长不稳定的根源。内部因素决定了我国出口贸易"三高一低"的发展模式，导致我国出口增长主要靠数量增长来驱动。Hummels 和 Klenow（2005）、Hausmann 和 Klinger（2006）也指出，如果一国出口增长主要来源于数量增长，那将极易遭受外部冲击从而导致增长大幅波动并进一步引发较高的收入不稳定。我国出口增长主要靠数量增长驱动，随着出口数量的增长，来自国外的贸易壁垒也会层出不穷，这些贸易壁垒也会造成我国出口增长的不稳定。施炳展（2011）通过实证分析发现，中国对美国出口产品的价格过低，而数量过高，"量高价低"是中国出口产品的特殊性，也是中国频遭贸易壁垒的内在原因。

随着出口商品数量的增加，我国对原材料和能源及劳动力的需求也越来越大，国际市场上能源和原材料的价格决定了我国出口产品的生产成本。近几年来，国际市场能源和原材料价格不断波动，而且呈上升趋势，具体如图 3-31 所示。改革开放以来，我国以劳动力成本比较低的优势扩大了加工贸易的出口，但近年来随着经济的发展及人口老龄化，导致劳动力供给的不足，劳动力的成本也在不断上升。1989~2010 年我国职工年平均工资如图 3-32 所示。由图 3-32 可以看出，我国职工年平均工资上升的幅度越来越大，这说明近些年来我国劳动力成本上升得越来越快。由此可以看出，我国产品的生产成本也必

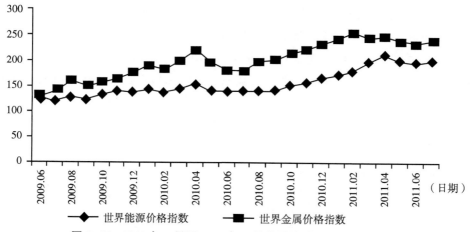

图 3-31　2009 年 6 月至 2011 年 6 月世界能源和金属价格指数

资料来源：世界银行数据库。

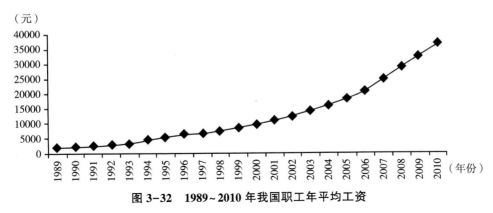

图3-32 1989~2010年我国职工年平均工资

资料来源：各年份《中国统计年鉴》。

然不断波动且呈上升趋势，出口商品的竞争力必然受到削弱，出口增长必然会受到制约并发生波动。数量增长贸易模式及生产成本提高导致的我国出口增长大幅波动。

此外，由于不同商品受外部环境的影响不同，自身竞争力、出口增长速度及稳定性不同，出口商品结构的变化也必然会引起出口增长的波动；出口退税的变化及出口集中度的变化会影响出口商品的成本、出口风险及规模经济效益等，进而也会引起我国出口增长变化。

由以上分析可以看出，由于内部和外部因素的共同作用，我国的出口增长必然会发生波动，我们只有深入、系统地了解各种因素对我国出口稳定增长的影响，才能提出相应的保持我国出口稳定增长的对策建议。要想深入、系统地了解各种因素对我国出口稳定增长的影响，必须首先确定制约出口稳定增长的主要因素。在该课题研究中，我们根据相关文献分析结果结合调研的结果确定了制约出口稳定增长的五种外部因素和五种内部因素。五种外部因素分别为：进口国收入、外生贸易壁垒、汇率、外商直接投资和区域贸易安排；五种内部因素分别为：技术水平、出口商品结构、出口退税、出口商品结构集中度和出口商品地理集中度。我们将在以下章节中分别分析外部因素与内部因素与我国出口稳定增长的关系并提出相应的对策建议。

第四章 外部因素与我国出口稳定增长的关系

　　根据现有的文献和问卷调查结果我们可以看出，影响出口稳定增长的外部因素主要有进口国收入、外生贸易壁垒、汇率、外商直接投资和区域贸易安排。外部因素往往是一个国家无法控制的，但一个国家可以对一些外部因素进行干预。根据一国是否可干预，我们将这些外部因素分为两大类：不可干预的外部因素与可干预的外部因素。进口国收入和外生贸易壁垒属于不可干预的外部因素，对于这些因素我国只能采取措施加以应对，来促进我国出口稳定增长。汇率、外商直接投资和区域贸易安排的参与属于可干预的外部因素，我国可以采取措施干预这些因素朝着有利于我国出口稳定增长的方向发展。不同的外部因素影响我国出口稳定增长的过程不同，从而对我国出口稳定增长的影响程度也有一定差异。通过分析每种外部因素对我国出口增长的影响机制，并对不同外部因素对我国出口稳定增长的影响程度进行比较，可以更好地采取相应的措施使外部因素更有利于促进我国出口稳定增长。所以，针对外部因素与出口稳定增长的关系进行分析具有很强的现实意义。本章主要内容包括三部分：第一部分对不可干预的外部因素与我国出口稳定增长的关系进行了理论和实证分析；第二部分对可干预的外部因素与我国出口稳定增长的关系进行了理论和实证分析；第三部分就各种外部因素对我国出口稳定增长的影响进行了比较。

第一节 不可干预的外部因素与我国出口稳定增长的关系

一、进口国收入与我国出口稳定增长的关系

改革开放以来,我国出口快速增长,出口增长带动了我国经济的发展。但是,在经济全球化背景下,制约出口增长的外部因素很多,其中一个重要的因素就是外国经济的发展,因为外国经济形势的变化会导致我国出口商品外部需求的变化,外部需求的变化会直接影响我国出口贸易的发展。进口国收入的减少会导致我国出口商品的外部需求不足,我国的出口增长就会受到冲击。例如,美国 2007 年爆发的次贷危机演变成全球金融危机,最终导致美国、欧盟、日本等发达国家和地区以及全球经济增长速度放缓,全球经济发展的放缓导致我国的出口增长速度下降甚至是负增长。2008 年 10 月中国出口额同比增幅低于 20%,2008 年 11 月的出口额同比增长为-2.2%,出现 7 年来的首次负增长。2009 年 1 月出口下降 17.5%,2009 年 2 月出口下降 25.7%。由此可以看出,2008 年发生金融危机对我国出口增长的冲击很大,国际经济环境是引起我国出口增长不稳定的一个重要因素,我们将分别从理论和实证两个方面分析进口国收入与我国出口稳定增长的关系。

(一) 进口国收入影响我国出口稳定增长的经济学分析

1. 进口国收入影响我国出口量的局部均衡分析

假设世界上只有两个国家:进口国(外国)和出口国(我国),产品市场为完全竞争市场。如图 4-1 所示,当国际经济环境恶化时,进口国收入下降,则国际市场对我国出口商品的需求下降,从而造成我国出口商品的世界市场价格从 Pw 下降到 Pw′,我国出口量由 Q3Q4 下降到 Q1Q2,出口额由原来的 CDQ4Q3 下降为 ABQ2Q1。同理,当国际经济环境转好时,外国收入上升,国际市场对我国出口商品需求上升,从而造成我国出口商品的世界市场价格从 Pw 上升到 Pw″,我国出口量由 Q3Q4 增加到 Q5Q6,出口额由原来的 CDQ4Q3

上升为EFQ6Q5。由此可以看出，进口国收入变化会明显影响我国出口增长，国际经济形势的恶化不利于我国出口增长。

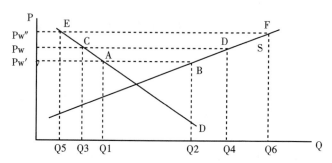

图4-1 进口国收入影响我国出口数量的局部均衡分析

2. 进口国收入影响我国出口稳定的一般均衡分析

进口国收入的变化不但会直接影响我国出口量的变化，而且会间接影响我国国内产业结构，进而影响我国出口商品结构，最终影响我国出口的可持续性。如图4-2所示，假设我国生产劳动密集型和资本密集型两种产品，生产可能性曲线为曲线ab，QL和QC分别为劳动密集型商品和资本密集型商品的数量，进口国收入为R1时世界市场上劳动密集型商品和资本密集型商品的相对价格为Pw1，此时的生产点为Q1，生产的劳动密集型产品数量为QL1，资本密集型产品数量为QC1。由于通常劳动密集型商品的收入需求弹性小于资本密集型商品的收入需求弹性，所以随着进口国收入的增加，进口国对资本密集型商品增加的需求大于对劳动密集型商品增加的需求，世界市场上劳动密集型商品的相对价格会下降，假设降为Pw2，此时的生产点为Q2，生产的劳动密集型产品数量为QL2，资本密集型产品数量为QC2。由此可以看出，进口国收入的增加有利于优化我国产业结构进而优化我国出口商品结构，有利于我国出口增长的持续发展；相反，国际经济形势的恶化不利于我国出口增长的持续发展。

（二）进口国收入影响我国出口稳定增长的途径

根据以上进口国收入影响我国出口稳定增长的经济学分析，我们可以看出，进口国收入通过影响我国出口商品数量、价格及出口商品结构进而影响我国出口稳定增长。由此，可以将进口国收入影响我国出口稳定增长的途径归纳

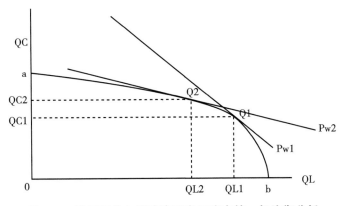

图4-2 进口国收入影响我国出口稳定的一般均衡分析

为图4-3。由图4-3可以看出，进口国收入变化将会直接影响进口国对我国出口商品的需求，并会间接影响我国国内产业结构和出口商品结构，进而影响我国出口稳定增长。国际经济环境变好时，进口国收入会增加，进口国对我国出口商品的需求增加，而且能间接促进我国国内产业结构和出口商品结构的改善，从而促进我国出口保持稳定增长；当国际经济环境恶化时，进口国收入减少，进口国对我国出口商品的需求减少，而且对劳动密集型商品需求减少的比较少，会间接阻碍我国国内产业结构和出口商品结构的改善，不利于我国出口稳定增长。

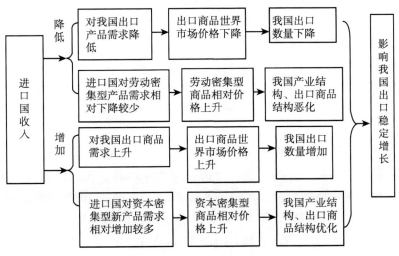

图4-3 进口国收入影响我国出口稳定增长的途径

（三）进口国收入与我国出口增长长短期关系的实证分析——基于协整和误差修正模型的检验

1. 误差修正模型分析框架

假设我国出口 $\exp_t$ 与外国 gdp_t 成相关线性关系，定义 $y_t = (\exp_t, gdp_t)'$，其中，$\exp_t$ 表示我国出口额对数，gdp_t 表示进口国 GDP 对数，我们可以得到一组自回归模型：

$$y_t = \alpha + \sum_{j=1}^{n} \Pi_j y_{t-j} + \mu_t \cdots \qquad (4.1)$$

其中，α 是截距项，μ_t 是零均值的白噪声过程；如果 $\exp_t$ 和 gdp_t 都是I（1）阶单整，对上式差分变换可以得到下式表示的模型（李子奈、叶阿忠，2000）

$$\Delta y_t = \sum_{j=1}^{n} \Gamma_j \Delta y_{t-j} + \Pi y_{t-1} + \varepsilon_t \qquad (4.2)$$

如果两个变量存在一个协整关系（我们在后面将验证），可以将（4.2）式用误差修正模型来表达：

$$\Delta y_t = \sum^{n} \Gamma_j \Delta y_{t-j} + \phi ecm_{t-1} + \varepsilon_t \qquad (4.3)$$

其中，ecm_t 为误差修正序列。

ecm_t 表示长期均衡误差，ϕ 一般为负，若某一时刻的短期值大于其长期均衡值，其为负则使得下期的短期值将下降；反之则上升，所以 ϕ 反映了长期均衡对短期波动的影响，并且其绝对值的大小反映了序列受短期冲击后向长期均衡值调整的速度，其值越大，则调整的速度越快。

2. 数据来源和单位根检验

（1）数据来源。选用的指标包括外国经济发展水平与中国出口，根据数据的可得性和我国向各个国家出口规模的大小，选取 1984~2010 年我国对 19 个国家的出口额反映我国出口的状况，1984~2010 年 19 个国家各自的实际 GDP 反映外国的需求状况。这 19 个国家分别为希腊、匈牙利、意大利、荷兰、葡萄牙、奥地利、保加利亚、塞浦路斯、丹麦、芬兰、法国、爱尔兰、日本、马耳他、罗马尼亚、西班牙、英国、美国和瑞典。我们将各国的 GDP 除以各国的消费者价格指数得到各国的实际 GDP。我国对 19 个国家出口的数据来自各个年度的《中国统计年鉴》，各国的消费者价格指数和 GDP 来自 International Monetary Fund，World Economic Outlook Database。为了消除各变量的时间趋势，我们对各变量取对数，再对各项进行单位根检验。我们用 GDP 和

EXP 分别代表外国国内生产总值和我国出口额的对数值。

（2）单位根检验。同时采用 LLC、Fisher-ADF 和 Fisher-PP 三种方法进行单位根检验，单位根检验结果见表 4-1。

表 4-1　外国实际 GDP 与我国出口的面板单位根检验结果

检验方法	LLC		Fisher-ADF 检验		Fisher-PP 检验	
变量	统计量	P 值	统计量	P 值	统计量	P 值
EXP	0.092	0.536	6.1717	1.000	6.2151	1.000
GDP	6.382	1.000	15.1879	0.990	17.7948	0.997
ΔEXP	−14.942	0.000	304.5960	0.000	341.0360	0.000
ΔGDP	−12.672	0.000	228.5650	0.000	222.9860	0.000

注：Δ 表示变量一阶差分，变量最佳滞后期数由 Eviews6 自动确定。

表 4-1 单位根检验结果显示：LLC、Fisher-ADF 和 Fisher-PP 三种方法都没有拒绝 EXP 和 GDP 存在单位根的原假设，需要对 EXP 和 GDP 的一阶差分序列继续进行单位根检验，由以上检验结果可以看出，EXP 和 GDP 的一阶差分序列 ΔEXP 和 ΔGDP 的统计检验值均小于显著水平下的临界值，拒绝 ΔEXP 和 ΔGDP 存在单位根的假设，ΔEXP 和 ΔGDP 都是平稳的。所以，我们可以看出 EXP 和 GDP 均为一阶单整变量，符合协整检验和因果关系检验对变量平稳性的要求。

3. 进口国收入与我国出口的面板协整检验

为了检验外国经济发展与我国出口是否存在长期均衡稳定的关系，我们需要对面板数据进行协整检验，采取 Pedroni 提出的 7 个检验统计量判定外国经济发展与我国出口是否存在协整关系，检验结果如表 4-2 所示。

表 4-2　外国经济发展与我国出口的面板数据协整检验结果

检验方法		统计量	P 值
Pedroni（1999）	面板 v	11.01935	0.0000
	面板 ρ	−1.397047	0.0812
	面板 PP	−2.786474	0.0027
	面板 ADF	−4.237261	0.0000
	群 ρ	−0.312424	0.3774
	群 PP	−3.049196	0.0011
	群 ADF	−4.605894	0.0000

由表4-2的检验结果可以看出，该检验结果支持外国经济发展与我国出口存在长期均衡稳定的关系。

4. 外国收入与我国出口的误差修正模型

Granger指出"如果时间变量之间是协整的，那么至少存在一个方向上的格兰杰因果关系"，这也适用于面板数据。协整检验只能告诉我们变量之间存在长期均衡稳定的关系，并不能告诉我们因果关系的具体方向。因此我们运用Engle和Granger（1987）提出的EG两步法，建立基于面板数据的误差修正模型来确定因果关系的具体方向。首先要估计出长期均衡模型：

$$\ln \exp_t = 13.02898 + 0.215283 \ln gdp_t + 0.1969@\ trend \tag{4.4}$$
$$(25.21) \qquad (9.059) \qquad (116.1)$$

根据协整方程（4.4）估计出残差项（μ_t）。然后建立误差修正模型来检验Granger因果关系，具体如（4.5）式所示。

$$\Delta \ln \exp_t = \alpha_m + \sum_{i=1}^{2} \beta_{mi} \Delta \ln \exp_{t-i} + \sum_{i=1}^{2} \delta_{mi} \Delta \ln gdp_{t-i} + \theta_m \mu_{t-1} + \eta_t \tag{4.5}$$

（4.5）式中的t表示1984～2010年的任意一个年份。μ的系数显著说明变量之间存在长期的因果关系。也就是说，对于（4.5）式，如果θ_m显著不为0，说明进口国收入是中国出口的长期Granger原因；我们还可以对进口国收入对中国出口的短期因果影响进行检验，如果接受原假设H_0：$\delta_1 = \delta_2 = 0$，则说明进口国收入不是中国出口的短期Granger原因。

考虑到t值的显著性以及残差的无自相关性，通过对不同滞后期的模型进行检验，将滞后项设为2。估计结果见表4-3。

表4-3　进口国收入与我国出口关系的误差修正模型

解释变量	系数	标准差	t 值	P 值
误差修正项	−0.268098	0.032440	−8.264341	0.0000
$\Delta \ln \exp_{t-1}$	0.113970	0.035547	3.206201	0.0014
$\Delta \ln \exp_{t-2}$	0.033467	0.046729	0.716206	0.4743
$\Delta \ln gdp_{t-1}$	0.183742	0.075562	2.431654	0.0154
$\Delta \ln gdp_{t-2}$	−0.230948	0.071485	−3.230740	0.0013

由表4-3可以看出，（4.5）式的误差修正项系数是−0.268098，显著不为0，这就证明了进口国收入是我国出口增长的长期Granger原因；$\Delta \ln \exp_{t-1}$的

回归系数为 0.183742，且显著不为 0，这在一定程度上说明短期内进口国收入是我国出口的 Granger 原因。由此可以说明无论从短期或长期来看，进口国收入都会影响我国出口增长。滞后一期的进口国收入对我国当期的出口有正面影响，而滞后二期的进口国收入对我国当期的出口有负面影响。这说明，随着进口国收入的提高，进口国增加了对我国出口商品的需求。

由以上理论和实证分析结果都可以看出，进口国的收入无论在长期内还是在短期内都会影响我国出口稳定增长。国际经济环境的恶化，不利于我国出口稳定增长。面对国际经济环境恶化，进口国收入下降，我国无法对此进行干预，但我们可以通过国际经济环境的变化预测我国出口的变化，进而通过其他可以控制的措施减缓进口国收入下降对我国出口稳定增长的不利影响。例如，面对 1997 年的亚洲金融危机及 2008 年的全球金融危机，我国政府采取了一系列的有效措施，如提高出口退税率，成功减缓了金融危机对我国出口增长的不利影响。

二、外生贸易壁垒与我国出口稳定增长的关系

贸易壁垒分为两种：一种是关税壁垒；另一种是非关税壁垒。随着贸易自由化的发展，尤其是 WTO 的出现，关税壁垒的使用受到约束，各个国家纷纷采用更为隐蔽的"合规性"贸易壁垒①来实施贸易保护。所谓"合规性"贸易壁垒，是指那些在名义上符合或不违背 WTO 的有关规则，以维护公平贸易、保护环境、保护人类及动植物健康为依据，但实质上保护了本国产业和市场的贸易壁垒，包括反倾销、反补贴、保障措施和技术性贸易壁垒等。

由于 WTO 要求各成员国削减关税，所以成员国无法通过提高关税实施贸易保护。但发达国家利用技术水平远高于发展中国家的优势，通过对发展中国家实施一系列新型"合规性"贸易壁垒进行贸易保护，来满足自身的需要，而这些贸易壁垒的增加将会使我国出口量下降。近年来，技术性贸易壁垒已经成为我国出口面临的主要贸易壁垒，对我国出口的影响越来越大。国家质检总局 2010 年 4~5 月，开展了 2008 年国外技术性贸易壁垒措施对中国出口企业影响的调查。调查显示，2008 年我国有 36.1% 的出口企业受到国外技术性贸易措施不同程度的影响（2007 年为 34.6%，2006 年为 31.4%，2005 年为 25.1%），

---

①　朱钟棣等，(2007)《合规性贸易壁垒的应对和应用》[M]. 人民出版社.

全年出口贸易直接损失 505.42 亿美元（2007 年为 494.59 亿美元、2006 年为 359.2 亿美元、2005 年为 288.13 亿美元），两者均呈逐年上升趋势①。

针对我国高耗费高污染行业出口的商品，发达国家酝酿通过对这些商品实施碳关税对我国加以惩罚。WTO 一般例外条款（GATT）的第 20 条"允许 WTO 成员国在某些情况下采取基于环境理由的贸易限制"，由此可以看出碳关税也是一种"合规性"贸易壁垒。目前发达国家已经开始酝酿碳关税的实施问题，2009 年 6 月，美国国会众议院通过了《清洁能源与安全法案》，授权美国政府自 2020 年起，对中国、印度、巴西等尚未承担碳减排目标的发展中国家征收惩罚性的碳关税。由此可以预测不久的将来发达国家将会对我国实施碳关税政策，碳关税政策的实施将会对我国出口造成严重冲击，沈可挺、李钢（2010）采用动态 CGE 模型进行评估的结果表明，每吨碳 30 美元或 60 美元的关税率可能使中国工业部门的总产量下降 0.62%~1.22%，使工业品出口量分别下降 3.53% 和 6.95%。我国作为全世界的"制造工厂"，以"碳关税"为代表的低碳壁垒必然会对我国的工业品出口造成重大影响②。

在我国今后出口贸易模式转变的过程中，当我国高科技产业竞争力的迅速提高威胁到发达国家类似产业时，发达国家同样会对我国这些产业施加越来越多的贸易壁垒。例如，2012 年 10 月 8 日，美国众议院常设情报委员会发布了对于中国企业华为和中兴涉及威胁美国国家安全的报告。中国科学院院士倪光南指出："美国将不同的中国企业进行区分对待，对无品牌的富士康等企业，美国予以支持，像联想有品牌但缺少核心技术的企业，美国会稍加阻扰，但对于华为和中兴这样拥有核心技术的企业，美国市场的门槛就会非常高。"所以，在今后我国出口贸易发展的过程中，新型"合规性"贸易壁垒的增加将会使我国出口量下降。

虽然非关税壁垒成为各个国家实施贸易保护的主要措施，但关税壁垒的作用仍然很重要，因为很多非关税壁垒对出口的作用与关税壁垒对出口的作用是类似的，而且很多非关税壁垒是以关税的形式来实施的，例如，反倾销和反补贴在实施的过程中主要是通过向对方国家的商品征收反倾销税和反补贴税来操作的。所以我们在这里主要分析来自国外的关税壁垒对我国出口增长影响的经

---

① 马一可，（2010）"金融危机下技术性贸易壁垒对我国出口贸易的影响与对策"［J］.《黑龙江对外经贸》第 1 期：32-35.

② 张丽，（2011）"低碳贸易壁垒的缘起、发展以及现状研究"［J］.《黑龙江对外经贸》第 1 期：33-35.

济学分析。由于非关税壁垒难以精确度量及相关数据的缺乏，我们在这里只对关税壁垒对我国出口稳定增长的影响进行实证分析。

（一）外生贸易壁垒影响我国出口稳定增长的经济学分析

1. 进口关税影响我国出口增长的局部均衡分析[①]

假设世界上只有两个国家：进口国和我国，生产和消费同种商品，不考虑商品运输成本，每个国家产品市场都是完全竞争市场。XS 为世界市场出口供给曲线。由图 4-4 可以看出，在自由贸易条件下，我国国内市场价格等于世界市场价格 Pw，出口商品数量为 Q1Q2；当进口国对来自我国的商品征收进口关税后，我国商品在进口国国内市场上的价格上升，进口国对我国出口商品需求量下降，我国国内该商品价格会下降，下降至 Pt，Pt 为我国出口数量等于进口国征税后进口数量时愿意接受的价格，此时出口数量为 Q3Q4。由此可以看出，进口国对我国出口商品征收关税会造成我国出口量下降。

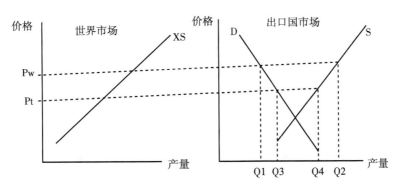

图 4-4　进口关税对我国出口增长影响的局部均衡分析

2. 进口关税影响我国出口稳定的一般均衡分析

进口关税在影响我国出口增长的同时，还会通过间接影响我国产业结构和出口商品结构进而影响我国出口的可持续性，具体如图 4-5 所示。由图 4-5 可以看出，假设我国生产可能性曲线为 ef，我国同时生产两种商品 X 和 Y，按照比较优势理论，我国出口 X 商品。在自由贸易条件下，我国按照国际市场上 X 的相对价格进行生产，生产点为 c；当进口国对我国的商品征收关税时，

---

① 陈宪、张鸿，（2008）《国际贸易》［M］. 上海财经大学出版社.

X 产品在我国的相对价格不再等于世界市场相对价格 Pw 的斜率，此时我国国内 X 产品的相对价格下降，假设为 Pt 的斜率，此时我国生产点为 d。由此可以看出，进口国对我国出口商品 X 征收关税后，我国会减少 X 产品的生产增加 Y 产品生产。由此可以看出，进口国对我国劳动密集型出口商品征收关税会造成我国减少劳动密集型产品的生产，增加资本密集型产品的生产，对我国产业结构调整有一定促进作用，进而对促进我国出口商品附加值的提高有一定积极影响，有利于我国出口的可持续发展；同理，如果外国对我国资本密集型出口商品征收关税，则会造成我国减少资本密集型产品的生产，增加劳动密集型产品的生产，不利于我国产业结构和出口商品结构的改善，进而不利于我国出口的可持续发展。

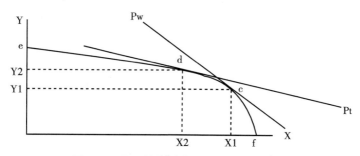

图 4-5 进口关税对我国出口稳定的影响

（二）外生贸易壁垒影响我国出口稳定增长的路径

由外生贸易壁垒对我国出口稳定增长影响的经济学分析可以看出，外生贸易壁垒的变化会影响我国出口商品数量及出口商品结构，进而影响我国出口稳定增长。可以将外生关税壁垒影响我国出口增长的路径归纳为图 4-6。

由图 4-6 可以看出，外生关税壁垒的变化会影响我国出口商品在进口国国内市场的价格，直接影响外国对我国出口商品的需求，而且会间接影响我国产业结构和出口商品结构，进而影响我国出口稳定增长。外生关税壁垒的增加将会使我国出口商品在进口国市场上的价格上升，导致我国出口商品竞争力削弱，外国对我国出口商品的需求减少，进而导致我国出口数量的下降。同时，外国对我国劳动密集型商品出口增收的关税增加，会使我国国内劳动密集型产品相对价格下降，劳动密集型产品生产减少，产业结构、出口商品结构优化；

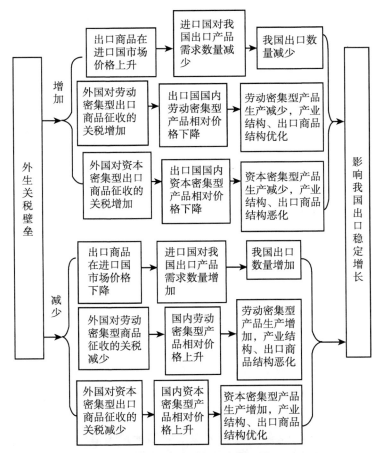

图4-6 外生关税壁垒影响我国出口稳定增长的路径

相反，外国对我国资本密集型商品出口增收的关税增加，会使我国国内资本密集型产品相对价格下降，资本密集型产品生产减少，产业结构、出口商品结构恶化。同理，外生关税壁垒的减少上将会使我国出口商品在进口国市场的价格下降，我国出口商品竞争力增强，外国对我国出口商品的需求增加，从而带来我国出口数量的增加。同时，外国对我国劳动密集型商品出口征收的关税减少，会使我国国内劳动密集型产品相对价格上升，劳动密集型产品生产增加，产业结构、出口商品结构恶化；相反，外国对我国资本密集型商品出口征收的关税减少，会使我国国内资本密集型产品相对价格上升，资本密集型产品生产增加，产业结构、出口商品结构优化。由此可以看出，针对我国劳动密集型出口商品的外生关税壁垒的增加，会使我国出口商品数量减少，不利于我国出口的增加，但会间接促进我国产业结构和出口商品结构的优化，进而有利于我国出口的可持续性发展；针对我国资本密集型出口商品的外生关税壁垒的增加，一方面会使我国出口商品数量减少，另一方面还会造成我国产业结构和出口商品结构的恶化。所以，针对我国资本密集型出口商品的外生关税壁垒的增加更不利于我国出口稳定增长。

外生非关税壁垒对我国出口稳定增长影响的路径与外生关税壁垒对我国出口稳定增长影响的路径类似，但也有差异。外生非关税壁垒是进口国通过直接限制从我国进口商品数量或者通过关税的形式提高我国出口商品在进口国国内市场价格，进而影响我国的出口。如果外生非关税壁垒是通过直接限制从我国进口商品数量的形式实施，则外生非关税壁垒要比外生关税壁垒对我国出口增长的影响更大。

（三）来自美国的关税壁垒与我国出口增长相关性的实证分析

1. 数据来源和单位根检验

（1）数据来源。由于美国是我国主要的出口市场，根据数据的可得性，我们选用的指标包括我国对美国各种商品的出口额与美国对中国各种商品征收的关税率，我们选取 1997~2009 年中国对美国 84 个 2 位关税号的商品的出口额反映我国出口的状况，1997~2009 年美国对来自中国的这 84 类商品征收的关税率反映外国关税壁垒发展的状况，样本数量为 1092。我国对美国出口的数据来自 comtrade. un. org 数据库，关税率数据来自 WTO 数据库。为了消除出口额的时间趋势，我们对出口额取对数，再对各变量进行单位根检验，检验变量的平稳性以避免伪回归。用 TAR 和 EXP 分别代表美国对我国各种商品征收的关税率和我国各种商品出口额的对数值。

（2）单位根检验。同时采用 LLC、IPS、Fisher-ADF 和 Fisher-PP 四种方法对 TAR 和 EXP 进行单位根检验，单位根检验结果见表 4-4。

表 4-4 TAR 和 EXP 的单位根检验结果

检验方法	LLC		IPS		Fisher-ADF 检验		Fisher-PP 检验	
变量	统计量	P 值	统计量	P 值	统计量	P 值	统计量	P 值
EXP	−11. 37	0	−6. 85	0	326. 90	0	379. 90	0
TAR	−36. 87	0	−24. 76	0	659. 18	0	751. 66	0

表4-4单位根检验结果显示：LLC、IPS、Fisher-ADF和Fisher-PP四种方法都拒绝EXP和TAR存在单位根的原假设，说明EXP和TAR都是平稳的，可以直接回归分析两个变量的相关关系。

2. 外生关税壁垒与我国出口的回归分析结果

用软件eviews6.0采用最小二乘法将所得数据依据回归方程进行线性拟合，得到美国对我国2位数税号产品的进口关税壁垒和我国对美国2位数税号产品的出口额之间的参数估计值。回归分析结果如下：

$$EXP_t = 19.65 - 0.29TAR_t \qquad (4.6)$$

t 值 = 71.3　　　　t 值 = 0.5

（P 值 = 0）　　（P 值 = 0.001）

$R^2 = 0.92$　　　F 值 = 138.31　　　　　DW 值 = 1.32

由回归分析结果（4.6）式可以看出，我国对美国的出口贸易额与美国对我国出口商品实施的关税壁垒之间负相关，相关系数为-0.29，而且在统计上很显著。由此可以看出，美国对我国的关税壁垒会明显影响我国出口增长。从2008年次贷危机全面爆发以来，美国对我国的平均关税税率有明显上升的趋势，这将不利于我国出口增长。因此，在金融危机背景下随着贸易保护主义的抬头，我国的出口增长将会受到一定的冲击。

（四）结论

由以上外生关税壁垒对出口稳定增长影响的理论和实证分析可以看出，外生关税壁垒会影响我国出口稳定增长，外生关税壁垒的增加不利于我国出口数量的增长，但对我国劳动密集型出口产品关税壁垒的增加能促使我国产业结构和出口商品结构的优化，进而有利于我国出口的可持续发展。外生非关税壁垒对我国出口稳定增长的影响与外生关税壁垒对我国出口稳定增长的影响类似。外生非关税壁垒的增加同样不利于我国出口数量的增长。由于旧有的高耗费、高污染及低附加值的贸易发展模式，我国的出口增长主要是靠数量增长带动的。近些年来，随着出口的迅速增长，我国面临的外生贸易壁垒也在逐渐增加，逐渐增加的贸易壁垒又进一步阻碍了我国出口的增长，所以，外生贸易壁垒已经成为制约我国出口稳定增长的一个主要因素。

第二节 可干预的外部因素与我国出口稳定增长的关系

一、汇率与出口稳定增长的关系

人民币汇率的变化会直接引起以外币表示的我国出口商品价格的变化，进而会直接影响我国出口商品的竞争力。同时，人民币汇率的波动还会影响出口商的收益，进而影响出口商从事出口的积极性。2005年我国开始改革人民币汇率形成机制，人民币不再盯住单一美元，开始实行以市场供求为基础、参考"一篮子货币"进行调节、有管理的浮动汇率制度。从此，人民币汇率会根据市场供求发生波动。随后，我国又进一步推进了人民币汇率市场化的进程，随着我国人民币汇率市场化进程的推进，人民币汇率的波动幅度会加大，我国的出口增长也必将会受到人民币汇率波动的影响。我们将从理论和实证两个方面分析人民币汇率与我国出口稳定增长的关系。

（一）人民币汇率与我国出口增长关系的理论分析

我们可以采用弹性分析理论、"J曲线"效应和"W曲线"效应，从理论上分析人民币汇率与我国出口增长的关系。

1. 弹性分析理论：马歇尔—勒纳条件

马歇尔—勒纳条件是由英国经济学家马歇尔和美国经济学家勒纳提出的，该条件揭示了一国货币的贬值与该国贸易收支改善程度的关系，并得出结论：一国货币相对于他国货币贬值，能否改善该国的贸易收支状况，主要取决于该国贸易商品的需求和供给弹性。该理论根据4个假设条件，推导出相应结论。假设条件如下：

（1）其他条件保持不变，只考虑汇率变动对进出口商品价格和数量的影响。

（2）贸易商品的供给几乎是完全弹性。

（3）没有资本流动，国际收支等于贸易收支。

（4）贸易最初是平衡的。

根据以上假设推导出以下结论：

$dT/de = M(E_X + E_M - 1) > 0$ 时，本币贬值改善贸易收支；

$dT/de = M(E_X + E_M - 1) < 0$ 时，本币贬值恶化贸易收支。

其中，T 表示贸易余额，M 表示初始进口额，e 表示名义汇率（直接标价法），E_X 和 E_M 分别表示出口商品弹性和进口商品弹性。由马歇尔—勒纳条件可以看出，当人民币汇率贬值时，如果我国进出口商品需求弹性足够大，则人民币贬值会促进我国出口增长。

2. "J 曲线"效应

由于货币贬值的时滞效应，"J 曲线"效应认为在马歇尔—勒纳条件成立的条件下，人民币贬值后的一段时间内我国出口不但不会增加，而且还会减少。这主要是因为，我国货币贬值后，以外币表示的我国出口商品价格就会立即下降，但同时我国出口商的生产计划和销售计划无法在短期内改变，出口规模无法在短期内扩大，结果造成我国短期内出口收入的减少[1]。

经过一段"时滞"之后，人民币贬值的价格导向作用充分发挥出来，当这种作用发展到一定程度时我国出口就会增加，人民币贬值对我国出口的影响也具有"J 曲线"效应，如图 4-7 所示。由图 4-7 可以看出，在人民币贬值的初期，我国出口不但没增加反而减少，随后我国出口会逐渐增加。

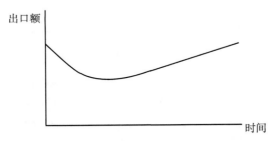

图 4-7　人民币贬值影响我国出口的 J 曲线效应

3. "W 曲线"效应

"J 曲线"效应指出了满足马歇尔—勒纳条件的国家第一次实施本币贬值后该国出口变动的情况，但并没有分析短期内连续实施本币贬值对该国出口的

---

① 唐海燕，（1995）有类似阐述。

影响。唐海燕（1995）进一步丰富和发展了"J曲线"效应，分析了一国在短期内第二次实施本币贬值对该国贸易收支的影响，并把连续实施本币贬值对一国贸易收支的影响概括为"W曲线"效应。我们可以采用类似的分析得出人民币在短期内第二次实施贬值对我国出口的影响也具有"W曲线"效应。具体如图4-8所示。其中，X1和X2分别表示第一次和第二次人民币贬值对我国出口的影响。

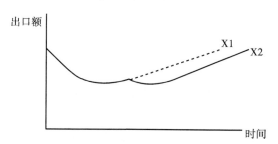

图4-8　人民币贬值影响我国出口的"W曲线"效应

由图4-8可以看出，第二次人民币贬值不仅不会使我国出口增加，而且会使我国出口下降。由此可以看出，我国如果在短期内连续实施人民币贬值，则人民币贬值不但不能增加我国的出口，反而会使我国出口下降。这是因为持续地实施人民币贬值一方面会使我国出口商品价格持续性下跌，另一方面还会导致我国出口商品的供求弹性无法充分发挥出来，出口商品数量增加得不够充分；同时，由于人民币贬值虽然提高了我国出口商品的竞争力，却削弱了我国出口商出口创汇的能力，进而会持续打击我国出口生产商生产的积极性[①]。

由"W曲线"效应的分析可以看出，短期内连续地实施人民币贬值很难达到促进我国出口增长的目的，要想通过人民币贬值促进我国出口增长，则两次使用人民币贬值措施的时间间隔至少要长于上一次贬值的作用时滞。

（二）人民币汇率影响我国出口稳定增长的路径

由弹性分析理论、"J曲线"效应和"W曲线"效应的分析可以看出，人民币汇率的变动会影响我国的出口增长。人民币汇率的变化会引起以外币表示的我国出口商品价格的变化，进而影响外国对我国出口商品的需求，从而最终

---

① 唐海燕，（1995）"论汇率变动与贸易收支的长期相关性"［J］.《经济研究》第10期：64-69.

影响我国出口稳定增长，人民币汇率对我国出口增长的影响又受马歇尔—勒纳条件及"J曲线"效应的影响。由此，可以将人民币汇率对我国出口稳定增长的影响路径归纳为图4-9。

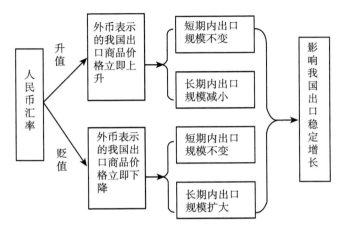

图4-9　人民币汇率影响我国出口增长的路径

由图4-9可以看出，人民币升值会立即引起以外币表示的我国的出口商品价格的上升，由于短期内出口商的生产计划和销售计划无法改变，所以短期内人民币升值反而会促进我国出口增长，但是人民币升值会削弱我国出口商品的竞争力，长期内导致我国出口规模缩小，不利于我国出口增长。同理，人民币贬值在短期内不利于我国出口增长，但长期内会促进我国出口规模的扩大，从而促进我国出口增长。

（三）人民币汇率与我国出口增长长短期关系的实证分析——基于协整和误差修正模型的检验

1. 数据来源

我们选用的指标包括我国的出口与人民币汇率。根据数据的可得性，选取1984~2010年中国对21个国家[①]的出口额反映我国出口的状况，人民币

---

① 包括美国、阿尔及利亚、巴西、加纳、危地马拉、印度、印度尼西亚、伊朗、肯尼亚、利比亚、马来西亚、墨西哥、尼日利亚、巴基斯坦、秘鲁、菲律宾、斯里兰卡、泰国、土耳其、乌拉圭、委内瑞拉。

兑 21 个其他国家货币的汇率反映人民币汇率的变化。出口额的数据来源于 comtrade. un. org 数据库，各国货币兑美元汇率来自 IMF 数据库，将各国货币兑换美元的汇率转换成人民币兑各国货币汇率。用 EXP 表示出口额对数，ER 表示人民币兑各国货币汇率（1 单位人民币兑换外币的数额）。

2. 单位根检验

同时采用 LLC、IPS、Fisher-ADF 和 Fisher-PP 四种方法对 ER 和 EXP 进行单位根检验，单位根检验结果见表 4-5。

表 4-5　ER 和 EXP 面板单位根检验结果

检验方法	LLC		IPS		Fisher-ADF 检验		Fisher-PP 检验	
变量	统计量	P 值	统计量	P 值	统计量	P 值	统计量	P 值
EXP	-1.16	0.13	5.23	1	13.75	1	24.37	0.98
ER	3.06	0.99	5.22	1	21.52	0.99	21.92	0.99
ΔEXP	-17.46	0	-17.36	0	314.48	0	482.33	0
ΔER	-14.4	0	-12.05	0	216.12	0	246.30	0

注：Δ 表示变量一阶差分，变量最佳滞后期数由 Eviews6 自动确定。

由表 4-5 单位根检验结果可以看出，LLC、IPS、Fisher-ADF 和 Fisher-PP 四种方法都没有拒绝 EXP 和 ER 存在单位根的原假设，需要对 EXP 和 ER 的一阶差分序列继续进行单位根检验，由以上检验结果可以看出，EXP 和 ER 的一阶差分序列 ΔEXP 和 ΔER 的统计检验值均小于显著水平下的临界值，拒绝 ΔEXP 和 ΔER 存在单位根的假设，ΔEXP 和 ΔER 都是平稳的。所以，我们可以看出 EXP 和 ER 均为一阶单整变量，符合协整检验和因果关系检验对变量平稳性的要求。

3. 人民币汇率与我国出口的面板协整检验

为了检验人民币汇率与我国出口是否存在长期均衡稳定的关系，我们需要对面板数据进行协整检验，采取 Pedroni 提出的 7 个检验统计量和 Kao 提出的 ADF 统计量判定人民币汇率与我国出口是否存在协整关系，检验结果如表 4-6 所示。

表4-6 人民币汇率与我国出口的面板协整检验结果

检验方法		统计量	P 值
Pedroni（1999）	面板 v	16.81	0
	面板 ρ	-1.06	0.14
	面板 PP	-4.26	0
	面板 ADF	-6.16	0
	群 ρ	0.16	0.06
	群 PP	-4.27	0
	群 ADF	-6.57	0
Kao（1999）	ADF	1.42	0.07

由表4-6的检验结果可以看出，所有的检验均支持人民币汇率与我国出口存在协整关系，这说明人民币汇率与我国出口存在长期均衡稳定的关系。

4. 人民币汇率与我国出口的误差修正模型

协整检验只能告诉我们人民币汇率与我国出口之间存在长期均衡稳定的关系，并不能告诉我们因果关系的具体方向。因此我们运用 Engle 和 Granger（1987）提出的 EG 两步法，建立基于面板数据的误差修正模型来确定因果关系的具体方向。首先要估计出长期均衡模型：

$$EXP_t = \alpha + \beta ER_t + \mu_t \qquad (4.7)$$

估计结果如下：

$$EXP = 35.64 - 0.0005ER \qquad (4.8)$$

$$1.84 \qquad -2.34$$

$$(0.06) \qquad (0.02)$$

$$R^2 = 0.98 \qquad F\text{ 值} = 2020 \qquad DW\text{ 值} = 2.0$$

由协整方程可以看出，长期来看，人民币升值会抑制我国出口增长。根据协整方程估计出残差项（μ_t）。然后建立误差修正模型检验人民币汇率与我国出口之间的 Granger 因果关系，具体模型如（4.9）式所示。

$$\Delta EXP_t = \alpha_m + \sum_{i=1}^{\infty} \beta_{mi} \Delta EXP_{t-i} + \sum_{i=1}^{\infty} \delta_{mi} \Delta ER_{t-i} + \theta_m \mu_{t-1} + \eta_t \qquad (4.9)$$

其中，（4.9）式中的 t 表示年份。μ 的系数显著说明变量之间存在长期的因果关系。也就是说，对于（4.9）式，如果 θ_m 显著不为 0，说明人民币汇率是我国出口的长期 Granger 原因。我们还可以对人民币汇率对我国出口的短期因果影响进行检验，如果接受原假设 H_0：$\delta_1 = \delta_2 = 0$，则说明人民币汇率不是我国出口的短期 Granger 原因。

考虑到 t 值的显著性以及残差的无自相关性，通过对不同滞后期的模型进行检验，将滞后项设为 2。估计结果见表 4-7。

表 4-7 人民币汇率与我国出口关系的误差修正模型

解释变量	式(4.9)系数	t 值(P 值)
误差修正项	−0.134	−32.59(0)
ΔEXP_{t-1}	0.12	64.82(0)
ΔEXP_{t-2}	−0.107	−134.48(0)
ΔER_{t-1}	0.0001	44.49(0)
ΔER_{t-2}	0.00015	129.35(0)

由表 4-7 可以看出，误差修正项系数为 −0.134，且显著不为 0，说明误差纠正机制发生，人民币汇率是我国出口的长期 Granger 原因，人民币汇率会长期影响我国出口增长。ΔER_{t-1} 和 ΔER_{t-2} 的系数分别为 0.0001 和 0.00015 且显著不为零，说明短期内人民币汇率是我国出口的 Granger 原因，人民币升值短期内会促进我国出口增长。因此，人民币汇率会明显影响我国出口增长。

（四）结论

由以上汇率对出口稳定增长影响的理论和实证分析可以看出，由于马歇尔—勒纳条件及"J 曲线"效应的作用，又由于各国政治制度、经济结构及汇率制度等的差异，对于不同的国家来说，汇率对出口增长的影响也必然不同。无论从长期来看还是从短期来看人民币汇率都会影响我国出口增长。短期来看，人民币升值会促进我国出口增长。这主要是由于汇率变化的"时滞"效应的存在，出口商的生产计划和销售计划无法在短期内改变，出口规模无法在短期内缩小。长期来看，人民币升值不利于我国出口增长，但影响系数比较小。对于人民币汇率，我国央行可以采取措施加以干预，所以汇率是一种可干预的外部因素。但汇率作为一个重要的货币政策工具，它对出口的影响通过多种效应共同作用，产生连续影响的作用，波及整个经济层面。货币贬值造成进口商品价格的提高，削弱了进口商品的竞争力，跨国公司将倾向于直接投资，从而导致 FDI 的增加，国内资本外逃。同时，汇率贬值造成利率的提高[1]。而且人民币贬值措施的持续性使用会导致"W 曲线"效应，很难达到预期的促进我国出口增长的目的。所以，虽然对人民币汇率的干预可以影响我国出口增长，但其影响比较小，而且影响范围比较广，政府不应轻易通过人民币贬值来促使我国出口增长，尤其是不能持续地通过人民币贬值促进出口增长。

二、外商直接投资与我国出口稳定增长的关系

外商直接投资的流入可以为我国的出口发展带来资金、技术和先进的管理经验，同时外商直接投资的流入还可以使我国进入跨国公司的母国市场，从而为我国出口商品开拓更多的市场，此外，外商直接投资企业的增加会使我国国内企业面临更激烈的竞争，迫使国内企业不断改革，增强自身的竞争力，同时外商投资企业也有可能将内资企业挤出市场。由此可见，外商直接投资会影响我国出口稳定增长。我们将分别从理论和实证两个方面分析外商直接投资与我国出口稳定增长的关系。

（一）外商直接投资影响我国出口稳定增长的理论分析

关于外商直接投资对东道国出口贸易的影响，不同的学者有不同的观点，相关的理论观点主要有两类：一类是以蒙代尔为代表的替代效应理论；另一类是以小岛清为代表的互补效应理论。我们可以采用这两个理论分析外商直接投资对我国出口的影响。

1. 基于替代效应理论的分析

美国哥伦比亚大学著名经济学家罗伯特·蒙代尔（Robert A. Mundell）在 1957 年提出了他著名的贸易与投资替代模型[2]。他从传统的赫克歇尔—俄林理论的两个国家、两种要素和两种产品的分析框架出发，把国际直接投资看作资金流动。假定：①X 国是资本要素丰富的国家，我国是劳动力要素丰富的国家；②在国际贸易中，两国以各自的比较优势生产相应的产品，X 国将集中生产资本密集型产品 a，我国将集中生产劳动密集型产品 b；③X 国和我国具有

---

① 廖卫东、黄吉海，（2005）"出口退税率与汇率对出口影响的对比分析"[J].《江西财经大学学报》第 4 期：34-37.

② Mundell R.，A.，（1957）"International Trade and Factor Mobility"[J]. American Economic Review，June.

相同的生产函数，都是一次齐次函数。

在自由贸易条件下，各种生产要素可以在我国和 X 国间自由流动。X 国将出口 a 产品。根据赫克歇尔—俄林—萨缪尔森定理，在实现了贸易平衡的状态下，X 国和我国的资本和劳动力的要素报酬率是相等的，因此不存在资本跨国流动的必要。然而，当两国之间存在着关税等可阻止自由贸易的障碍时，情况就会发生改变。假定我国现在对来自 X 国的进口商品 a 征收高关税，这势必提高 X 国的 a 商品在我国的价格，刺激我国 a 商品生产部门生产规模的扩大。伴随而来的必然是生产 a 商品所需的，原来在我国就相对稀缺的资本要素的国内需求量的上升，进而推动了我国资本要素价格的上涨，从而提高了我国的资本要素报酬率。在我国资本要素高利润回报的吸引下，X 国的资本势必通过直接投资或间接投资等各种方式流入我国，假设我国最初的生产可能性曲线为 TT，资本流入后生产可能性曲线变为 T′T′，如图 4-10 所示。在 a、b 两种商品价格比率不变的条件下，直线 P′平行于 P，我国最佳生产组合点由 A 变为 B，由此可以看出，接受投资的我国则扩大了比较劣势的产业，缩减了比较优势的产业。从整体上看，资本要素的流动是以我国进口商品 a 的国内产量的增加，替代了 X 国出口商品 a 产量的减少；同理，X 国进口商品 b 的国内产量的增加，替代了我国出口商品 b 产量的减少。X 国也是扩大了比较劣势的产业，缩减了比较优势的产业。

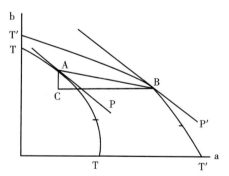

图 4-10　外商直接投资与我国出口的替代效应

由替代效应理论的分析可以看出，对于我国来说，吸引外商直接投资虽然短期内会使我国出口下降，但对我国优化产业结构进而优化出口商品结构有利，从而有利于我国出口贸易的持续发展。但蒙代尔的替代效应理论针对的只是那种为了绕开来自国外的贸易壁垒从而占领国外市场而进行的国外直接投资，所以该理论对外商直接投资对我国出口贸易影响的解释具有片面性[①]。

2. 基于互补效应理论的分析

20 世纪 70 年代后期到 80 年代中期，小岛清发表了国际直接投资和国际贸易方面的大量论著，小岛清在其代表作《对外贸易论》中强调了国际分工原则的重要作用[②]，认为国际分工既能解释国际贸易，也能解释国际直接投资，因此国际直接投资和国际贸易可以统一在国际分工原则的基础上。我们可以用小岛清的互补效应理论分析外商直接投资对我国出口增长的影响。如图 4-11 所示，假定：①国际直接投资并非是单纯的资金流动，而是包括资本、技术、经营管理的总体转移。②外商直接投资是由投资国的特定产业中的特定企业向我国同一产业中的特定企业的要素转移。③投资国 A 的资本比较丰富，而我国的劳动力较丰富。只有当 A 国与我国的技术差距较小时，A 国的先进生产函数才能比较容易地转移到我国。④x 商品、y 商品分别是劳动密集型和资本密集型产品。A 国在生产 x、y 两类商品时，均采用先进的生产函数。同我国相比，A 国与我国在 y 商品上的技术差距很大。所以，A 国选择对我国的商品 x 进行直接投资。

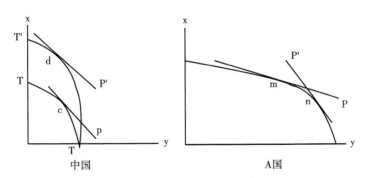

图 4-11　外商直接投资与我国出口的互补效应

根据假设，外商直接投资的核心是生产技术的转移，不考虑货币资本流动，所以 A 国对我国 x 商品进行直接投资后，A 国生产可能性曲线不变，我国生产可能性曲线由 TT 变为 T′T；A 国的交易条件均由原来的 P 线变为 P′线，

①　黄先海，（2001）"国际直接投资的贸易效应"［J］.《浙江社会科学》第 5 期：15–19.
②　小岛清，（1994）《对外贸易论》（周宝廉译）［M］. 南开大学出版社.

表明 A 国在 y 商品上的比较优势增强，A 国最佳生产点从 m 点变为 n 点，增加 y 商品的生产减少 x 商品的生产；我国的交易条件不变，直线 P′平行直线 P，我国的最佳生产点由 c 点变为 d 点，增加 x 商品的生产减少了 y 商品的生产。

根据小岛清的互补效应理论，我们可以看出，外商直接投资能强化我国原先的要素禀赋优势，促进我国增加具有要素禀赋优势的产品的生产和出口，不利于我国产业结构的改善。

在现实中，外商直接投资对我国出口贸易的影响既存在替代效应也存在互补效应，而且外商直接投资还会对我国出口贸易产生动态影响，由于外商直接投资的技术溢出效应，外商直接投资对我国一个产业的技术进步的促进作用会渗透到其他部门，从而促进我国各部门的技术进步，有利于我国产业结构和出口商品结构的改善，能促进我国出口的可持续发展。此外，外商直接投资也会对内资企业产生挤出效应①，还会促进我国出口部门的二元结构。因为外商投资企业在我国高新技术产品出口中占主导地位，所占比例达到 80% 以上，而且我国外商投资企业的出口以加工贸易为主，本土企业的出口以一般贸易为主。外商投资企业充分利用全球生产网络的分工机制和我国在劳动密集生产环节的竞争优势，在中高技术产品的加工贸易出口方面形成了较强的竞争力。本土企业由于缺少同国际生产和贸易网络的有效联系，在加工贸易方面只能从事一些低端的来料加工业务，大多数国内出口企业还是从事传统的一般贸易②。外商直接投资对我国内资企业的挤出效应和出口部门的二元经济结构不利于我国出口稳定增长。

（二）外商直接投资影响我国出口稳定增长的路径

由以上理论分析可以看出，吸引外商直接投资会影响我国的出口量和出口商品结构，在现实生活中，吸引外商直接投资对我国出口贸易的影响是蒙代尔指出的替代效应和小岛清指出的互补效应以及动态效应共同作用的结果。由此，我们可以总结出外商直接投资影响我国出口稳定增长的路径，具体如图 4-12 所示。由图 4-12 可以看出，外商直接投资的变化会影响我国的出口增

---

① 孙致陆、肖海峰，（2011）根据中国 1979～2009 年的数据，对 FDI 与中国国内投资之间的关系进行了实证研究，发现从长期来看，FDI 对国内投资具有一定的挤出效应．

② 胡国恒，（2004）"外商直接投资与我国出口部门的二元结构"［J］.《国际商务—对外经济贸易大学学报》第 3 期：51-54.

长，同时还会影响我国出口商品结构及企业的创新，进而影响我国出口发展的可持续性。

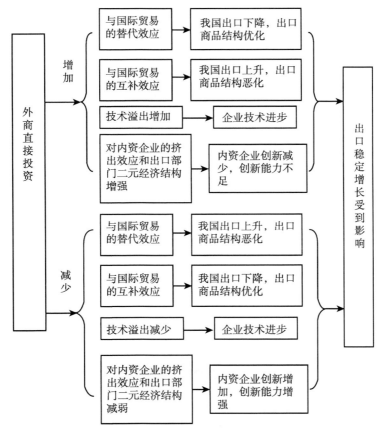

图 4-12 外商直接投资影响我国出口稳定增长的路径

（三）FDI 与我国各地区出口增长长短期关系的实证分析——基于协整和误差修正模型的检验

1. 数据来源

选用的指标包括我国各地区实际利用的外商直接投资额和各地区的出口额。我们选取 1986~2010 年我国各地区的出口额反映出口的状况，各地区吸引外商直接投资额反映外商直接投资状况。相关数据来自国研网数据库。用 EXP 表示出口的对数值，FDI 表示吸引外商直接投资的对数值。分别对全国和各地区的数据进行实证分析，由于宁夏和西藏数据的缺失，将全国其余的 29 个省、市、自治区（不包括港澳台地区）分为东部、中部和西部三个地区①。

2. 单位根检验

采用 LLC、Fisher-ADF 和 Fisher-PP 三种方法对 FDI 和 EXP 进行单位根检验，全国和各地区单位根检验结果见表4-8。

表4-8　FDI 和 EXP 面板单位根检验结果

检验方法		LLC		Fisher-ADF 检验		Fisher-PP 检验	
检验值		统计量	P 值	统计量	P 值	统计量	P 值
全国	EXP	−0.103	0.45	25.04	1	26.35	0.99
	FDI	3.470	0.99	15.15	1	0.43	1
	ΔEXP	−21.660	0	402.09	0	418.64	0
	ΔFDI	−10.440	0	174.30	0	206.20	0
东部	EXP	−0.930	0.17	17.88	0.80	19.62	0.71
	FDI	1.990	0.97	5.33	1	0.20	1
	ΔEXP	−13.850	0	156.09	0	158.73	0
	ΔFDI	−5.660	0	58.45	0	74.88	0
中部	EXP	1.500	0.93	3.63	0.99	3.92	0.99
	FDI	1.060	0.85	6.34	0.99	0.09	1
	ΔEXP	−12.580	0	139.15	0	139.85	0
	ΔFDI	−4.320	0	55.15	0	59.50	0
西部	EXP	0.490	0.68	3.53	0.99	2.80	0.99
	FDI	3.250	0.99	3.47	0.99	0.13	1
	ΔEXP	−10.570	0	106.85	0	120.05	0
	ΔFDI	−5.220	0	42.05	0	65.82	0

注：变量滞后项选择采用 Schwarz 法则自动选择，窗宽采用 Newey-West 方法自动选择。

表4-8 单位根检验结果显示：LLC、Fisher-ADF 和 Fisher-PP 三种方法都

---

① 在这里各地区数据不包括港澳台，东部包括北京、天津、河北、辽宁、上海、江苏、浙江、福建、山东、广东、广西、海南 12 个省、市、自治区；中部包括山西、内蒙古、吉林、黑龙江、安徽、江西、河南、湖南、湖北 9 个省、市、自治区；西部包括四川（由于 1997 年重庆属于四川，所以这里将重庆数据并入四川）、重庆、贵州、云南、陕西、甘肃、青海、新疆 8 个省、市、自治区。

没有拒绝 EXP 和 FDI 存在单位根的原假设，需要对 EXP 和 FDI 的一阶差分序列继续进行单位根检验，由以上检验结果可以看出，EXP 和 FDI 的一阶差分序列 ΔEXP 和 ΔFDI 的统计检验值均小于显著水平下的临界值，拒绝 ΔEXP 和 ΔFDI 存在单位根的假设，ΔEXP 和 ΔFDI 都是平稳的。所以，我们可以看出 EXP 和 FDI 均为一阶单整变量，符合协整检验和因果关系检验对变量平稳性的要求。

3. 外商直接投资与出口的面板协整检验

为了检验外商直接投资与我国出口是否存在长期均衡稳定的关系，我们需要对面板数据进行协整检验，采取 Pedroni 提出的 7 个检验统计量和 Kao 提出的 ADF 统计量判定外商直接投资与我国出口是否存在协整关系，检验结果如表 4-9 所示。

表 4-9　外商直接投资与出口的协整检验结果

检验方法		全国		东部	
		统计量	P 值	统计量	P 值
Pedroni（1999）	面板 v	1.65	0.04	−2.04	0.90
	面板 ρ	−1.32	0.06	−1.33	0.09
	面板 PP	−3.73	0	−6.23	0
	面板 ADF	−4.83	0	−4.65	0
	群 ρ	1.73	0.90	1.44	0.90
	群 PP	−0.85	0.10	−6.48	0
	群 ADF	−4.05	0	−5.49	0
Kao（1999）	ADF	−4.30	0	−4.48	0
检验方法		中部		西部	
		统计量	P 值	统计量	P 值
Pedroni（1999）	面板 v	1.12	0.10	−0.72	0.70
	面板 ρ	−1.51	0.06	−1.26	0.10
	面板 PP	−2.81	0	−3.08	0
	面板 ADF	−2.75	0	−3.46	0
	群 ρ	0.50	0.60	0.62	0.70
	群 PP	−1.13	0.10	−3.81	0
	群 ADF	−0.96	0.10	−5.56	0
Kao（1999）	ADF	−2.75	0	−1.65	0.04

根据表4-9，无论是从全部样本数据来看，还是从东部、中部和西部面板数据来看大多数变量在10%的显著水平上通过了显著性检验，尽管个别统计量效果不好，但是在小样本中个别统计量不影响外商直接投资与出口之间存在长期协整的结论。

4. 外商直接投资与出口的误差修正模型

协整检验说明外商直接投资与我国出口之间存在长期均衡稳定的关系，并不能说明它们之间因果关系的方向。因此我们运用 Engle 和 Granger（1987）提出的 EG 两步法，建立基于面板数据的误差修正模型来确定因果关系的具体方向。首先要估计出长期均衡模型：

$$EXP_t = \alpha + \beta FDI_t + \mu_t \qquad (4.10)$$

面板协整分析结果见表4-10，由协整分析结果可以看出，对于全国、东部地区、中部地区和西部地区，外商直接投资均与出口存在长期均衡的关系。由表4-10可以看出，FDI 的系数为正，由此说明，长期来看，外商直接投资能促进各地区出口增长。但西部地区 FDI 对出口的弹性系数最大，东部地区 FDI 对出口的弹性系数居中，中部地区 FDI 对出口的弹性系数最小。可能是因为在西部地区 FDI 与出口的互补效应更加显著，在中部地区 FDI 与出口的替代效应更加显著。

表4-10　外商直接投资与出口的协整方程

样本	解释变量	系数	T 值（P 值）	模型
全国	FDI 常数项	0.43 5.69	37.7（0） 48.7（0）	FE
东部	FDI 常数项	0.48 16.14	29.8（0） 5.95（0）	FE
中部	FDI 常数项	0.32 6.4	18.9（0） 37.8（0）	FE
西部	FDI 常数项	0.53 4.02	19.2（0） 16.7（0）	FE

据协整方程估计出残差项（μ_t）。然后建立误差修正模型检验 Granger 因果关系，具体模型见（4.11）式。

$$\Delta EXP_t = \alpha_m + \sum_{i=1}^{\infty} \beta_{mi} \Delta EXP_{t-i} + \sum_{i=1}^{\infty} \delta_{mi} \Delta FDI_{t-i} + \theta_m \mu_{t-1} + \eta_{it} \qquad (4.11)$$

对于（4.11）式，如果 θ_m 显著不为 0，说明外商直接投资是出口的长期 Granger 原因；如果接受原假设 H_0：$\delta_1 = \delta_2 = 0$，则说明外商直接投资不是出口的短期 Granger 原因；考虑到 t 值的显著性以及残差的无自相关性，通过对不同滞后期的模型进行检验，将滞后项设为 2。估计结果见表 4-11。

表 4-11 外商直接投资与出口的误差修正模型检验结果

	变量	相关系数	标准误差	T-检验	概率
全国	α	0.121	0.018	6.508	0
	误差修正项	−0.130	0.024	−5.510	0
	ΔEXP_{t-1}	−0.060	0.042	−1.580	0.113
	ΔEXP_{t-2}	0.059	0.042	1.410	0.150
	ΔFDI_{t-1}	0.060	0.065	1.010	0.110
	ΔFDI_{t-2}	−0.059	0.058	−1.020	0.300
东部	α	0.105	0.019	5.270	0
	误差修正项	−0.070	0.026	−3.020	0.002
	ΔEXP_{t-1}	0.070	0.061	1.269	0.200
	ΔEXP_{t-2}	0.034	0.070	0.480	0.630
	ΔFDI_{t-1}	0.100	0.070	1.402	0.160
	ΔFDI_{t-2}	−0.040	0.060	−0.640	0.510
中部	α	0.145	0.042	3.450	0
	误差修正项	−0.155	0.063	−2.469	0.014
	ΔEXP_{t-1}	−0.253	0.092	−2.740	0.006
	ΔEXP_{t-2}	0.078	0.124	0.626	0.530
	ΔFDI_{t-1}	0.051	0.129	0.400	0.680
	ΔFDI_{t-2}	−0.148	0.106	−1.396	0.160
西部	α	0.141	0.040	3.490	0.0006
	误差修正项	−0.089	0.057	−1.560	0.120
	ΔEXP_{t-1}	0.014	0.080	0.175	0.860
	ΔEXP_{t-2}	−0.235	0.081	−2.870	0.004
	ΔFDI_{t-1}	−0.010	0.145	−0.070	0.940
	ΔFDI_{t-2}	0.127	0.133	0.950	0.340

出口稳定增长的制约因素及对策研究

由表 4-11 可以看出，对于全国来说，误差修正项系数为-0.13，且显著不为 0，说明误差纠正机制发生，外商直接投资是我国出口的长期 Granger 原因。ΔFDI_{t-1} 系数在 89% 置信度水平下显著，说明短期内外商直接投资是我国出口的 Granger 原因；对于东部地区来说，误差修正项系数为-0.07，且显著不为 0，说明误差纠正机制发生，外商直接投资是东部地区出口的长期 Granger 原因。ΔFDI_{t-1} 系数在 84% 置信度水平上显著，说明短期内外商直接投资是东部地区出口贸易的 Granger 原因；对于中部地区来说，误差修正项系数显著不为 0，说明外商直接投资是出口的长期 Granger 原因。ΔFDI_{t-2} 系数在 84% 置信度水平上显著，说明外商直接投资在短期内是中部地区出口的 Granger 原因；对于西部地区来说，误差修正项系数在 88% 置信度水平上才显著，说明外商直接投资是出口的长期 Granger 原因。ΔFDI_{t-1}、ΔFDI_{t-2} 系数不显著，说明外商直接投资在短期内不是出口的 Granger 原因。

(四) 结论

由以上吸引外商直接投资对我国出口稳定增长影响的理论和实证分析可以看出，吸引外商直接投资会影响我国出口稳定增长，但由于我国各地区技术水平等各方面条件的差异，吸引外商直接投资对我国各地区出口稳定增长的影响也有差异。就我国来说，无论是对于全国还是各地区，外商直接投资与出口均存在长期均衡的稳定关系，外商直接投资均是出口贸易的长期 Granger 原因。外商直接投资会影响我国及各地区的出口稳定增长，其中对东部地区出口的长期影响比对中部和西部地区的出口影响更明显，但在短期内外商直接投资对东部地区和中部地区出口的影响比较明显，但对西部地区的影响不明显。这主要是由于吸引外商直接投资对出口的作用受到不同地区经济环境及母国的投资动机等各种因素的影响。东部地区经济发展程度比较高，能在短期内吸引更多的外商直接投资，中西部地区经济发展程度比较低，不易吸引外资流入。

总体来看，外商直接投资促进了我国出口增长，对东部地区和中部地区的影响大于对西部地区的影响。由此可以看出，外商直接投资的变化无论在短期内还是在长期内均会影响我国出口增长。

三、区域贸易安排的参与与我国出口稳定增长的关系

在 WTO 推进贸易自由化的进程中，由于各个成员的利益不一致，多边贸

易谈判的进程屡屡受挫。各国为了使自身获得的贸易利益达到最大化，纷纷采取了区域贸易协定的形式，加强彼此间的贸易自由化程度。WTO 也是允许成员间建立区域贸易一体化组织的，并为此提供了法律依据①。区域经济一体化已经成为当今世界经济发展的一种趋势，区域经济一体化也得到了进一步的发展。世界贸易组织 2009 年 11 月公布的一项报告显示，包括自贸协定在内的区域贸易安排已经成为全球贸易体制的重要组成部分。截至 2009 年 10 月，向 WTO 通报、仍然生效的区域贸易安排达到 186 个。而据 WTO 秘书处估计，未通报和正在谈判中的区域贸易安排数量各在一百项左右。在这种趋势下，我国也积极参与了区域贸易协定，从而实现我国贸易利益的最大化。截至 2012 年 8 月，我国参与区域贸易协定（Regional Trade Agreement，RTA）的统计如表 4-12 所示。由表 4-12 可以看出，截至 2012 年 8 月，我国已经签订了 10 个自由贸易协定，正在谈判 6 个自由贸易协定，正在研究 3 个自由贸易协定。

表 4-12　截至 2012 年 8 月中国参与 RTA 统计

RTA 的进展	自由贸易协定
已签订/实施的 RTA	1. 内地与香港 CEPA（2004 年 1 月 1 日生效） 2. 内地与澳门 CEPA（2005 年 1 月 1 日生效） 3. 亚太贸易协定（原《曼谷协定》签署于 1975 年；中国于 2001 年加入；2005 年 11 月更名为《亚太贸易协定》） 4. 中国—智利 RTA（2006 年 10 月 1 日生效） 5. 中国—巴基斯坦 RTA（早期收获协定于 2006 年 1 月 1 日起施行，自由贸易协定 2007 年 7 月起实施；服务贸易协定 2009 年 2 月 21 日签署） 6. 中国—东盟 RTA（2002 年 11 月 4 日签署《中国—东盟全面经济合作框架协议》，2004 年 1 月 1 日早期收获计划实施；《货物贸易协议》2005 年 7 月开始实施；《服务贸易协议》2007 年 7 月起实施） 7. 中国—新西兰 RTA（2008 年 10 月 1 日生效） 8. 中国—新加坡 RTA（2009 年 1 月 1 日生效） 9. 中国—秘鲁 RTA（2010 年 3 月 1 日生效） 10. 中国—哥斯达黎加 RTA（2010 年 4 月 8 日签署）

---

① 张彬，（2010）WTO 关于区域经济一体化问题主要涉及三项条款，一是 GATT 第二十四条，即对关税同盟和自由贸易区的解释；二是 GATS 第五条，即对服务贸易自由化协定的规定；三是授权条款，即关于差别和更为优惠待遇、互惠及发展中国家进一步参与的规定。这三项条款共同构成在 WTO 框架内建立 RTA 的法律依据。

续表

RTA 的进展	自由贸易协定
正在谈判中的 RTA	1. 中国—南部非洲合作同盟 RTA（2004 年 6 月启动谈判） 2. 中国—海湾合作委员会 RTA（2004 年 7 月启动谈判） 3. 中国—澳大利亚 RTA（2005 年 4 月启动谈判） 4. 中国—冰岛 RTA（2006 年 12 月启动谈判） 5. 中国—挪威 RTA（2008 年 9 月启动谈判） 6. 中国—瑞士 RTA
正在研究中的 RTA	1. 中国—印度 RTA 2. 中国—韩国 RTA 3. 中日韩 RTA

注：依据中国自由贸易区服务网资料整理。

签订和实施区域贸易协定有利于我国与其他成员间贸易壁垒的消除，从而会带来彼此间贸易规模的扩大，促进我国贸易利益的增加，但也会带来贸易的转移和一系列的动态效应，最终共同作用和影响我国出口增长。我们将分别从理论和实证两个方面分析区域贸易安排与我国出口稳定增长的关系。

（一）区域贸易安排的参与对我国出口增长影响的理论分析——基于局部均衡理论的分析

总体来看，一国参与区域贸易协定会给该国带来更多的出口机会，扩大该参加国的出口。我们可以借用关税同盟理论来分析我国参与区域贸易安排的出口效应。

假设我国为 A 国，我国与 B 国形成一个区域贸易安排。如图 4-13 所示，P 和 Q 分别表示商品的价格和数量，D_A 和 S_A 表示我国的需求和供给，D_B 和 S_B 分别表示 B 国的需求和供给。假设我国是一个出口国，B 国是一个进口国，C 国为第三国。假设在我国与 B 国结成区域贸易安排前，世界市场价格为 P_W，C 国生产成本固定不变且等于 P_W，B 国对来自所有其他国家的进口商品均征收关税，征税后的价格为 P_t，此时我国出口量为 fg，B 国进口量为 ab，B 国的进口量中的 ac = fg 来自我国，另一部分 cb 来自 C 国。

我国与 B 国结成区域贸易安排时，假设 B 国对来自我国的进口商品免税，对来自 C 国的进口商品征税。在 B 国对来自我国的进口商品免税之后，在 B 国国内市场上我国商品价格要低于 C 国同样商品价格，B 国对我国商品需求增

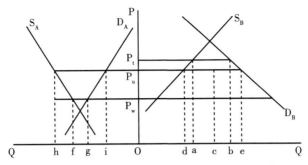

图4-13 我国参与区域贸易协定的出口效应①

加，我国出口商品价格上升，出口扩大，假设当我国出口商品价格上升至 P_u 时，我国和 B 国的贸易达到均衡，我国出口量 hi 等于 B 国进口量 de。

由此可以看出，从理论上来看，参与区域贸易安排会促进我国出口增长。但区域贸易安排的参与对我国出口增长的影响主要是对出口数量上的影响，而且这种影响受到区域内自由化进程的影响。

（二）区域贸易协定的参与影响我国出口增长的路径

由上述理论分析可以看出，参与区域贸易协定会促进我国出口增长，可以将参与区域贸易安排对我国出口增长影响的路径归纳如图4-14所示。由图4-14可以看出，参与区域贸易安排会使我国出口商品在成员国国内市场价格下降，进而促进成员国对我国出口商品需求的增加，最终促进我国出口增加。

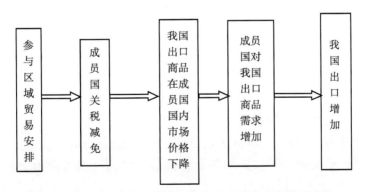

图4-14 区域贸易安排的参与影响我国出口增长的路径

---

① 李坤望，（2009）《国际经济学》［M］．高等教育出版社，153.

（三）区域贸易协定参与我国出口增长相关性的实证分析——基于引力模型的分析

1. 模型的构建

Tinbergen（1962）最早将物理学的定律——引力模型应用到国际贸易领域，考察经济规模和距离对世界贸易流向和贸易流量的影响。Aitken（1973）又在引力模型中加入了虚拟变量，通过该变量的变化来说明区域贸易安排的贸易效应，之后大部分研究都是采用该模型研究区域贸易安排对出口增长的影响。

我国主要参与了两个区域贸易安排，APEC 和中国—东盟自贸区。1991 年10 月，中国与该年度 APEC 高官会主席（韩国外交部部长助理）签署谅解备忘录，中国作为主权国家以"中华人民共和国"的名称加入 APEC。2002 年11 月，中国与东盟签署《中国—东盟全面经济合作框架协议》，2010 年 1 月，中国—东盟自贸区如期全面建成。自贸区建立后，双方对超过 90% 的产品实行零关税。中国对东盟平均关税从 9.8% 降到 0.1%，东盟六个老成员国对中国的平均关税从 12.8% 降到 0.6%。关税水平大幅降低有力地推动了双边贸易快速增长[①]。我们在这里主要考虑参与区域贸易安排对我国出口的影响，采用"单国模式"[②]，即中国对各个贸易伙伴的出口，大多引力模型研究是采用"多国模式"，即 n 个国家的两两贸易。因此，我们建立引力模型，具体如（4.12）式所示。

$$X_{cj} = \alpha Y_c^{\beta} Y_j^{\gamma} D_{cj}^{\mu} APEC_j^{\nu} ASEAN_j^{\phi} \tag{4.12}$$

将（4.12）式两边同时取对数，可得如下方程式：

$$\ln X_{cj} = \alpha + \beta \ln Y_c Y_j + \mu D_{cj} + \nu APEC_j + \phi ASEAN_j \tag{4.13}$$

其中，X_{cj} 表示中国对 j 国的出口，Y_c 表示中国的实际 GDP，Y_j 表示 j 国的实际国内生产总值，D_{cj} 表示中国与 j 国间的距离，$APEC_j$ 和 $ASEAN_j$ 是虚拟变量，当 j 国属于 APEC 和东盟自由贸易区时，$APEC_j$ 和 $ASEAN_j$ 等于 1，当 j 国不属于 APEC 和东盟自由贸易区时，$APEC_j$ 和 $ASEAN_j$ 等于 0。

2. 样本的确定和数据来源

2005 年 7 月 20 日，中国—东盟自贸区降税进程全面启动，这标志着《货物贸易协议》正式进入了实施阶段，也标志着中国—东盟自由贸易区的建设

全面拉开了帷幕。所以，在这里我们选择我国参与 APEC 和中国—东盟自贸区之后的时间段，2005~2010 年的数据，来分析参与区域贸易安排对我国出口的影响。根据我国出口的情况和数据的可得性，把从我国进口的 115 个国家作为样本进行分析。

我国对各个国家的出口数据来源于联合国的 COMTRADE 数据库，而各国的 GDP 来自世界银行数据库，各国消费者价格指数来自 IMF 数据库，将各国 GDP 除以各自的消费者价格指数来剔除通货膨胀的影响，从而更好地反映各国的经济规模。我国与贸易伙伴国之间的距离，采用一国经济中心到另一国经济中心的实际公里数来表示（数据来自 http：//www. geobytes. com/CityDistanceTool）。

3. 回归分析结果

为了比较不同时间区域贸易安排对我国出口增长影响的差异，我们采用 Eviews6. 0 软件对各年度的横截面数据进行回归分析，回归分析结果见表 4-13。

表 4-13　参与区域贸易安排对我国出口影响的回归分析结果

系数 ＼ 年份	2005	2006	2007	2008	2009	2010
α	−14. 890 （0）	−16. 730 （0）	−15. 300 （0）	−14. 630 （0）	−12. 590 （0）	−13. 980 （0）
β	0. 890 （0）	0. 910 （0）	0. 880 （0）	0. 860 （0）	0. 830 （0）	0. 850 （0）
μ	−0. 430 （0. 02）	−0. 340 （0. 06）	−0. 346 （0. 06）	−0. 310 （0. 1）	−0. 374 （0. 05）	−0. 318 （0. 1）
ν	0. 149 （0. 47）	0. 046 （0. 80）	0. 192 （0. 26）	0. 196 （0. 23）	0. 297 （0. 1）	0. 144 （0. 4）
φ	0. 920 （0. 0015）	0. 930 （0. 001）	0. 730 （0. 007）	0. 720 （0. 006）	0. 660 （0. 01）	0. 749 （0. 003）
R^2	0. 830	0. 817	0. 850	0. 856	0. 852	0. 843
调整后 R^2	0. 820	0. 811	0. 840	0. 851	0. 846	0. 837
F 值	135. 15	123. 300	156. 400	164. 180	158. 570	148. 090
D-W 值	2. 100	1. 960	2. 040	1. 920	1. 900	1. 960

注：括号内为 P 值。

由表 4-13 的分析结果可以看出，我国和伙伴国的 GDP 对我国的出口有促进作用，我国与他国的地理距离对我国的出口有负面影响。APEC 的系数为正，但只有在 2009 年比较显著，其他各年份均不显著，说明 2005～2010 年，参与 APEC 对我国出口增长的促进作用不明显，这主要是由于经过之前税率的下调，2005～2010 年 APEC 关税下调空间有限，贸易自由化进程有所放缓；ASEAN 系数显著为正，2005 年的系数为 0.92，2006 年系数上升为 0.93，2007 年系数降为 0.73，2008 年系数降为 0.72，2009 年该系数继续下降，降为 0.66，2010 年该系数上升至 0.749，这说明参与东盟自由贸易区能促进我国出口增长，但这种促进作用的大小与东盟区域内的自由贸易化进程密切相关，例如 2010 年 ASEAN 系数的上升与 2010 年 1 月 1 日起中国和东盟老成员六国一切正常关税削减为零有很大关系。

（四）结论

通过参与区域贸易安排，区域内其他成员会对我国出口商品削减关税壁垒和非关税壁垒，有利于促进我国出口增长。由参与区域贸易协定对一国出口稳定增长影响的理论和实证分析也可以看出，参与区域贸易协定能促进我国出口增长，但其促进作用与区域内的自由贸易化进程密切相关，随着贸易自由化进程的变缓，参与区域贸易安排对我国出口增长的促进作用也变小，仅靠参与区域贸易安排不能使我国出口保持稳定增长。这是因为参与区域贸易安排只能带来我国出口的数量增长，很难实现扩展边际的增长，而只有同时提高自身产品竞争力或者增加出口商品种类，促进扩展边际的出口增长，才能促使我国出口长期稳定增长。经济全球化与区域经济一体化已经成为当今世界经济发展的两大趋势，在这种趋势下，我国应积极并且有选择地参与区域经济一体化，更好地促进我国出口增长，但这种出口增长能否持续取决于这种出口增长主要依靠贸易伙伴的需求、自身的竞争力还是出口多样化。如果依靠贸易伙伴的需求因素扩大出口而与这些伙伴组建区域贸易安排，则加入区域贸易安排后出口的扩大容易受到伙伴国经济周期变化的影响。例如 1999～2003 年，加拿大出口美国市场增加额 90% 的部分是由于美国需求增加引起的，墨西哥的这一比例达到 52%。一旦美国经济出现滑坡，加拿大和墨西哥的出口将受到严重打击。只有一国在目标市场上的出口增长是由自身产品竞争力的提高或者出口多样化两种因素决定时，才可以保证一国在长期内不断释放出口潜力，扩大出口增长点[①]。

参与区域贸易安排是促进我国出口增长的一个简单的、易操作的途径，但与不同贸易伙伴达成的区域贸易安排对我国出口增长的影响不同，而且参与区域贸易安排也是要付出代价的，例如，参与区域贸易安排对我国产生"贸易创造"效应的同时，也会对我国产生"贸易转移效应"，造成我国福利的减少。所以，我国应有所选择地参与区域贸易安排，选择那些在我国主要进口商品上比较优势最明显、在我国主要出口商品上比较劣势比较明显的贸易伙伴达成区域贸易安排，在尽量减小"贸易转移效应"的同时更好地促进我国出口数量的增加。

第三节　各种外部因素对我国出口稳定增长 影响的比较

由本章第一节和第二节的分析可以看出，各种外部因素均会影响我国的出口稳定增长，但各种外部因素对我国出口稳定增长影响的过程和程度有差异，我们将在这一节对该问题进行探讨。

一、各种外部因素共同影响我国出口稳定增长的途径

根据本章第一节和第二节的分析及相关文献研究结果，我们可以将外部因素影响我国出口稳定增长的途径归纳为图4-15。

由图4-15可以看出，各种外部因素并不是孤立存在的，它们会相互影响。例如，进口国收入下降时，由于进口国经济形势不好，进口国就会采用更多的贸易壁垒解决国内的就业，导致外生贸易壁垒的增加。一国通过参与区域贸易安排可以减少该国面临的外生贸易壁垒。此外，外商直接投资与汇率相互影响。首先，汇率的变化会影响直接投资。根据生产成本理论、财富效应理论及风险规避效应理论，人民币汇率的变化会引起外国投资者所持货币购买力、

---

① 李玉举，（2005）"区域贸易安排与出口潜力：引力模型结论的调适" [J].《财经研究》第6期：86-95.

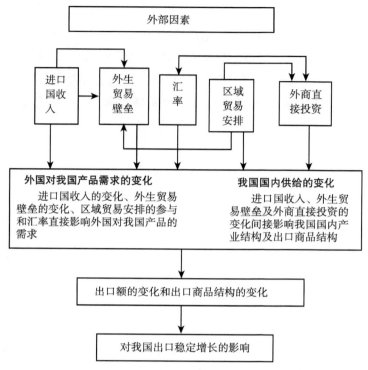

图4-15 外部因素影响我国出口稳定增长的途径

外国投资者相对于我国投资者财富及外国投资者进行直接投资风险的变化，所以，从理论上来讲人民币汇率的变化会影响外国对我国的直接投资。张莹（2010）对人民币汇率波动对外商直接投资影响进行了实证分析，发现人民币汇率变动对外商直接投资的影响具有阶段性的特征。人民币汇率波动剧烈期间，人民币实际有效汇率与外商直接投资呈反方向变动关系；人民币波动趋于稳定期间，外商投资者对人民币信心增强，汇率变动与投资增长开始呈同方向变动关系。区域贸易安排的参与也会影响外商直接投资，我国与其他国家通过区域贸易安排建立区域经济一体化组织后，可以使进入我国的外资企业在更大的市场范围内经营，获得更大的规模经济效益，从而可以吸引更多的外资企业进入我国。其次，外商直接投资的变化也会影响人民币实际汇率。王志鹏（2002）就外商直接投资对人民币实际汇率的影响进行了实证分析，发现FDI的流入变动100%，大约引起人民币实际汇率升值6%。外商直接投资带动我国出口的增长和外汇储备的增加，从而使人民币升值的压力增大。

各种外部因素相互作用并共同影响我国出口稳定增长。各种外部因素大多通过直接影响外国对我国出口商品的需求以及间接影响我国产品的供给，进而影响我国出口额和出口商品结构，最终影响我国出口稳定增长。进口国收入的增加、外生贸易壁垒的减少、人民币贬值、区域贸易安排的参与及外商直接投资的增加均会促使外国对我国出口商品需求的增加，进口国收入增加、外国对我国劳动密集型出口商品贸易壁垒的增加还会间接促进我国产业结构和出口商品结构的优化，外商直接投资与出口贸易的替代效应能促进我国出口商品结构的优化。但不同的外部因素对一国出口稳定增长影响的产生过程有差异，通过了解不同外部因素对一国出口稳定增长影响产生过程的差异可以更好地应对和应用这些外部因素，使这些外部因素朝着有利于我国出口稳定增长的方向发展。

二、不同外部因素影响我国出口稳定增长过程的差异

虽然外部因素都是通过影响外国对我国产品的需求或我国产品的供给进而影响我国出口稳定增长，但不同外部因素影响我国出口稳定增长的过程有一定差异，通过分析这些差异我们可以更好地了解各种外部因素影响我国出口稳定增长的程度。下面我们将比较一下五种主要外部因素影响我国出口稳定增长的过程。

进口国收入的变化直接引起进口国对我国产品需求的变化，又进而引起该产品价格及供给的变化，从而影响我国出口的稳定增长。对于我国来说，进口国收入的增加会促进我国出口数量的增长，同时也会间接影响我国国内产品的供给，促使国内生产更多资本技术密集型商品，带动我国国内产业结构的改善，从而促进我国出口商品结构的改善。所以，进口国收入的增加有利于我国出口的稳定增长；贸易壁垒、汇率和区域贸易安排对我国出口稳定增长影响的产生过程类似。贸易壁垒、汇率和区域贸易安排的变化将引起我国出口商品在进口国市场价格的变化，进而引起进口国对我国出口商品需求的变化，再进一步间接影响我国国内产品的供给，最终影响我国出口的稳定增长。但汇率对我国出口稳定增长的影响与贸易壁垒及区域贸易安排对我国出口稳定增长的影响又有一定差异。因为只有在马歇尔—勒纳条件成立的条件下，人民币贬值才能促进我国出口增长，而且人民币汇率的变动会引起我国国内经济各方面的连带反应。外生贸易壁垒的削减和区域贸易安排的参与都将会降低我国出口商品在

进口国的市场价格，增强我国出口商品竞争力，从而增加进口国对我国出口商品的需求，进而间接影响我国国内的生产和供给；外商直接投资主要是通过直接影响我国国内的生产，进而影响我国的出口稳定增长。外商直接投资对我国出口稳定增长的影响是替代效应和互补效应以及动态影响共同作用的结果。

由此可以看出，进口国收入对一国出口增长的影响最直接和明显，其次是外商直接投资、贸易壁垒和区域贸易安排，汇率对我国出口增长的影响受到该国进出口需求弹性的制约。下面我们将通过实证分析，进一步比较各种外部因素对我国出口增长影响程度的大小。

三、各种外部因素对我国出口增长影响差异的实证分析

（一）计量模型的建立

各种外部因素都会影响我国出口稳定增长，但各种因素对我国出口稳定增长的影响大小不同，通过比较和分析各种外部因素对我国出口稳定增长影响，可以更好地为贸易策略的制定提供一些建议。为了比较各种外部因素对我国出口稳定增长影响的差异，我们构建以下线性回归方程，具体如（4.14）式所示。

$$\exp_{ti} = c + \alpha gdp_{ti} + \beta asean_{ti} + \delta exr_{ti} + \gamma tariff_{ti} + \lambda fdi_{ti} + \mu_{ti} \tag{4.14}$$

其中，$\exp_{ti}$ 表示我国第 t 期向第 i 国的出口变量，gdp_{ti} 表示第 t 期第 i 国的收入变量，$asean_{ti}$ 表示第 t 期第 i 国是否为东盟成员国的虚拟变量，exr_{ti} 表示第 t 期人民币与 i 国货币的汇率变量，$tariff_{ti}$ 表示第 t 期第 i 国的平均关税率，fdi_{ti} 表示第 t 期从第 i 国流入我国的直接投资，μ_{ti} 表示残差项。

出口变量我们用我国向其他国家出口额的对数值来表示，它是回归方程的因变量；外国收入用其他国家 GDP 的对数值来表示；区域贸易安排变量 asean 为虚拟变量，如果我国出口的目标市场所在国属于东盟成员，则该值取 1，如不属于东盟成员，则该值取 0；汇率变量 exr_{ti} 用人民币兑外国货币的汇率表示；关税变量 $tariff_{ti}$ 用外国平均关税率表示；外商直接投资变量 fdi_{ti} 用外国流入我国的直接投资额的对数值表示。

（二）样本选取和数据来源

1. 样本选取

根据数据的可得性，时间序列我们选取 2009～2010 年两个年度，横截面

样本选取 69 个国家。以 2009~2010 年我国向 69 个其他国家的出口为研究对象，来比较各种外部因素对我国出口稳定增长的影响大小。这 69 个国家分别为阿尔巴尼亚、阿尔及利亚、安哥拉、阿塞拜疆、阿根廷、澳大利亚、巴哈马、巴林、孟加拉国、亚美尼亚、玻利维亚、博茨瓦那、巴西、伯利兹、柬埔寨、喀麦隆、加拿大、佛得角、哥伦比亚、哥斯达黎加、克罗地亚、多米尼加、萨尔瓦多、埃塞俄比亚、斐济、加蓬、海地、洪都拉斯、冰岛、印度尼西亚、以色列、牙买加、日本、约旦、肯尼亚、莱索托、马达加斯加、马来西亚、毛里求斯、墨西哥、蒙古、摩洛哥、纳米比亚、尼泊尔、尼日尔、尼日利亚、挪威、巴基斯坦、巴拿马、巴布亚新几内亚、巴拉圭、秘鲁、菲律宾、俄罗斯、卢旺达、沙特阿拉伯、新加坡、南非、苏丹、斯威士兰、瑞士、泰国、多哥、突尼斯、土耳其、乌干达、乌克兰、美国和赞比亚。

2. 数据来源

我国向其他国家的出口额来自联合国统计数据库；进口国的 GDP 和各自的消费者价格指数来自 International Monetary Fund, World Economic Outlook Database，将各国 GDP 除以消费者价格指数，剔除消费者价格对 GDP 的影响；各国货币兑美元汇率来自 IMF 数据库，将各国货币兑换美元的汇率转换成人民币兑各国货币的汇率，采用间接标价法；进口国平均关税率来自 world tariff profiles；从进口国流入我国的外商直接投资额来自 IMF 数据库。

（三）计量回归结果

面板数据模型可以分为固定效应（FE）和随机效应（RE）模型，两者的差别主要在于对面板数据误差扰动项的假定不同。一般假定面板数据的误差项由两项构成，一项是与个体观察单位有关的，另一项是残余扰动项。与个体单位有关的误差可以假设其是一个个体常数（固定效应），也可以假设其是一个对应于个体的随机残余项（随机效应）。固定效应模型和随机效应模型的选取根据 Hausman 检验值而定，当 Hausman 检验值在 15% 水平内显著时，我们取固定效应（FE），否则取随机效应（RE）。

采用 Eviews6.0 对面板数据进行 Hausman 检验，检验结果如表 4-14 所示。由表 4-14 可以看出，Hausman 统计量的值是 0，对应的概率是 1，说明该检验结果接受了随机效应模型原假设，所以选择随机效应模型进行回归分析。

表 4-14   Hausman 检验结果

	Chi-Sq. Statistic	Chi-Sq. d. f.	Prob
随机效应检验	0.00	5	1

对（4.15）式进行回归，由于只有 2 年的面板数据，所以在回归分析中对截面数据进行加权，计量回归结果如下：

$$exp_{ti} = 3.62 + 0.8gdp_{ti} + 0.22asean_{ti} + 0.00009exr_{ti} - 0.0039tariff_{ti} + 0.04fdi_{ti}$$

(4.15)

（112.7）* （58.6）*[①]   （10.2）*   （0.23）*   （-0.5）   （13.57）*

$R^2 = 0.72$ $\overline{R}^2 = 0.7$ F = 67.96   D. W. = 2.13

样本数 2×69 = 138

由（4.15）式回归结果可以看出，进口国收入的增加会促进我国出口的增长，进口国收入对出口的影响系数为 0.8，而且这种促进作用在统计上很显著；参与区域贸易安排也会促进我国出口增长，而且促进作用很明显，对我国出口的影响系数为 0.22；人民币兑进口国货币汇率的增加短期内会促进我国总出口增长，这与"J 曲线"效应的观点一致，但其影响不大，其影响系数为 0.00009；进口国平均关税的增加会阻碍我国总出口增长，但其影响不大，其影响系数为 -0.0039，且其影响并不显著；外商直接投资的流入会促进我国总出口的增长，其影响系数为 0.04，且这种促进作用在统计上很显著。由以上分析可以看出，在五种主要的外部因素中，进口国收入对我国总出口的影响最大，其次是区域贸易安排的参与，再次是外商直接投资的流入，人民币汇率和进口国关税对我国总出口影响不大。这主要是由于近年来国际贸易自由化不断发展，我国面临的贸易壁垒主要是非关税壁垒，关税壁垒对我国出口增长的影响在不断弱化。技术性贸易壁垒已经成为我国出口面临的主要贸易壁垒。由于数据的缺乏我们在这里没有实证分析技术性贸易壁垒对我国出口稳定增长的影响。在不同的波动幅度下，汇率水平变化对我国出口贸易的影响呈不对称特征[②]，汇率变化对我国出口贸易的影响还会受到汇率波动幅度大小的影响。封福育（2010）指出，当汇率波动幅度小于 1.26% 时，实际汇率贬值，我国的

---

① 表示在 1% 的水平上显著。

② 封福育，（2010）"人民币汇率波动对出口贸易的不对称影响"［J］.《世界经济文汇》第 2 期：24-32.

出口贸易量将增加，然而汇率波动幅度大于 1.26% 时，汇率与出口贸易之间关系并不显著，实际汇率贬值并不能改善我国的出口状况。

四、结论

根据以上分析我们可以看出，不同外部因素对我国出口稳定增长的影响路径和影响大小不同。首先，进口国收入对我国出口增长的影响最直接也最大，但进口国收入是我们无法控制的因素，在现实中难以通过调节进口国收入来调节我国的出口增长。但当进口国收入下降时，我们可以通过影响其他可以控制的因素促进出口增长，从而抵消由于进口国收入下降造成的出口下降，进而保持我国出口的稳定增长。其次，参与区域贸易安排也能明显促进我国出口增长，我国可以通过有选择地参与区域贸易安排来影响我国的出口增长，但区域贸易安排的参与对我国出口增长的影响不稳定。此外，外商直接投资的流入对我国出口增长的影响也很直接，而且也很明显。我国可以通过采取一些措施来干预外商直接投资的流入，例如可以通过基础设施的完善及一些减免税的优惠等措施吸引更多高质量的外商直接投资的流入，所以，在实际操作中，可以通过干预外商直接投资的流入来影响我国出口增长；关税壁垒和人民币汇率对我国总体出口增长的影响比较小。非关税壁垒对我国出口影响相对比较大，但无论外来的非关税壁垒还是关税壁垒是我国无法控制的，为了保持我国出口稳定增长，只有采取有效措施积极应对。对于人民币汇率，由于其对我国经济会造成全面的影响，而且人民币贬值促进出口的作用有限而且需在一定条件下才会促进我国出口增长，而且汇率波动幅度太大时，人民币贬值并不能促进我国出口增长，所以我国政府不宜轻易通过人民币汇率的调整来促进出口增长。

第五章 内部因素与我国出口稳定增长的关系

由我们的调研结果及第二章相关文献可以看出，影响我国出口稳定增长的内部因素主要包括技术水平、出口商品结构、出口退税、出口商品结构集中度和出口商品地理集中度。根据这些因素在现实中是否容易控制，我们将这些内部因素分为不易控制的内部因素和易控制的内部因素。其中一国的技术水平和出口商品结构是与我国的经济发展水平密切相关的，在现实中是难以控制的，所以我们将技术水平和出口商品结构归类到不易控制的内部因素。而出口退税、出口商品结构集中度及出口商品地理集中度在现实中是相对容易控制的因素，所以我们将这些因素归类到易控制的内部因素。我们将在这一章分别就这些内部因素对出口稳定增长的影响进行分析。第一节介绍不易控制的内部因素与我国出口稳定增长的关系，第二节介绍易控制的内部因素与我国出口稳定增长的关系，第三节就各种内部因素对我国出口稳定增长的影响进行比较。

第一节 不易控制的内部因素与我国出口稳定增长的关系

一、技术水平与我国出口稳定增长的关系

对于我国来说，虽然出口额很大，是一个贸易大国，但是出口增长存在不可持续性的风险，旧有的"三高一低"[①] 的贸易模式已经成为制约我国出口稳

定增长的"瓶颈"：我国出口的发展需要靠大量的能源和原材料来驱动，对原材料和能源的需求也越来越大，例如，中国的铁矿石对外依存度在 2009 年达到 64%。随着我国对国际市场原材料和能源需求的加大，原材料和能源的世界市场价格就会上升，出口产品的生产成本就会上升。随着出口的快速增长，我国劳动力成本近些年来有所增加，高于印度及东南亚一些国家。中国皮革协会就世界上最有竞争力的几个国家制鞋劳动力成本数据进行对比，2010 年中国鞋年产量 130 亿双，劳动力成本是 1.3 ~ 1.5 美元/小时；印度年产量 20 亿双，劳动力成本是 0.65 美元/小时；巴西 2009 年年产量近 9 亿双，劳动力成本是 4.35 美元/小时。在几大最具制鞋竞争力的国家当中，中国的制鞋劳动力成本排行第二，面临的竞争压力大[①]。同时，我国出口增长主要依靠低附加值商品的出口数量的增加来带动，随着出口数量的增加，我国面临的贸易摩擦也越来越大。资源耗费过度，浪费很严重，资源的高耗费必然带来环境的污染。这一系列问题导致我国出口增长面临难以为继的压力。旧有的贸易模式如果得不到扭转，我国的出口增长将无法一直持续下去。而只有依靠技术进步才能从根本上转变我国旧有的贸易模式，从而解决以上一系列问题。此外，当今制造业第三次产业革命正在发生，劳动力成本在产品成本中占的比例会越来越小，越来越多的海外工厂正逐渐搬回发达国家，我国今后将很难再凭劳动力成本优势扩大出口增长。因此，我国在发展出口贸易的过程中，必须在促进出口增长的同时更加注重通过技术进步改善现有的贸易模式，只有这样我国出口才能保持稳定增长。

（一）我国技术进步现状

我们可以从技术进步的投入和产出两个方面来分析我国整体的技术进步的现状。

1. 技术进步投入现状

通常可以用研发经费支出占 GDP 的比例来衡量技术进步的投入。从全国来看，我国 1991 ~ 2010 年研发经费支出占 GDP 的比例如图 5-1 所示。由图 5-1 可以看出，我国近些年来逐步在加大技术进步的投入。1991 ~ 1995 年研发经费支出占 GDP 比例呈下降趋势；1995 年以后，研发经费支出占 GDP 比例逐年增加，1996 年该比例为 0.57%，到 2010 年该比例上升到 1.76%。

---

① 中国服装品牌网，2011-12-10.

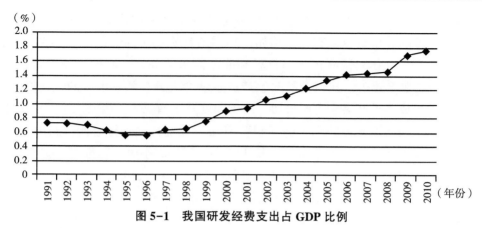

图 5-1 我国研发经费支出占 GDP 比例

资料来源:《中国科技统计年鉴》。

虽然近些年来我国研发经费支出占 GDP 比例逐年增加,但与其他国家相比,我国技术进步的投入还不够。如图 5-2 所示,2010 年大多 OECD 国家研发

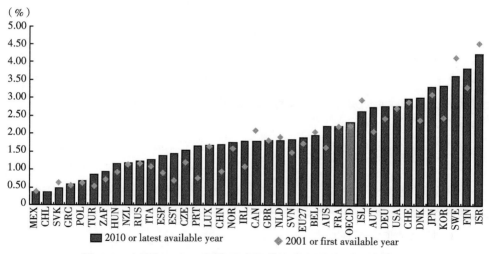

　　　　■ 2010 or latest available year　　　◆ 2001 or first available year

图 5-2 中国与 OECD 国家研发经费支出占 GDP 比例的比较

注:来源于 www.sts.org.cn 中国科技统计数据,MEX 代表墨西哥,CHL 代表智利,SVK 代表斯洛伐克,GRC 代表希腊,POL 代表波兰,TUR 代表土耳其,ZAF 代表南非,HUN 代表匈牙利,NZL 代表新西兰,RUS 代表俄罗斯,ITA 代表意大利,ESP 代表西班牙,EST 代表爱沙尼亚,CZE 代表捷克,PRT 代表葡萄牙,LUX 代表卢森堡,CHN 代表中国,NOR 代表挪威,IRL 代表爱尔兰,CAN 代表加拿大,GBR 代表英国,NLD 代表荷兰,SVN 代表斯洛文尼亚,EU27 代表整个欧盟,BEL 代表比利时,AUS 代表澳大利亚,FRA 代表法国,OECD 代表整个 OECD,IRL 代表爱尔兰,AUT 代表奥地利,DEU 代表德国,USA 代表美国,CHE 代表瑞士,DNK 代表丹麦,JPN 代表日本,KOR 代表韩国,SWE 代表瑞典,FIN 代表芬兰,ISR 代表以色列。

经费支出占 GDP 的比例高于其 2001 年研发经费支出占 GDP 的比例。2010
年，与大多的 OECD 国家相比，我国研发经费支出占 GDP 的比例偏低，而
且低于 OECD 国家的平均水平。由此可以看出，我国还需进一步加大研发经
费支出。

与其他国家相比，我国在制造业和高技术产业的研发投入强度也偏低，我
国与其他国家制造业和高技术产业的研发强度比较如表 5-1 所示。由表 5-1
可以看出，我国在制造业的研发强度低于美国、日本、德国、法国、英国和韩
国，仅略高于意大利。高技术产业的研发强度远低于美国、日本、德国、法
国、英国、意大利和韩国。

表 5-1　我国与其他国家制造业和高技术产业的研发强度比较

单位:%

	中国 China 2010 年	美国 US 2007 年	日本 Japan 2008 年	德国 Germany 2007 年	法国 France 2006 年	英国 UK 2006 年	意大利 Italy 2007 年	韩国 Korea 2006 年
制造业 Total manufacturing	1.1	3.4	3.4	2.3	2.5	2.4	0.7	1.9
高技术产业 High-tech industries	1.6	16.9	10.5	6.9	7.7	11.1	3.8	5.9
医药制造业 Ps	1.8	26.6	16.4	8.3	8.7	24.9	1.8	2.5
航空航天器制造业 AS	6.2	9.9	2.9	8.6	5.2	10.7	13.4	9.0
电子及通信设备制造业 ETE	1.9	15.7	8.9	6.3	12.2	7.6	4.5	6.7
电子计算机及办公设备制造业 COE	0.6	10.7	7.6	4.5	7.9	0.4	1.2	3.9
医疗设备及仪器仪表制造业 MEM	2.1	18.3	17.0	6.3	7.1	3.6	2.6	2.2

资料来源：中国科技统计网站中国高技术产业数据（2011 年）。研发强度按研发经费占工业总产
值的百分比进行计算。

从各地区来看，我国各地区的技术进步投入有很大差异。我国各地区研发
经费支出如图 5-3 所示。由图 5-3 可以看出，我国东部地区研发经费支出远
远大于中部地区和西部地区。由此可以看出，我国需要加强中西部地区的研发
投入。

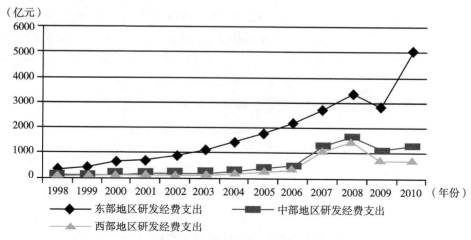

图5-3 我国各地区研发经费支出

资料来源：www.sts.org.cn 中国科技统计数据。

2. 技术进步产出现状

从技术进步的产出来看，近些年来我国技术进步的产出也在增加。我们用国内专利授权数来衡量技术进步的产出。就全国来看，我国技术进步的产出也在增加。由图5-4可以看出，近些年来我国国内专利授权数呈上升趋势，尤其是2004年以后我国国内专利授权数上升很快。由此说明，我国知识产权保护环境的意识在增强。

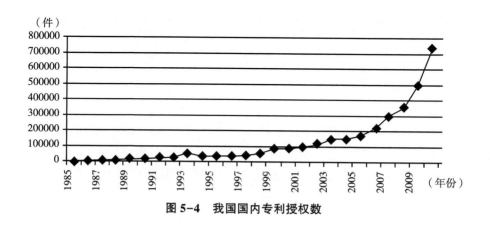

图5-4 我国国内专利授权数

就各地区来看，我国各地区技术进步的产出也有很大差异，我国各地区国内专利授权数如图 5-5 所示。由图 5-5 可以看出，我国东部地区的国内专利授权数远远超过中部和西部的国内专利授权数。

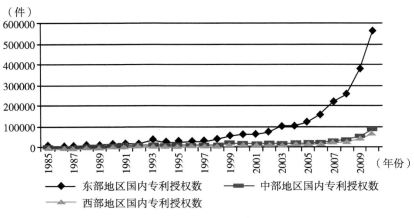

图 5-5 我国各地区国内专利授权数

（二）技术进步影响我国出口稳定增长的理论分析

1. 技术进步影响我国出口稳定增长的经济学分析

根据经济合作组织（OECD）1988 年在《科技政策概要》中所下的定义："技术进步通常被看作是一个包括三种相互重叠又相互作用的要素的综合过程。第一个要素是发明，即有关的新的或改进的技术设想，发明的重要来源是科学研究。第二个要素是创新，创新是发明的首次商业化应用。第三个要素是扩散，它是指创新之后被广泛使用。"[1] 该定义目前得到了学术界的广泛认可。由该定义我们可以看出，技术进步涵盖了技术发明、技术创新和技术扩散。

技术进步对国际贸易的影响很大，无论是传统的国际贸易理论还是当代国际贸易理论，都提到了技术进步对出口的影响。传统的国际贸易理论认为技术是外生的。而当代国际贸易理论认为技术进步是内生的，把技术进步作为内生变量进行分析。我们在这里采用经济学的分析方法分析技术进步对我国出口稳定增长的影响。我们假设技术进步是有部门偏向的，一种是完全偏向出口部门的技术进步，一种是完全偏向进口部门的技术进步。假设我国只有两个部门：

---

[1] 庄以民，（2003）《产业发展与技术进步》［M］. 上海立信会计出版社.

出口部门和进口部门，每个部门生产一种产品，出口部门生产劳动密集型产品X，进口部门生产资本密集型产品Y，不存在贸易壁垒。

（1）技术进步对我国出口增长影响的局部均衡分析。如果我国的技术进步是完全偏向出口部门的，技术进步对我国出口增长的影响如图5-6中的图A所示。Pw为我国出口商品X的世界市场价格，S1为最初的国内X商品的供给线，D为国内X商品的需求线。由图5-6中的图A可以看出，由于技术进步能提高我国出口部门资本与劳动的生产效率，在劳动和资本总量不变的情况下促进出口部门供给的增加，假设X商品的国内供给线由S1变为S2，在国内需求D不变的情况下，我国出口X商品的数量会增加。因为我国是出口大国，随着我国出口X商品数量的增加，X商品的世界市场价格会下降，假设X商品的世界市场价格由Pw下降至Pw1。我国出口X商品的数量最终由原先的Q1Q3增加至Q2Q4。

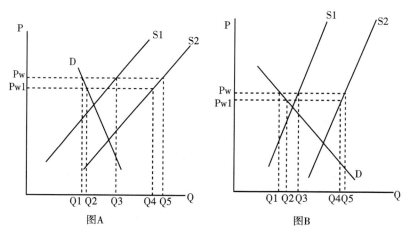

图5-6 技术进步对我国出口增长影响的局部均衡分析

如果我国的技术进步是完全偏向进口部门的，技术进步对我国出口增长的影响如图5-6中的图B所示。Pw为我国进口商品Y的世界市场价格，S1为最初的国内Y商品的供给线，D为国内Y商品的需求线。由图5-6中的图B可以看出，技术进步发生前，我国进口Y商品，进口数量为Q1Q3，由于技术进步能提高我国进口部门资本与劳动的生产效率，在劳动和资本总量不变的情况下促进进口部门供给的增加，假设国内Y商品的供给线由S1变为S2，在国内需求D不变的情况下，假设我国对世界市场Y商品价格影响不大，随着我国

Y 商品供给的增加，世界市场价格略有下降，降至 Pw1，则我国最终可能会变成 Y 商品的出口国，出口数量为 Q2Q4。

由技术进步对我国出口增长影响的局部均衡分析可以看出，技术进步会促进我国出口增长。

（2）技术进步对我国出口稳定影响的一般均衡分析。如果我国的技术进步是完全偏向出口部门的，技术进步对我国国内生产的影响如图 5-7 中的图 A 所示。横轴表示生产 X 产品的数量，纵轴表示生产 Y 产品的数量，TT1 为最初的生产可能性曲线，r1 为国内价格线，在自由贸易下即是国际价格线。技术进步将会使我国生产可能性曲线外延，假设变为 TT2，在两种商品相对价格不变的情况下，r2 与 r1 平行，则国内的均衡生产点由 A 变为 B，我国将增加 X 产品的生产，减少 Y 产品的生产。同理，如果我国的技术进步是完全偏向进口部门的，如图 5-7 中的图 B 所示，则我国均衡生产点由 C 变为 D，我国将增加 Y 产品的生产，减少 X 产品的生产。由此可以看出，偏向劳动密集型出口部门的技术进步不利于我国高附加值产业的培育和发展，进而不利于我国出口的稳定。偏向进口部门的技术进步有利于我国高附加值产业的培育和发展，进而有利于我国出口的稳定。

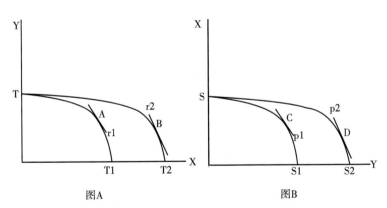

图 5-7　技术进步对我国出口稳定影响的一般均衡分析

2. 基于比较优势论的分析

在传统贸易理论假设条件下，我们假设产品市场和生产要素市场都是完全竞争的市场，劳动是唯一的生产要素，有 A、B 两个国家，同时生产 X、Y 两种产品，以 A 国货币衡量的 A 国工人工资为 w_A，以 B 国货币衡量的 B 国工人

工资为 w_B。假定贸易前，A、B 两国单位产品的劳动投入如下：

商品 国家	X	Y
A	x_A	y_A
B	x_B	y_B

则下式成立：

$$P_{XA} = w_A \times x_A \qquad\qquad P_{YA} = w_A \times y_A$$
$$P_{XB} = w_B \times x_B \qquad\qquad P_{YB} = w_B \times y_B \tag{5.1}$$

其中，P_{XA} 和 P_{YA} 分别为 A 国以本国货币衡量的 X、Y 两种商品的价格，P_{XB} 和 P_{YB} 分别为 B 国以本国货币衡量的 X、Y 两种商品的价格。假设 E 为把 B 国货币转换成 A 国货币的汇率。贸易前一国具有比较优势的产品的国内价格要小于或等于国外同种商品的价格，为了使问题更加简化，我们均假定贸易前一国具有比较优势的产品的国内价格严格小于国外同种商品的价格。如果 A 国在 X 商品上具有比较优势，B 国在 Y 产品上具有比较优势，两国按照比较优势发生贸易，则下式须同时成立，即：

$$P_{XA} < P_{XB} \times E \qquad P_{YA} > P_{YB} \times E \tag{5.2}$$

将（5.1）式直接代入（5.2）式可得：

$$w_A \times x_A < w_B \times x_B \times E \quad w_A \times y_A > w_B \times y_B \times E \tag{5.3}$$

即：

$$y_B / y_A < w_A / (w_B \times E) < x_B / x_A \tag{5.4}$$

由（5.4）式可以看出，A 国和 B 国要按照比较优势进行贸易，则 A 国与 B 国工资的比率应该介于 A 国与 B 国在 X、Y 两种产品上的劳动生产率比值。

假设 A 国工资上涨，B 国工资不变，汇率不变，当 $w_A / (w_B \times E) = \beta > x_B / x_A$ 时：

$$P_{XA} = w_A \times x_A = \beta w_B \times E \times x_A \qquad P_{YA} = w_A \times y_A = \beta w_B E \times y_A$$
$$P_{XB} = w_B \times x_B \qquad\qquad P_{YB} = w_B \times y_B \tag{5.5}$$

此时：

$$P_{XA} = w_A \times x_A = \beta w_B \times E \times x_A > (x_B / x_A) \times w_B \times E \times x_A > x_B \times w_B \times E = P_{XB} \times E \tag{5.6}$$

即，A 国在 X 商品上丧失比较优势。

由此可以看出，B 国工资不变，A 国工资上涨的过程中，A 国在 X 商品上的比较优势在减弱，直至丧失比较优势。所以，我国工人工资的上涨，将会削弱我国出口商品的比较优势，导致我国出口的下降。随着我国出口的增长，靠数量增长带动的贸易模式决定了对工人的需求不断增加，工人工资上涨必然发生。那么在面临工人工资上涨的背景下，如何稳定我国的出口增长呢？由 $P_{XA} = w_A \times x_A$ 可以看出，当 w_A 上升时，必须使 x_A 下降才能阻止 P_{XA} 上升，使 A 国继续在 X 商品上保持比较优势。所以，在我国工资上涨的背景下，技术水平的相对滞后成为制约我国出口稳定增长的一个重要因素。通过提高技术水平，从而提高劳动生产率，才能阻止我国在原先商品上丧失比较优势，促进我国出口增长。

3. 基于竞争优势理论的分析

波特的竞争优势理论指出，技术进步还能增强我国出口产品的竞争优势。波特把技术进步看作一种高级生产要素。他从一个国家的角度来分析一国竞争优势的来源，认为一个国家的竞争优势来源于六个要素：四个关键要素和两个次要要素。其中一个关键要素是生产要素，生产要素分为初级要素和高级要素。由于初级要素的缺乏可以用高级要素来弥补，但高级要素的缺乏不可以用初级要素来弥补，所以，在这两种生产要素中高级生产要素尤其重要。高级生产要素主要指经过后天努力才能取得的生产要素，如现代化通信的基础设施、人力资本等。高级生产要素不但在创新发明过程中起着重要的作用，而且一国高级要素的供给对一国产业取得并保持竞争优势也是至关重要的[1]。由波特的竞争优势理论可以看出，技术进步能增加我国高级生产要素的供给，从而增强我国出口产业的竞争优势，促进我国出口稳定增长。

（三）技术进步影响我国出口稳定增长的途径

根据相关理论分析，我们可以将技术进步对我国出口稳定增长的作用途径归纳为图 5-8。

从图 5-8 可以看出，技术进步会增强我国出口商品的比较优势和竞争优势，进而促进我国出口稳定增长。首先，通过技术进步提高我国原有劳动密集型出口商品的生产效率，增强原有劳动密集型出口商品比较优势，从而促进我国原有劳动密集型出口商品数量的增长，但不利于我国产业结构的优化；其

---

① 戴维·B. 约菲本杰明·戈梅斯卡斯，（2000）《国际贸易与竞争》（中译本）[M]. 宫桓刚、孙宁等译，第 2 版，沈阳，东北财经大学出版社．

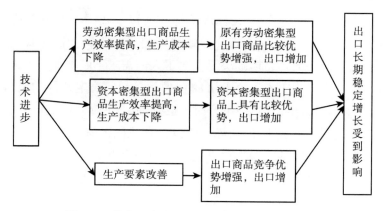

图 5-8 技术进步影响我国出口稳定增长的途径

次，通过技术进步促进我国资本密集型商品生产效率，并在资本密集型出口商品上具有比较优势，从而促进我国出口增长，同时还能促进我国产业结构的优化。最后，还能通过技术进步增加我国的高级生产要素，从而增强我国出口商品的竞争优势，促进我国出口长期稳定增长。

（四）技术进步与我国各地区出口增长长短期关系的实证研究——基于协整和误差修正模型检验的分析

1. 样本选取和数据来源

由于我国各地区研发经费支出不同，以及经济发展水平等各方面条件的差异，技术进步对我国各地区出口增长的影响也必然有差异。所以我们将分别对我国整体和各地区技术进步与出口增长的关系进行研究。将我国 29 个省市（不包括港澳台地区以及重庆、海南）分为三个地区：东部、中部和西部。东部包括北京、天津、河北、辽宁、上海、江苏、浙江、福建、山东、广东、广西 11 个省份；中部包括山西、内蒙古、吉林、黑龙江、安徽、江西、河南、湖南、湖北 9 个省份；西部包括四川（由于 1997 年重庆属于四川，所以这里将重庆的数据并入四川）、贵州、云南、陕西、甘肃、青海、宁夏、新疆、西藏 9 个省份。根据数据的可得性，我们选取 1985~2010 年我国各省市的出口额及各省市的国内专利授权数作为样本进行研究。

对各省市的出口额取对数来衡量出口，对各省市的国内专利授权数取对数来衡量技术进步水平。所有数据来源于国研网数据库和 www.sts.org.cn 中国科技统计数据。

2. 单位根检验

用 exp 表示取对数后的出口，用 Tec 表示技术进步水平。在对变量进行协整检验分析之前，首先对变量进行单位根检验。全国和各地区出口和技术水平数据的单位根检验结果如表 5-2 所示。

表 5-2　面板单位根检验结果

全国面板数据单位根检验				
	ADF 检验		PP 检验	
	统计值	P 值	统计值	P 值
exp	21.95250	1.0000	23.52960	1.0000
Δexp	431.34500	0.0000	469.72100	0.0000
Tec	25.76430	0.9999	31.01520	0.9986
ΔTec	580.88600	0.0000	804.56200	0.0000

东部地区面板数据单位根检验				
	ADF 检验		PP 检验	
	统计值	P 值	统计值	P 值
exp	12.40360	0.9485	10.67600	0.9790
Δexp	159.17900	0.0000	159.69400	0.0000
Tec	2.69446	1.0000	3.42377	1.0000
ΔTec	301.62200	0.0000	356.67200	0.0000

中部地区面板数据单位根检验				
	ADF 检验		PP 检验	
	统计值	P 值	统计值	P 值
exp	2.67155	1.0000	5.99374	0.9000
Δexp	116.92600	0.0000	148.34700	0.0000
Tec	7.21509	0.9882	8.29136	0.9740
ΔTec	249.77300	0.0000	249.73400	0.0000

西部地区面板数据单位根检验				
	ADF 检验		PP 检验	
	统计值	P 值	统计值	P 值
exp	7.04596	0.9820	7.03247	0.9800
Δexp	148.04600	0.0000	154.48600	0.0000
Tec	15.35810	0.6372	19.30000	0.3736
ΔTec	183.66800	0.0000	198.15600	0.0000

ADF 检验和 PP 检验两种检验方法都表明出口（exp）、技术进步水平（Tec）都存在单位根，而采用这两种方法对两个变量的一阶差分值进行单位根检验，表明变量不存在单位根。所以两指标均是一阶单整。

3. 面板协整关系检验结果

在两变量是同阶单整的情况下可以对两变量进行协整分析，从而判断两个变量之间是否有长期均衡的关系。全国和各地区出口与技术进步协整关系检验结果如表 5-3 所示。由表 5-3 可以看出，无论在全国，还是在各地区，出口均与技术进步之间存在协整关系。建立出口与技术进步之间的协整方程：

$$\exp_{it} = c_i + Tec_{it} + \mu_{it} \tag{5.7}$$

表 5-3　面板数据协整检验结果

	全国		东部		中部		西部	
	统计值	P 值	统计值	P 值	统计值	P 值	统计值	P 值
Panel v-Statistic	-1.527	0.9360	-0.901	0.8160	-2.149	0.984	-2.152	0.984
Panel rho-Statistic	-4.413	0.0000	-5.502	0.0000	-9.139	0.000	-5.548	0.000
Panel PP-Statistic	-4.572	0.0000	-5.793	0.0000	-26.300	0.000	-17.402	0.000
Panel ADF-Statistic	-2.959	0.0010	-5.226	0.0000	-4.372	0.000	-23.722	0.000
Group rho-Statistic	-2.668	0.0030	-3.636	0.0001	-5.486	0.000	-5.420	0.000
Group PP-Statistic	-4.824	0.0000	-5.576	0.0000	-31.940	0.000	-27.188	0.000
Group ADF-Statistic	-3.501	0.0002	-5.109	0.0000	-4.816	0.000	-41.041	0.000

通过面板回归求出出口和技术进步之间的协整方程式，求出残差值，基于残差值和各变量的一阶差分值构建面板数据误差修正模型。出口与技术进步协整方程估计结果如表 5-4 所示。

表 5-4　出口与技术进步的协整方程

	解释变量	系数	t 值（P 值）	模型
全国	C	9.91	107.5（0）	FE
	Tec	0.352	26.51（0）	
东部	C	10.03	57.34（0）	FE
	Tec	0.496	22.52（0）	

续表

	解释变量	系数	t 值（P 值）	模型
中部	C	10. 07	65. 79（0）	FE
	Tec	0. 278	12. 64（0）	
西部	C	8. 99	67. 983（0）	FE
	Tec	0. 301	13. 16（0）	

4. 面板数据误差修正模型检验

建立面板数据误差修正模型，具体如（5.8）式所示。

$$\Delta \exp_t = c_i + \sum_{j=1}^{\infty} \lambda_j \Delta \exp_{t-j} + \sum_{j=1}^{\infty} \delta_j \Delta Tec_{t-j} + \theta\ ecm_{t-1} + \varepsilon_t \qquad (5.8)$$

如果 θ 为零被拒绝，说明误差修正机制产生，出口与技术进步的长期因果关系成立；反之则出口与技术进步无长期因果关系。如果式中的 δ_j 为零被拒绝，说明出口与技术进步短期因果关系成立；反之则出口与技术进步无短期因果关系。

全国及各地区面板数据的误差修正模型检验结果如表 5-5 所示。由表 5-5 可以看出，就全国来看，Tec（-1）的系数在 91% 的置信度水平下显著不为 0，ecm 的系数在 97% 的置信度水平下显著不为 0。所以，就全国来看，技术进步在 97% 的置信度水平下是出口的长期 Granger 原因，在 91% 的置信度水平下是出口的短期 Granger 原因。就各地区来看，技术进步对出口增长的影响有很大差异。对于东部地区，Tec（-1）的系数在 94% 的置信度水平下显著不为 0，ecm 的系数在 93% 的置信度水平下显著不为 0；对于中部和西部地区，Tec（-1）、Tec（-2）和 ecm 的系数均不显著。由此说明，无论从短期还是长期来看，在东部地区，技术进步均是出口的 Granger 原因；而在中部和西部地区，技术进步不是出口的 Granger 原因。

表 5-5 面板数据误差修正模型检验结果

	变量	相关系数	标准误差	T-检验	概率
全国	exp（-1）	0. 007980	0. 03964	0. 201279	0. 8400
	exp（-2）	0. 180380	0. 03130	5. 761728	0. 0000
	Tec（-1）	0. 041363	0. 02470	1. 674376	0. 0900
	Tec（-2）	-0. 005537	0. 00618	-0. 894612	0. 3700
	ecm	-0. 021750	0. 01005	-2. 162811	0. 0300

续表

	变量	相关系数	标准误差	T-检验	概率
东部	exp（-1）	0.151075	0.06332	2.385897	0.0170
	exp（-2）	0.156660	0.07049	2.222247	0.0270
	Tec（-1）	0.065074	0.03433	1.895084	0.0600
	Tec（-2）	-0.010460	0.011348	-0.921795	0.3570
	ecm	-0.027148	0.01494	-1.817070	0.0700
中部	exp（-1）	-0.356660	0.08690	-4.104158	0.0001
	exp（-2）	0.012491	0.13255	0.094230	0.9200
	Tec（-1）	0.013255	0.08249	0.160678	0.8700
	Tec（-2）	0.004647	0.01572	0.295437	0.7600
	ecm	-0.001179	0.04004	-0.029439	0.9700
西部	exp（-1）	-0.157169	0.08388	-1.873563	0.0620
	exp（-2）	-0.230389	0.09067	-2.540882	0.0110
	Tec（-1）	0.036577	0.04238	0.863012	0.3890
	Tec（-2）	-0.007169	0.01677	-0.427367	0.6690
	ecm	-0.009083	0.03839	-0.236556	0.8130

以上分析表明，技术进步产出的增加无论在长期还是在短期都会促进我国整体的出口增长。在东部地区，技术进步产出的增长无论在长期还是在短期都会促进该地区的出口增长；在中部和西部地区技术进步产出的增长无论在长期还是在短期都没有明显促进当地出口增长。这主要是由于中西部地区自主创新能力差，研发投入不足，而东部地区自主创新能力较强，研发投入比较大。

5. 实证结果分析

（1）由表5-3和表5-4的结果可以看出，我国整体及各地区的技术进步与出口增长之间存在长期均衡的稳定关系，技术进步会正面影响我国出口的增长。

（2）由表5-5的结果可以看出，技术进步无论在长期还是在短期都会促进我国整体的出口增长，但短期影响没有长期影响明显。由此说明，技术进步在短期内还没能更明显地促进我国整体的出口增长。我国应进一步通过增加科研投入、完善知识产权保护制度、提高劳动者技能等途径，进一步增强技术进步对出口的促进作用。靠技术进步可以彻底转变我国旧有的"三高一低"的贸易模式，从而解决我国出口长期增长难以为继的问题。所以，技术进步是促使我国出口稳定增长的一个非常重要的因素，技术进步能转变我国贸易发展模式，进而促进我国出口稳定增长。

（3）由表 5-5 的结果可以看出，在不同地区，技术进步对出口增长的影响不同，在东部地区，技术进步无论在长期还是短期都会促进出口增长；在中部和西部地区，技术进步无论在长期还是短期都没有明显地促进出口增长。中西部地区研发投入不足、自主创新能力差及科技成果转化率低等是技术进步对其出口增长促进作用不明显的主要原因。因此，我国应进一步增强中西部地区的研发投入力度，完善中西部地区的知识产权保护制度，采用产学研结合的方式提高中西部地区的科技成果转化率，从而使技术进步更好地促进中西部地区的出口增长，更好地发挥技术进步对我国出口稳定增长的促进作用。

（五）技术水平对我国制造业出口增长影响的实证分析——基于比较优势的分析

改革开放以来，我国以劳动力成本比较低的优势扩大了我国制造业的出口，制造业出口占我国商品总出口的比例也迅速上升，1985 年制造业出口占我国商品总出口的比例为 26%，1992 年该比例上升到 93%，此后该比例一直维持在 93% 左右。但近年来随着经济的发展及人口老龄化，导致劳动力供给的不足，劳动力的成本也在不断上升，劳动力成本的上升会制约我国制造业出口稳定增长。2012 年 7 月，海关总署新闻发言人、综合统计司司长郑跃声在国新办发布会上指出，经过问卷调查，成本过高抑制出口快速增长，劳动力成本占 8 成。

1980 ~ 2009 年我国职工月平均工资如图 5-9 所示。由图 5-9 可以看出，我国全国及制造业职工月平均工资上升的幅度越来越大，而且在 2004 ~ 2009 年制造业月工资明显超过全国月工资。据统计，从 2009 年至 2012 年，中国劳动力基本工资年增长率逐年递增，2012 年上半年中国城市居民工资收入相比去年同期增长 13%，农民工工资也上涨了 14.9%[1]。

---

① 人民日报. 海外版，2012-07-31.

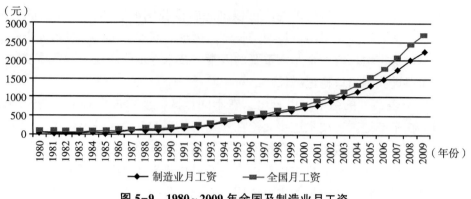

图5-9　1980~2009年全国及制造业月工资

注：严颖（2011），劳动力成本对中国制造业出口的影响，复旦大学硕士学位论文。

　　随着我国经济和贸易的发展，制造业工人工资上涨是必然的趋势，而且提高制造业工人工资也是转变我国粗放型出口增长贸易模式的需要。李文溥、陈贵富（2010）以福建省为例，进行实证分析，发现加快经济发展方式转变，必须适度提高劳工工资，以此促进产业转型，改变劳动力市场供求结构，推动居民消费扩大，使经济增长从投资推动、出口拉动转向投资、出口及国内消费共同驱动。此外，经济全球化的发展促使我国工人工资与国际接轨，例如国际标准中的社会道德责任标准（SA8000）规定了最低工资标准，从事国际贸易的国家要满足该标准。近年来，我国制造业工人工资上涨的同时，制造业劳动生产率也在提高，1999~2009年我国制造业劳动生产率如图5-10所示。由图5-10可以看出，我国制造业劳动生产率呈上升趋势，但在2009年有略微下降。

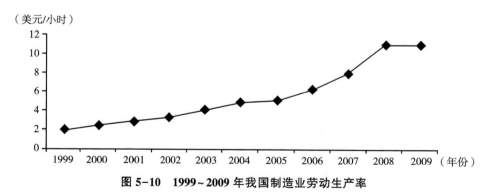

图5-10　1999~2009年我国制造业劳动生产率

资料来源：ILO数据库。

在制造业工人工资上升的趋势下，我国劳动力成本优势①发生了怎样的变化？技术进步是否缓解了我国出口商品比较优势的削弱？这一系列问题都关系到我国制造业未来的出口发展。

1. 我国与主要发展中国家制造业劳动力成本优势的变化及比较

我们用劳动报酬除以劳动生产率即单位劳动力成本来衡量我国劳动力成本优势，单位劳动力成本越大劳动力成本优势越小；反之，劳动力成本优势越大。近年来，我国制造业工人工资上涨的同时，劳动生产率也在发生变化，从而使我国制造业劳动力成本优势也不断发生变化，其他国家也是如此。2000～2009 年我国与主要竞争对手②国家的制造业单位劳动力成本如图 5-11 所示。由图 5-11 可以看出，2000～2008 年我国、泰国和马来西亚制造业单位劳动力成本呈下降趋势，但下降的幅度不大，2009 年有所反弹；2000～2009 年韩国、菲律宾和墨西哥制造业单位劳动力成本呈下降趋势，其中韩国和菲律宾制造业单位劳动力成本下降的幅度比较大，而墨西哥下降的幅度很小；2000～2009 年越南制造业单位劳动力成本呈上升趋势。我国制造业单位劳动力成本仍低于马

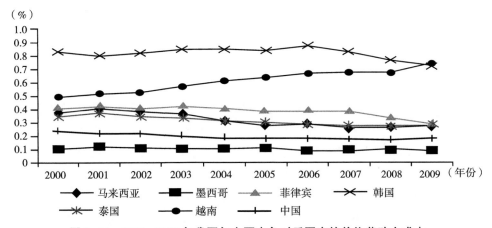

图 5-11　2000～2009 年我国与主要竞争对手国家的单位劳动力成本

资料来源：王燕武（2011），基于单位劳动力成本的中国制造业国际竞争力研究 [J].《统计研究》第 10 期。

---

① 仅从劳动报酬水平评价劳动力成本优势是不恰当的，我们在这里采用都阳、曲明（2009）的方法，用劳动报酬除以劳动生产率来衡量我国劳动力成本优势。

② 王燕武等，（2011）根据中国出口商品的种类及国别构成分析筛选、确定中国制造业的国际市场潜在发展中国家竞争对手为马来西亚、墨西哥、菲律宾、泰国和越南。

来西亚、菲律宾、韩国、泰国和越南，但高于墨西哥。由此说明，与马来西亚、菲律宾、韩国、泰国和越南相比，我国在制造业出口方面仍具有劳动力成本低的优势，但是我国制造业单位劳动力成本与泰国、马来西亚和菲律宾非常接近，而且 2007~2009 年菲律宾制造业单位劳动力成本下降很快，其制造业单位劳动力成本接近我国的趋势很明显。

由我国与主要竞争对手劳动力成本优势变化的分析可以看出，虽然与主要发展中国家竞争对手相比，我国制造业劳动力成本优势仍然存在，但我们也应注意到我国单位劳动力成本下降的速度非常缓慢，而菲律宾、泰国和马来西亚近些年来的单位劳动力成本下降速度较快，我国与菲律宾、泰国和马来西亚在制造业劳动力成本优势方面的差距在缩小。

2. 我国与主要发达国家制造业劳动力成本优势的比较

与发达国家相比，我国制造业劳动力成本优势比较明显。我国与主要发达国家制造业劳动力成本优势比较如表 5-6 所示。由表 5-6 可以看出，我国制造业的单位劳动力成本低于发达国家，其中，与韩国、德国、法国和英国的差距比较大，与美国和日本的差距相对比较小。由此可以看出，与发达国家相比，我国制造业劳动力成本优势在短期内仍然存在。

表 5-6　我国与主要发达国家制造业劳动力成本优势比较

国别	中国	美国	日本	法国	德国	意大利	荷兰	西班牙	英国	韩国
年份	2007	2006	2005	2006	2006	2006	2006	2006	2005	2007
（工资+薪酬）/劳动生产率	0.16	0.26	0.25	0.51	0.57	0.43	0.46	0.45	0.50	0.83

资料来源：《国际统计年鉴》（2010）。

3. 我国制造业劳动报酬与劳动生产率增长速度的变化

2000~2009 年我国制造业劳动报酬与劳动生产率增长速度如图 5-12 所示。由图 5-12 可以看出，2000~2008 年我国制造业劳动报酬上升的速度低于劳动生产率上升的速度，2009 年，由于受到金融危机的影响，制造业订单减少，制造业劳动生产率增长速度急剧下降，接近于 0，劳动报酬上升速度大于劳动生产率上升速度；2005~2008 年我国制造业劳动报酬增长速度与劳动生产率增长速度比较接近。由此可以看出，虽然我国制造业当前在劳动力成本方面仍有优势，但劳动报酬的快速增长和劳动生产率稍快的增长不利于该优势的保持和制造业出口增长。随着其他国家劳动生产率更快的增长，我国劳动力成本优势将难以保持。加上我国制造业在其他成本上的劣势，我国制造业的成本优势更加难以维持。2011 年 8 月，波士顿咨询集团（BCG）发布的题为《重回美国制造》的报告中指出，中国工资和福利以每年 15%～20% 的速度增长将削减中国的劳动力优势，预计由 2011 年中国相对美国 55% 的成本优势，将下滑至 2015 年的 39%。由于运输、税务、供应链风险和工业地产等因素，中国制造业的成本相比美国的优势将逐渐弱化，尽管中国生产效率也在不断提高，但也依然不能保证中国制造的成本优势。

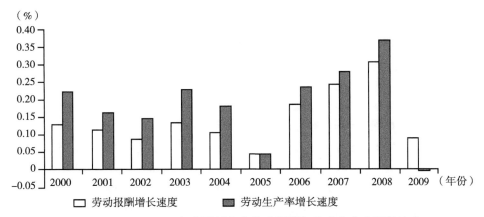

图 5-12　2000~2009 年我国制造业劳动报酬与劳动生产率增长速度

资料来源：王燕武（2011），基于单位劳动力成本的中国制造业国际竞争力研究［J］.《统计研究》第 10 期。

因此，为了促进我国制造业出口稳定增长，必须在劳动报酬适度快速增长的同时，通过技术进步更快速地提高制造业劳动生产率。与发达国家相比，我国制造业尤其是高技术产业劳动生产率的水平还很低。部分国家制造业及高技术产业劳动生产率如表 5-7 所示。由表 5-7 可以看出，2010 年我国制造业的劳动生产率远低于德国、法国及意大利 2007 年的制造业劳动生产率，也远低于日本 2008 年及美国 2009 年的制造业劳动生产率；我国高技术产业及其各行业劳动生产率也远低于法国、美国、日本、德国及意大利。这说明我国劳动生产率有很大的提高空间，今后可以通过技术进步来提高劳动生产率，进而带动出口增长。

表5-7 部分国家制造业及高技术产业劳动生产率

单位：千美元

	中国 China 2010 年	美国 US 2009 年	日本 Japan 2008 年	德国 Germany 2007 年	法国 France 2007 年	意大利 Italy 2007 年
制造业 Total manufacturing	10.7	37.0	30.5	30.4	37.0	27.0
高技术产业 High-tech industries	10.1	38.8	33.2	31.3	54.4	26.7
医药制造业 PS	10.0	71.8	70.2	41.2	107.0	42.6
航空航天器制造业 AS	7.0	39.7	20.0	37.2	99.4	28.1
电子及通信设备制造业 ETE	8.8	29.0	31.4	43.0	34.3	24.3
电子计算机及办公设备制造业 COE	16.1	50.3	39.0	46.6	40.4	30.1
医疗设备及仪器仪表制造业 MEM	8.1	28.5	20.1	19.2	24.0	19.1

资料来源：中国科技统计网站中国高技术产业数据（2012 年）。

通过分析我国制造业劳动力成本优势的变化，我们认为我国当前在制造业劳动力成本方面虽然仍具有一定优势，但与主要竞争对手的差距在缩小，而且如果考虑到运输、税务和供应链风险等因素，我国制造业出口商品的成本优势会很快丧失。在我国劳动报酬不断提高的背景下，劳动生产率增长速度的相对滞后将会削弱我国劳动力成本的优势，进而制约我国出口稳定增长。劳动报酬的提高是我国当前转变贸易模式和产业结构及平衡国民收入结构的需要，劳动报酬必须适度快速增长。劳动报酬的适度快速增长会削弱我国劳动力成本优势，为了保持我国劳动力成本优势，就必须更快地提高劳动生产率，而技术进步是促进劳动生产率提高的主要源泉。因此，我国可以通过技术进步更好地提升人口素质来缓解"人口红利"消失对制造业出口带来的不利影响。

二、出口商品结构与我国出口稳定增长的关系

（一）我国出口商品结构现状

出口商品结构是衡量一国国际竞争力的重要指标。出口商品结构一般是沿着初级产品向工业制成品的路径优化的[①]。通常用工业制成品在货物出口总额

---

① 黄锦明、陈卉娟，（2010）"对我国出口商品结构优化的评价"［J］.《国际商务——对外经济贸易大学学报》第 1 期：21-26.

中的比重来衡量一国出口商品结构，如果工业制成品在货物出口总额中的比重增加，我们就说一国的出口商品结构优化了；反之，就说该国出口商品结构恶化了。我们也可以用资本技术密集型商品出口占总出口的比重来衡量我国出口商品结构，该比重增加说明我国出口商品结构优化了；反之，就说明我国出口商品结构恶化了。我国出口商品结构优化有利于提高我国出口商品附加值，增加我国贸易获利，促进我国出口的可持续发展。

改革开放以来，我国出口不断增长，同时我国出口商品结构也在不断改善，具体如图5-13所示。由图5-13可以看出，1978~2010年工业制成品出口占我国总出口的比重呈上升趋势。1978年工业制成品出口占我国总出口比重为45%，1992年该比重上升至80%，2000年达到90%，到2010年该比重达到95%。

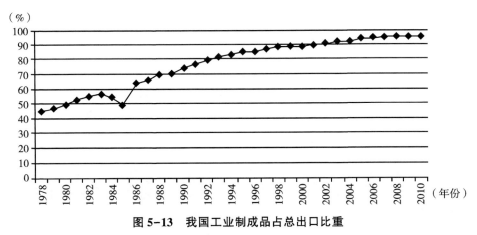

图 5-13　我国工业制成品占总出口比重

资料来源：1978~1979年数据来自中国资讯行中的精讯数据；1980~1989年数据来自外经贸部统计数据；1990~2009年数据来自《中国统计年鉴》；2010年数据来自 comtrade. un. org。

近年来，高技术产品出口占我国总商品出口的比重也有所上升。2003年该比例为25.2%，2009年上升至31.4%，2010年又有所下降，降至31.2%。与其他国家相比，我国高技术产品出口占制造业出口比重也是比较高的。2009年我国与部分其他国家高技术产品出口占制造业出口比重如图5-14所示。由图5-14可以看出，2009年我国高技术产品出口占制造业出口的比重为31.0%，远远超过世界平均水平的19.6%，高于泰国、瑞士、荷兰、法国、美国、英国、墨西哥、日本、加拿大、德国、比利时和意大利。

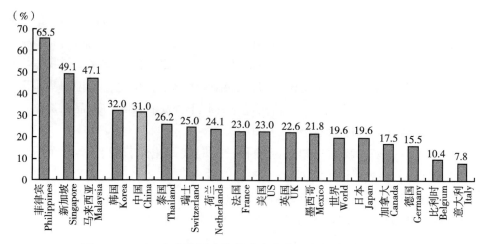

图 5-14　2009 年部分国家高技术产品出口占制造业出口比重

资料来源：中国科学技术部 2011 年度中国高技术产业数据。

虽然高技术产品出口占我国总商品出口的比重超过世界平均水平，但我国高新技术产品出口主要是依靠外商投资企业，外商投资企业占我国高新技术产品出口总额的比重从 1998 年的 73.6% 提高到 2004 年的 87.3%，其中外商独资企业所占比重 2002 年为 54.76%，2004 年提高到 65%，外商投资企业已经成为我国高新技术产品出口的主力①，2011 年，外商独资企业在我国高技术产品出口中的份额仍然最大，达到 67%。

（二）出口商品结构影响我国出口增长的理论分析——基于中心外围论的分析

我们可以用普雷维什的中心外围论来阐述出口商品结构对我国出口稳定增长的影响。1949 年 5 月，普雷维什向联合国拉丁美洲和加勒比经济委员会（简称拉美经委会）递交了一份题为《拉丁美洲的经济发展及其主要问题》的报告，系统和完整地阐述了该理论，汉斯·辛格进一步发展了该理论。中心外围论将整个国际经济体系划分成两个部分：一个是生产结构同质性和多样化的

---

① 黄锦明、陈卉娟，（2010）"对我国出口商品结构优化的评价" [J].《国际商务——对外经济贸易大学学报》第 1 期：21-26.

"中心"，一个是生产结构异质性和专业化的"外围"①。西方少数工业发达国家在国际经济体系中位于"中心"地位，包括我国在内的广大发展中国家位于"外围"的地位。垄断先进技术的发达国家通过生产和出口附加值高的工业制成品获得了大部分的贸易利益，而位于国际分工低端的发展中国家主要生产和出口低附加值的初级产品，获得很少的贸易利益。汉斯·辛格进一步指出，虽然战后发展中国家生产和出口的工业制成品的比重有所增加，但发展中国家主要从事低技术含量的工业制成品的生产和出口，发展中国家贸易条件恶化的趋势没有从根本上改变。

近些年来，虽然我国生产和出口的工业制成品的比重不断增加，高新技术产品出口占我国总出口的比例也不算低，但我国出口的高新技术产品主要是附加值比较低的机电产品，而且主要是由外资企业实现的，所以，我国仍然处于国际经济体系的"外围"，获得很少的贸易利益，贸易条件恶化的趋势也并没有从根本上改变。由中心外围论的分析我们可以看出，旧的国际分工格局是制约我国出口稳定增长的一个重要因素。出口商品结构根本上的改善将有利于我国贸易条件的改善和出口的长期发展。

（三）出口商品结构影响我国出口稳定增长的途径

根据中心外围论，我们可以将出口商品结构影响我国出口稳定增长的途径归纳如下，具体如图5-15所示。由图5-15可以看出，我国出口商品结构的优化，将会改善我国贸易条件和国际分工地位，增强出口企业的生产积极性，进而促进我国出口稳定增长。

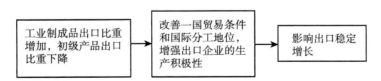

图5-15　出口商品结构影响我国出口稳定增长的途径

---

①　所谓同质性是指中心国家的整个经济实现了技术上的现代化。多样性指中心国家的生产覆盖了资本品、中间产品和最终消费品在内的相对广泛的领域。专业性指外围国家把绝大部分的生活资源用在促进初级产品的生产上形成了单一的农业经济或矿业经济。异质性是指在外围国家生产技术落后、劳动生产率极低的经济部门，如生计型农业，与使用现代化生产技术具有较高劳动生产率的部门同时存在的经济结构。

（四）出口商品结构与我国出口增长长短期关系的实证研究——基于协整和误差修正模型检验的分析

1. 数据来源和样本选择

按联合国国际贸易标准分类（SITC）的 1 位数，将出口商品（货物）分为 10 大类：0——食品和鲜活动物，1——饮料和烟草，2——非食用原料，3——矿物燃料等，4——动植物油等，5——化学品及其相关产品，6——按原材料分类的制成品，7——机械及运输设备，8——杂项制品，9——未分类的其他产品。通常将第 5 类和第 7 类商品定义为资本技术密集型商品。根据数据的可得性，我们选取 2001 年 1 月至 2008 年 10 月的月度数据作为样本，用每月资本技术密集型商品出口额占出口商品总额的比例来衡量我国出口商品结构（str），用每月我国出口额的对数值衡量我国的出口（exp）。数据均来源于我国商务部网站。

2. 单位根检验

应用传统回归分析方法对出口商品结构和出口的关系进行估计与检验的前提条件是各变量必须具有平稳的特征，否则容易产生伪回归现象。由于出口商品结构和出口的时间序列可能具有非平稳性，因此，需要先对各变量进行单位根平稳性检验，若为非平稳，我们将采用协整检验分析各变量之间的关系。在协整检验的基础上，再进行 Granger 因果关系检验。单位根检验结果如表 5-8 所示。

表 5-8　ADF 检验结果

项目	exp	str
d（0）	−1.7501（0.72）	−1.97（0.29）
检验类型	有截距项，有趋势项	有截距项，无趋势项
d（1）	−8.359（0）	−8.726（0）
检验类型	有截距项，无趋势项	有截距项，无趋势项

注：d（i）表示 i 阶差分，滞后期根据 SIC 标准自动选择，括号内为 P 值。有无趋势项、截距项和滞后阶数根据广泛使用的 AIC 原则判断。

由表 5-8 可以看出，exp 和 str 不平稳，均存在单位根，exp 和 str 的一阶差分平稳，不存在单位根，所以各序列都是一阶单整，可以采用 Johansen 的误差修正模型分析框架进行协整检验。

3. 协整检验

首先我们进行误差修正模型的特征值轨迹检验，以确定各变量之间是否存在协整关系及存在几种关系，如果有，则进一步确认这种长期均衡关系的形式。迹检验法是通过建立 VAR 模型来进行多变量协整检验的，所以首先必须确定 VAR 模型的最优滞后阶数及协整方程的形式；协整方程可能会有以下几种情况：①序列没有确定性趋势且协整方程无截距；②序列没有确定性趋势且协整方程有截距；③序列有线性趋势但协整方程只有截距；④序列和协整方程都有线性趋势；⑤序列有二次趋势且协整方程有线性趋势①。我们根据 AIC 标准选择滞后阶数及是否存在趋势项、截距项，从而保证实证分析结果的客观性。协整检验结果如表 5-9 所示。

表 5-9　协整检验

H_0	特征值	迹统计量	5% 的临界值
None*	0.289043	32.65302	25.87211
At most 1	0.021435	1.950105	12.51798

由表 5-9 可以看出，没有协整关系的原假设的迹统计量的值为 32.65302，大于 95% 置信度下的临界值 25.87211，表明应该拒绝原假设，应该接受被选假设：这两个变量之间至少存在一个协整关系。而对于"至多一个协整关系"的原假设，迹统计量的值 1.950105 小于 95% 置信度下的临界值 12.51798，因此我们不能拒绝此原假设。所以，协整检验的结果表明 exp 和 str 只存在一个协整关系。标准化后的协整关系如表 5-10 所示。

表 5-10　标准化后的协整关系

变量	exp	str	@ trend
系数	1.00000	-3.8131	-0.0159
渐进标准差		(0.81249)	(0.00129)

注：对数似然比 = 344.9。

由表 5-10 可以看出，长期来看，出口商品结构优化与我国出口正相关。

---

① 易丹辉，（2002）《数据分析与 Eviews 应用》[M].中国统计出版社，北京.

由此，我们可以得到表示两变量长期关系的误差修正项 ecm。

$$\text{ecm}_t = \exp_t - 3.8131\text{str}_t - 0.0159@\,\text{trend}_t \tag{5.9}$$

对序列 ecm 进行单位根检验，检验结果见表 5-11。由表 5-11 发现，检验 t 统计量值是 -12.75599，小于 99% 置信度下的临界值 -3.502238，所以其在 99% 的置信度下是平稳的。

表 5-11　ecm 的单位根检验

		t 值	P 值
ADF Test Statistic		-12.75599	0.0001
检验临界值	1% level	-3.502238	
	5% level	-2.892879	
	10% level	-2.583553	

4. 误差修正模型检验

由以上分析可以看出，出口商品结构与我国出口存在协整关系，所以我们可以构建误差修正模型对两者进行短期和长期的 Granger 因果关系检验。我们建立以下误差修正模型，具体如（5.10）式所示。

$$\Delta \exp_t = c_i + \sum_{j=1}^{2} \lambda_j \Delta \exp_{t-j} + \sum_{j=1}^{2} \delta_j \Delta \text{str}_{t-j} + \theta\,\text{ecm}_{t-1} + \varepsilon_t \tag{5.10}$$

如果 θ 为零被拒绝，说明误差修正机制产生，出口商品结构是我国出口的长期 Granger 原因；反之，说明出口商品结构不是我国出口的长期 Granger 原因；如果式中的 δ_j 为零被拒绝，说明出口商品结构是我国出口的短期 Granger 原因；反之，说明出口商品结构不是我国出口的短期 Granger 原因。误差修正模型检验结果如表 5-12 所示。

表 5-12　误差修正模型检验结果

变量	相关系数	标准误差	T-检验	概率
exp（-1）	-0.574059	0.173225	-3.313948	0.0014
exp（-2）	-0.736390	0.189600	-3.883907	0.0002
str（-1）	-1.650468	0.53389	-3.091363	0.0027
str（-2）	1.748171	0.523894	-3.336877	0.0013
ecm	-0.584929	0.101471	-5.764478	0

由表 5-12 可以看出，str（-1）与 str（-2）系数显著不为零，说明出口商品结构是我国出口的短期 granger 原因。ecm 系数显著不为 0，说明出口商品结构是我国出口的长期 granger 原因。由此说明，无论从短期还是从长期来看，出口商品结构均是我国出口增长的 granger 原因。

由以上分析可以看出，出口商品结构的优化能促进我国出口增长。我国出口商品结构的改变无论从长期来看还是从短期来看都能明显地影响我国出口增长，出口商品结构的改善促进了我国出口增长。近些年来，我国的出口商品结构虽然得到很大的改善，高新技术产品出口在总出口中的比重逐渐增加，但主要是较低层次的机电产品，这些出口的机电产品大多是通过加工贸易实现的，而且是劳动密集型加工，附加值较低，国际竞争力比较弱。为了保持我国出口稳定增长，必须增强自主创新能力，改善我国国际分工地位，提高真正的高附加值的资本技术密集型产品出口比例。

第二节 易控制的内部因素与我国出口稳定增长的关系

一、出口退税与我国出口稳定增长的关系

（一）我国出口退税调整的发展现状

出口退税是指一个国家将其对出口商品已经征收的国内增值税等间接税款退还给出口企业，使出口商品以不含税的价格进入国际市场。出口退税的实施是与 WTO 的国民待遇原则一致的。出口国只有退还对出口商品征收的国内税才能避免进口国对该商品进行双重征税，才能使该种商品在进口国享受与进口国国内商品相同的税收，从而实现该商品在进口国享受国民待遇。我国从 1985 年开始实施出口退税，之后我国多次通过出口退税的调整来影响出口。根据出口退税调整的目的，可以将出口退税的发展分为以下六个阶段。具体见表 5-13。

表 5-13　我国出口退税的发展阶段

发展阶段	调整趋势	政策目标	调整内容
1985~1993 年	开始执行	扩大出口，完善出口退税制度	1985 年煤炭和农产品征 5%~7% 退 3%，工业品征 13% 退 10%，其他征 17% 退 14%；1988 年起，遵循"征多少，退多少、未征不退"和"彻底退税"原则
1994~1996 年	新税制改革	扩大出口，缓解退税压力	1994 年增值税取代工商统一税，退税率分 17%、13% 和 6% 三档；为缓解财政退税压力，1995~1996 年退税率下调为 9%、6% 和 3% 三档
1997~2003 年	连续调高	应对亚洲金融危机冲击，扩大出口	自 1997 年 8 月 8 日起，分行业连续十余次调高出口退税率，并最终形成 17%、15%、13%、5% 的退税率体系，平均出口退税率高达 15.1%
2004~2008 年 7 月	连续调低，取消部分产品退税	缓解贸易顺差，优化产品结构，促进结构调整	2004 年、2005 年和 2007 年连续降低退税率，最终形成 11%、9% 和 5% 的差别税率，取消了 20 余类产品的出口退税政策，中央地方按 75：25 共同分担退税额
2008 年 8 月~2010 年 6 月	连续七次调高出口退税率	应对金融危机，缓解出口下滑	截至 2009 年 6 月形成了 17%、15%、13%、9% 和 5% 五档差别税率，调税范围涉及约 4000 种商品
2010 年 7 月至今	取消部分商品的出口退税	调整优化出口产品的结构	自 2010 年 7 月 15 日起取消部分钢材、医药、化工产品、有色金属加工材料等商品的出口退税，总数达 406 种

资料来源：何兴容、凡福善，(2009)"出口退税与我国贸易出口增长"[J].《当代财经》第 10 期：105-109 及《中国经贸导刊》2010 年 14 期。

　　由此可以看出，在不同的阶段根据不同时期的需要，我国不断调整着出口退税。我国近些年来的平均出口退税率如图 5-16 所示。由图 5-16 可以看出，尤其是在亚洲金融危机和最近的全球金融危机的背景下，我国会通过提高出口退税率来缓解出口的下滑。但出口退税的提高会增加政府的财政负担，所以不能长期大范围使用，而且出口退税在实施的过程中还应注意出口产品结构的调整，只有这样，出口退税才能促进我国出口稳定增长。所以，我国出口退税率往往在上升一段之后就会下调。例如，我国自 2010 年 7 月 15 日起取消部分钢材、医药、化工产品、有色金属加工材料等商品的出口退税，以便调整我国出口产品结构。

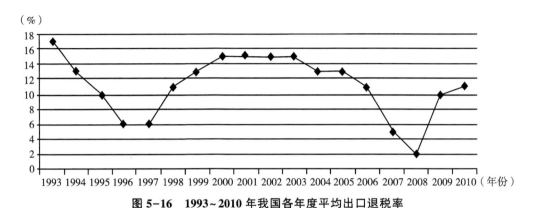

图 5-16　1993~2010 年我国各年度平均出口退税率

资料来源：海关综合信息资讯网和《中国税务统计年鉴》。

（二）出口退税影响我国出口稳定增长的经济学分析

出口增长的不稳定性不利于我国宏观经济调控，会对我国经济产生负面影响，学者一致认为应避免出口的大幅波动。出口退税政策是我国外贸政策的一个重要组成部分，出口退税率的调整则是出口退税政策最重要的内容。我们可以通过出口退税率的调整来促进我国出口稳定增长。出口退税政策不同于贸易保护的一些政策，它实施的目的就是为了使世界上各个国家的产品进行公平竞争，是 WTO 所允许的一种促进出口的政策。我国曾经多次运用出口退税政策促进了出口增长，尤其是在经济和金融危机背景下成功地运用这种政策缓解了外部经济环境恶化对我国出口增长的冲击。例如，1997 年的亚洲经济危机造成我国出口大幅度下降，政府从 1998 年开始逐渐将出口退税率调高，我国分几次提高了出口产品的退税率，出口货物平均退税率达到了 15% 以上。这一退税政策的实施调控使我国 1999 年和 2000 年工业产品出口分别同比增长了 17% 和 35.8%，快速摆脱了亚洲金融危机对我国经济和贸易的影响。2008 年美国次贷危机引起了全球金融危机，在该背景下我国政府再次通过提高出口退税率降低了金融危机对我国经济和贸易的冲击。由此可见，通过提高出口退税率可以更好地发挥我国出口商品的价格优势，进而可以促进我国出口增长。我们将分别采用局部均衡和一般均衡分析的方法分析出口退税对我国出口稳定增长的影响。

1. 出口退税影响我国出口增长的局部均衡分析

我们把出口退税看成是一种出口补贴，从而来分析出口退税政策对我国出口增长的影响，具体如图 5-17 所示。

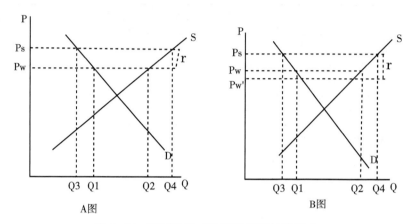

图 5-17　出口退税对我国出口增长的影响

由图 5-17 中的 A 图所示，实施出口退税政策后，如我国为该产品出口小国，则实施出口退税后该产品国际市场价格不变，国内市场价格上升为 Ps，该产品的出口量为 Q3Q4，退税 r 等于国内价格与世界价格 Pw 的差额；实施出口退税政策前（自由贸易状态下）该产品的国内价格等于世界市场价格，该产品的出口量为 Q1Q2，实施出口退税政策后我国出口量增加。如图 5-17 中的 B 图所示，如我国为该产品出口大国，则实施出口退税后该产品国际市场价格由 Pw 下降为 Pw′，国内市场价格上升为 Ps，该产品的出口量为 Q3Q4。退税 r 等于国内价格与实施出口退税后的世界价格 Pw′的差额；实施出口退税政策前（自由贸易状态下）该产品的国内价格等于世界市场价格，该产品的出口量为 Q1Q2，实施出口退税政策后我国出口量增加。以上分析可以看出，如果其他条件不变，出口退税率的提高会导致出口量增加，产品供给需求价格弹性越大，出口增加越多。由于不同行业产品供给需求价格弹性不同，出口退税对不同行业出口增长的影响也必定有差异，针对不同的行业也应采用不同的出口退税政策，以便更有效地促进出口增长。

2. 出口退税影响我国出口稳定的一般均衡分析

出口退税的调整在影响我国出口量增长的同时，也会影响我国的产业结构，进而影响我国的出口商品结构及出口稳定。假设我国生产可能性曲线如图 5-18 所示，其中横轴表示劳动密集型产品 X 的产量，纵轴表示资本密集型产品 Y 的产量。在自由贸易条件下，国内 Y 产品的相对价格等于国际 Y 产品的相对价格，价格线为 P，此时我国最优的生产点为 A，如果我国对资本密集型产品实施出口退税，则会促使国内资本密集型产品的相对价格上升，假设价格线变为 P′，此时我国最优的生产点变为 B。由此可以看出，对资本密集型产品实施出口退税不但能促进我国出口增长，还利于我国产业结构的改善，进而有利于我国出口长期稳定增长。同理，对劳动密集型产品实施出口退税虽然能促进我国出口增长，但不利于我国产业结构的改善，进而不利于我国出口长期发展。

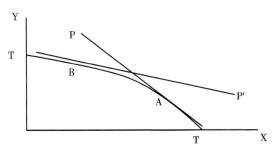

图 5-18　出口退税对我国出口稳定的影响

（三）出口退税影响我国出口稳定增长的途径

根据出口退税对我国出口稳定增长影响的经济学分析，可以将出口退税影响我国出口稳定增长的途径归纳为如图 5-19 所示。由图 5-19 可以看出，调整不同种类商品的出口退税率对我国出口稳定增长的影响不同。我们将出口商品简单地分为资本技术密集型商品和劳动密集型商品。如果提高资本技术密集型商品的出口退税率，则一方面可以提高该产品国内市场价格，进而扩大出口数量；另一方面还能间接优化我国产业结构和出口商品结构，从而可以更好地促进我国出口稳定增长。同理，如果提高劳动密集型商品的出口退税率，则可以扩大劳动密集型出口数量，但不利于国内产业结构和出口商品结构改善，从而不利于我国出口的长期增长。降低出口退税率时的情况与提高出口退税率时的情况相反。

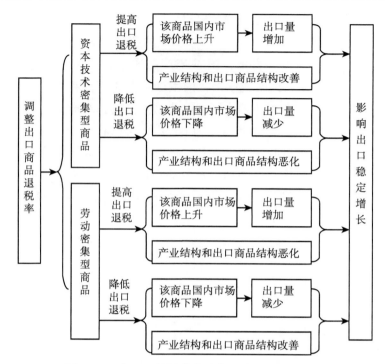

图 5-19　出口退税影响我国出口稳定增长的路径

（四）出口退税的调整与我国各行业出口的长短期关系——基于协整与误差修正模型的实证分析

1. 样本选取和数据来源

国内外现有研究出口退税对出口影响的文献往往运用不同行业的总体数据或时间序列数据进行实证分析，由于不同行业在行业结构、产品替代性、供需弹性等方面均存在差异，出口退税政策对不同行业出口增长的影响也有差异，但尚缺乏定量分析出口退税政策对不同行业出口增长影响的差异性研究。因此，我们试图运用 2000 年到 2008 年月度数据通过采用协整分析和建立面板误差修正模型，分析出口退税政策与我国整体及不同类型行业出口增长的关系，最后根据所得结论提出如何通过不同行业出口退税率的调整促进我国总体出口稳定增长。

由于 2000 年以前我国的出口退税政策在很多方面都很不完善，所以我们选取了 2000 年 1 月至 2008 年 12 月主要出口行业的出口额及出口退税率的数据进行研究。采用的原始数据来源于《中国税务年鉴》、《中国财政年鉴》、国研网、海关综合信息资讯网等。由于我国出口行业众多，在这里不可能对每一个行业加以分析，而只能选取我国出口的一些主要行业进行研究和分析。在考虑了数据可得性和可操作性的情况下，选取了我国出口的一些传统的劳动力密集型行业、"两高一资"行业、高新技术行业和机电行业共四大类行业进行分析。其中，传统的劳动力密集型行业选取了服装及衣着、纺织纱线及织物、玩具和鞋类四大行业，"两高一资"行业选取了焦炭、煤、未锻造的铝、钢材和塑料物品五大类行业或产品，高新技术行业选取了生物技术、光电技术、计算机与通信技术和电子技术四大类，机电行业选取了机械及设备、电器及电子产品、运输工具和仪器仪表四大类。

2. 单位根检验

为了避免数据的不稳定性，我们把出口额剔除价格影响并取对数来进行研究。我们用 exp 表示取对数后的出口，用 Tax 表示税率。在对变量进行协整检验分析之前，首先对变量进行单位根检验。面板数据单位根检验的方法较多，但每种方法都有不同的优缺点，为了增强检验的可信性，同时采用 LLC、IPS 检验方法进行单位根检验。面板单位根检验结果如表 5-14 所示。

表 5-14　面板单位根检验结果

整体面板数据单位根检验				
	LLC 检验		IPS 检验	
	统计值	P 值	统计值	P 值
exp	13. 57480	1. 0000	0. 59260	0. 7233
Δexp	−5. 37990	0. 0000	−40. 87830	0. 0000
Tax	0. 90748	0. 8179	0. 20948	0. 5830
ΔTax	−51. 26500	0. 0000	−38. 70990	0. 0000
"两高一资"行业面板数据单位根检验				
	LLC 检验		IPS 检验	
	统计值	P 值	统计值	P 值
exp	0. 129	0. 551	0. 225	0. 589
Δexp	−2. 204	0. 013	−14. 476	0. 000
Tax	−1. 324	0. 192	−1. 071	0. 141
ΔTax	−18. 950	0. 000	−21. 867	0. 000

续表

传统行业面板数据单位根检验				
	LLC 检验		IPS 检验	
	统计值	P 值	统计值	P 值
exp	55.406	1.000	0.982	0.837
Δexp	-7.628	0.000	-11.269	0.000
Tax	2.048	0.979	-0.052	0.479
ΔTax	-16.541	0.000	-19.105	0.000

高新技术行业面板数据单位根检验				
	LLC 检验		IPS 检验	
	统计值	P 值	统计值	P 值
exp	5.762	1.000	0.630	0.735
Δexp	-31.278	0.000	-37.835	0.000
Tax	0.497	0.691	0.247	0.597
ΔTax	-16.767	0.000	-19.359	0.000

机电行业面板数据单位根检验				
	LLC 检验		IPS 检验	
	统计值	P 值	统计值	P 值
exp	2.343	0.990	4.247	1.000
Δexp	-2.301	0.011	-6.771	0.000
Tax	1.052	0.853	1.434	0.924
ΔTax	-22.191	0.000	-16.750	0.000

表5-14的结果表明，在含截距和趋势项的检验情况下，两种方法的检验结果都表明出口（exp）、出口退税率（Tax）都存在单位根，而采用这两种方法对两个变量的一阶差分值进行单位根检验，表明变量不存在单位根。故两指标均是一阶单整。

3. 面板协整关系检验结果

在得出面板数据存在单位根后，再检验面板数据是否存在协整关系。采用佩德罗尼（Pedroni）提出的7个检验统计量来判断出口与退税率之间是否存在协整关系，所有检验的统计量和相伴概率值如表5-15所示。表5-15所得到的统计量表明，整体来看，我国出口与出口退税率存在明显的协整关系，但不同行业的情况还是存在差异的。传统行业、"两高一资"行业和高科技行业中出口与出口退税率存在明显的协整关系，而机电行业中出口和出口退税率之间的协整关系并非那么有效。这可能是由于出口退税政策在不同的行业中所起到的刺激效果是不同的。出口退税的上调能增加纺织品等传统行业及"两高一资"行业产品的价格优势，产品出口回暖是必然趋势；高科技行业产品出口的价格需求弹性较高，出口退税率的提高会增强该行业产品的价格优势，从而导致国外需求大幅增加；而我国机电产业技术水平不高，产品低价竞销严重，随着出口退税率的提高，机电行业竞争更加激烈，而全球经济形势的影响会使全球生产企业开工率降低，对机械设备的需求量降低，海外市场需求量巨减，即使出口退税率提高也逆转不了订单下降的总趋势。因此，仅凭出口退税率的提高难以使机电产品出口迅速回升。

表5-15　面板数据协整检验结果

	整体		机电		传统		高新		"两高—资"	
	统计值	P 值	统计值	P 值	统计值	P 值	统计值	P 值	统计值	P 值
Panel v-Statistic	7.47	0	-0.76	0.30	10.52	0.00	2.70	0.01	0.16	0.39
Panel rho-Statistic	-26.05	0	-0.40	0.37	-12.56	0.00	-5.16	0.00	-1.91	0.06
Panel PP-Statistic	-20.28	0	-0.58	0.35	-8.63	0.00	-3.96	0.00	-2.30	0.03
Panel ADF-Statistic	-15.39	0	0.53	0.35	-8.98	0.00	-2.23	0.03	-2.33	0.03
Group rho-Statistic	-20.55	0	0.22	0.39	-10.37	0.00	-5.27	0.00	-0.85	0.28
Group PP-Statistic	-20.58	0	-0.15	0.39	-8.76	0.00	-4.63	0.00	-1.86	0.07
Group ADF-Statistic	-16.35	0	1.07	0.23	-9.55	0.00	-2.43	0.02	-1.89	0.07

4. 面板数据误差修正模型

协整关系只反映变量之间的长期均衡关系，为弥补长期静态模型的不足，可通过短期动态模型反映短期偏离长期均衡的修正机制。同时，由于数据年限不长，通过进行上述检验得到的长期关系令人质疑。为此，在长期均衡关系成立的条件下，有必要进行长短期因果关系检验，并进行稳健性分析。同时，通过短期因果关系检验，还可以进一步认识出口退税对出口增长的短期影响。首先，通过面板回归求出出口和出口退税率之间的协整方程式，求出残差值，基于残差值和各变量的一阶差分值构建面板数据误差修正模型。

由此，建立以下面板数据误差修正模型，然后通过逐步回归改变获得合适的误差修正模型：

$$\Delta \exp_t = c_i + \sum_{j=1}^{\infty} \lambda_j \Delta \exp_{t-j} + \sum_{j=1}^{\infty} \delta_j \Delta tax_{t-j} + \theta\, ecm_{t-1} + \varepsilon_t \qquad (5.11)$$

如果 θ 为零被拒绝，说明误差修正机制产生，长期因果关系成立；反之则无长期因果关系。如果式中的 δ_j 为零被拒绝，说明短期因果关系成立；反之则无短期因果关系。

分别考察整体、"两高一资"行业、传统行业、高科技行业的面板数据误差修正模型，结果如表 5-16 所示。

表 5-16　面板数据误差修正模型检验结果

样本	变量	相关系数	标准误差	T-检验	概率
	C	0.026	0.006	3.940	0
	Tax（-1）	0.022	0.009	2.520	0.0100
	ecm	0.083	0.010	8.310	0
	exp（-1）	-0.300	0.020	-12.830	0
	Tax（-2）	0.007	0.009	0.790	0.4200
"两高一资"行业	C	0.022	0.013	1.721	0.0860
	Tax（-1）	0.027	0.012	2.236	0.0258
	ecm	0.118	0.022	5.183	0.0000
传统行业	C	0.016	0.008	2.005	0.0450
	Tax（-1）	-0.010	0.015	-0.640	0.5210
	ecm	0.125	0.027	4.533	0.0000
	Tax（-2）	0.016	0.015	1.065	0.2870
	exp（-1）	-0.090	0.051	-1.860	0.0640
高新行业	C	0.022	0.019	1.188	0.2350
	Tax（-1）	0.039	0.031	1.282	0.0200
	exp（-1）	-0.390	0.045	-8.540	0.0000
	Tax（-2）	0.093	0.031	3.022	0.0030
	ecm	0.178	0.026	6.649	0.0000

从表 5-16 可以看出，整体来看，误差修正项系数显著不为零，Tax（-1）系数也显著不为 0。由此说明，整体来看，出口退税既是我国出口的长期 granger 原因，又是我国出口的短期 granger 原因。

不同行业中出口退税率对出口额的影响有所不同。对于"两高一资"行业，误差修正项为 0.118，t 值在 1% 的水平下显著不为零，说明"两高一资"行业中出口退税率是出口额的长期 granger 原因。出口退税率 Tax（-1）的系数为 0.027，t 值在 5% 的显著性水平下是显著的，说明"两高一资"行业中出口退税率是出口额的短期格兰杰原因。由于我国的出口产业层次较低，出口的大多为资源型产品，这就使得我国的出口退税政策在鼓励出口的同时也鼓励资源的过度开采与消耗。我国虽然地大物博，但是人均资源占有量是十分有限的，如果一味地追求高出口的经济指标而忽视了资源适度开发的原则，则数年后我国出口增长将无法持续。因此，我国出口退税政策调整的一个目标就应该是降低"两高一资"产品的生产与出口量，以上分析发现无论在长期内还是短期内出口退税率对"两高一资"行业出口增长的影响都很明显，这说明我国政府可以通过出口退税政策限制高能耗产品的生产和出口。

对于我国传统行业，误差修正模型中误差修正项系数为 0.125，t 值在 1% 的水平下显著不为零，说明传统行业的出口退税率是出口额的长期原因。Tax（-2）和 Tax（-1）的系数的 t 值是不显著的，说明出口退税率不是出口额的短期格兰杰原因。可见，在短期内出口退税政策对我国传统行业出口增长的影响不显著，但在长期内出口退税政策对我国传统行业出口增长的影响比较显著，形成这个结果的原因是多方面的。其原因可能是纺织品等传统行业出口产品的价格需求弹性较小，而且还受到汇率、国外需求量等多方面的影响，出口退税率的提高短期内很难促进出口增长，但从长期来看提高出口退税率有利于传统行业降低成本，提高其产品在国际市场上的竞争力。

对于我国高新技术行业，误差修正模型中误差修正项系数为 0.1781，t 值在 1% 的水平下显著不为零，说明高新技术行业中出口退税率是出口额的长期原因。Tax（-2）和 Tax（-1）的系数的 t 值在 5% 的显著性水平下是非常显著的，说明高新技术行业中出口退税率是出口额的短期格兰杰原因。可见，出口退税政策无论在短期内还是在长期内对高新技术行业出口增长的刺激作用都是非常显著的。这说明我国政府可以通过出口退税政策鼓励高新技术产品的出口，从而改善出口商品结构，逐步转变贸易增长方式。

5. 结论

通过以上实证分析，我们可以得出以下结论：

（1）整体来看，出口退税既是我国出口的长期 granger 原因又是我国出口的短期 granger 原因。传统行业、"两高一资"行业和高科技行业中出口与出口退税率存在明显的协整关系，而机电行业中出口和出口退税率之间的协整关系不显著。说明出口退税率的调整对机电行业产品出口增长的影响并不明显。

（2）长期内，高新技术行业、传统行业、"两高一资"行业中出口退税率都是出口额的 granger 原因；但是短期内，"两高一资"行业和高新技术行业中出口退税率是出口额的 granger 原因，传统行业中出口退税率不是出口额的 granger 原因。出口退税政策本身并不违背 WTO 自由贸易的原则，但是少征多退就会违背 WTO 的反补贴条款，我国大范围和频繁地提高出口退税率容易引起其他国家的质疑，从而导致反补贴贸易摩擦。所以，我国在采用出口退税政策影响出口时应针对不同行业采用不同的策略，对于出口额受出口退税率影响比较大的行业，可以把出口退税作为一项主要的调控出口的措施，对于出口额受出口退税影响比较小的行业，则要通过加快产业结构调整升级等更加有效的措施来增强该产业的国际竞争力，达到扩大出口的目的。

二、出口商品结构集中度与我国出口稳定增长的关系

（一）我国出口商品结构集中度现状

出口商品结构集中度是指一国出口商品集中于各种商品的程度，反映了一国出口商品种类多样化的状况。我们根据相关数据计算出我国出口商品集中度系数，具体如图 5-20 所示。由图 5-20 可以看出，我国出口商品集中度的变化可以分为 3 个阶段。第一个阶段是 1983~1991 年，我国出口商品集中度比较平稳，基本稳定在 0.4 左右。第二个阶段是 1992~2000 年，我国出口商品集中度有所上升，但比较稳定，基本稳定在 0.5 左右。2000 年以后我国出口商品集中度出现小幅波动，但基本呈上升趋势，而且上升幅度有所增大。我国出口商品集中度发生这样的变化，主要是两种因素共同作用的结果。一个因素是我国出口商品多样化的发展，随着我国经济发展水平的提高和比较优势的产业间转移，我国出口商品多样化，从而使出口商品集中度有下降趋势；另一个因素是随着新行业的专业化生产的加强，这些新行业产品在我国出口商品中的比重就越来越大，促使我国出口商品集中度呈上升趋势[1]。近些年来，资本技术密集型商品在我国出口中的比重越来越大，从而导致我国出口商品集中度呈

---

① 强永昌、龚向明，（2011）"出口多样化一定能减弱出口波动吗"［J］.《国际贸易问题》第 1 期，P12-19.

上升趋势。

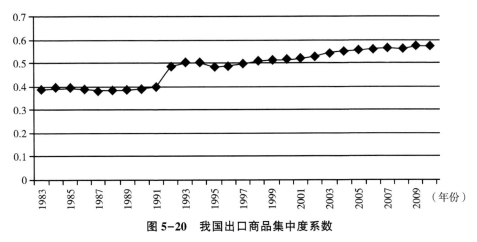

图 5-20　我国出口商品集中度系数

资料来源：根据联合国贸易统计数据库数据计算得出。

（二）出口商品结构集中度影响我国出口稳定增长的理论分析

Jean Imbs 和 Romain Wacziarg（2003）通过研究一些发展比较成功的国家的人均收入水平与部门集中度的进化关系，发现一个国家的人均收入与出口集中度呈现"U"型的关系。一个国家在最初会实行贸易多样化，其经济行为扩散到各个部门，当人均收入达到一定水平后，又逐步地向专业化过渡。一个国家应根据自己所处的经济阶段选择多样化或专业化。发展中国家出口增长的动力主要来源于多样化，出口集中度不断降低；而对于发达国家，其贸易发展的动力主要来源于专业化，出口集中度不断上升，并且发达国家贸易条件并不会随着产业专业化加深而恶化[①]。由此，我们可以分别得出发展中国家与发达国家出口商品结构集中度与出口增长动力之间的关系，具体如图 5-21 所示。由于发展中国家的出口商品主要集中于资源和劳动密集型商品，随着发展中国家逐步增加资本技术密集型产品的生产和出口，出口商品结构集中度下降，贸易条件改善，出口商品竞争力增强，发展中国家出口增长的动力也就越来越大，同样水平的出口商品结构集中度下降幅度对出口增长带来的后劲越来越大，所

---

① David Hummels and Peter J. Klenow, (2005) "The Variety and Quality of a Nation's Exports" [J]. American Economic Review, 95 (3)：704-723.

以发展中国家出口商品结构集中度与出口增长动力之间的关系如图5-21中的A图所示；同理，发达国家的出口主要集中于资本技术密集型的商品，随着发达国家经济水平和技术水平的提高，发达国家出口商品结构集中度的上升，不但不会恶化其贸易条件，而且出口企业能更好地获得规模经济效益，出口商品结构集中度上升同样的幅度带来的出口增长动力越来越大，所以发达国家出口商品集中度与出口增长动力之间的关系如图5-21中的B图所示。

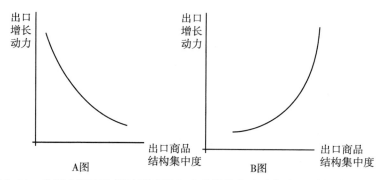

图5-21 发展中国家和发达国家出口商品结构集中度与出口增长动力的关系

对于我国来说，近些年来我国出口商品集中度呈缓慢上升趋势，虽然我国近些年来的出口在不断增长，但劳动密集型商品在总出口商品中所占的比例仍然很大，而且我国出口主要以加工贸易为主，在出口的资本技术密集型商品生产中，我国只是从事附加值比较低的劳动密集型加工环节。所以，我国出口在迅速增长的同时，随着出口商品结构集中度的增加，其出口增长的动力不足。

（三）出口商品结构集中度影响我国出口稳定增长的路径

我国出口商品结构集中度越高，就意味着我国的专业化程度越高。根据比较优势理论，一国应该专业化生产和出口其具有比较优势的产品，进口其具有比较劣势的产品，从而使贸易双方都获利。通过专业化分工可以使我国扩大其具有比较优势的产品生产，获得规模效益，从而促进我国的出口增长。但同时一些学者也指出，如果发展中国家长期按照比较优势专业化生产和出口劳动密集型商品，这些国家就会陷入"比较优势陷阱"。"比较优势陷阱"指一国（尤其是发展中国家）完全按照比较优势，生产并出口初级产品和劳动密集型产品，则在与技术和资本密集型产品出口为主的经济发达国家的国际贸易中，虽然能获得利益，但贸易结构不稳定，总是处于不利地位①，从而不利于一个国家经济和贸易的长期发展。但如果我国的经济发展到一定程度后，更多地生产和出口资本技术密集型的商品，则出口商品集中度的增强不但能使我国获得专业化生产的规模经济效益，而且能使我国获得更多的贸易利益，从而有利于我国保持出口稳定增长。

由此，我们可以把出口商品结构集中度影响我国出口稳定增长的路径概括如图 5-22 所示。

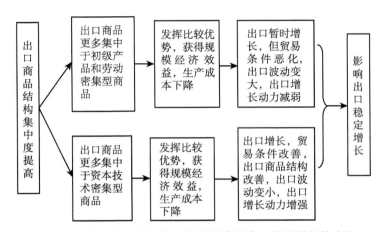

图 5-22 出口商品结构集中度影响我国出口稳定增长的路径

（四）出口商品结构集中度与我国出口增长的长短期关系——基于协整与误差修正模型的实证分析

1. 样本选取和数据来源

衡量商品结构集中度的指标很多，其中 Gini-Hirschman 系数是目前文献中常用指标之一，我们用该指标衡量我国出口商品结构集中度的大小②，其计算公式如（5.12）式所示。

$$G_t = \sqrt{\sum_{i=1}^{n} \left(\frac{X_{it}}{X_t} \right)^2} \tag{5.12}$$

---

① 黄小玲，（2003）《中国对外贸易概论》［M］．中国对外经济贸易大学出版社．
② 徐颖君，（2006）"中国出口贸易能稳定增长吗——关于出口集中度和比较优势的实证分析"［J］．《世界经济研究》第 8 期：36-44.

其中，G_t 表示第 t 期的 Gini-Hirschman 系数，X_{it} 表示第 i 类产品在第 t 期的出口额，X_t 表示第 t 期总出口额。根据数据的可得性，我们选取 2001 年 1 月至 2008 年 10 月我国各个月份的数据作为研究对象。用各个月份的出口额的对数来衡量出口（exp），根据各个月份的出口商品构成计算各月的 Gini-Hirschman 系数来衡量出口商品结构集中度（int）的大小，并将月度数据按照移动差分平均法进行季节调整，从而剔除数据的季节性特征。相关数据来源于中国商务部网站。

2. 单位根检验

只有在出口商品结构集中度和出口都平稳的情况下，才能对两者进行回归分析。由于两变量的时间序列可能具有非平稳性，因此，需要先对两变量进行单位根平稳性检验，若为非平稳，我们将采用协整检验分析两个变量之间的关系。在协整检验的基础上，再进行 Granger 因果关系检验。单位根检验结果如表 5-17 所示。

表 5-17　ADF 检验结果

项目	exp	int
d（0）	−2.742（0.22）	−2.805（0.2）
检验类型	有截距项，有趋势项	有截距项，有趋势项
d（1）	−6.668（0）	−14.681（0）
检验类型	有截距项，无趋势项	无截距项，无趋势项

注：d（i）表示 i 阶差分，滞后期根据 SIC 标准自动选择，括号内为 P 值。有无趋势项、截距项和滞后阶数根据广泛使用的 AIC 原则判断。

由表 5-17 可以看出，exp 和 int 不平稳，均存在单位根，exp 和 int 的一阶差分平稳，不存在单位根，所以各序列都是一阶单整，可以采用 Johansen 的误差修正模型分析框架进行协整检验。

3. 协整检验

我们根据 AIC 标准选择滞后阶数及是否存在趋势项、截距项，从而保证实证分析结果的客观性。协整检验分析结果如表 5-18 所示。

表 5-18 协整检验

H_0	特征值	迹统计量	5%的临界值	Prob
None *	0.287544	30.51340	19.38704	0.0008
At most 1	0.027652	2.523763	12.51798	0.9277

从表 5-18 我们可以看出，没有协整关系的原假设的迹统计量的值为 30.51340，大于 95%置信度下的临界值 19.38704，表明应该拒绝原假设，应该接受被选假设：这两个变量之间至少存在一个协整关系。而对于"至多一个协整关系"的原假设，迹统计量的值 2.523763 小于 95%置信度下的临界值 12.51798，因此我们不能拒绝此原假设。所以，协整检验的结果表明 exp 和 int 只存在一个协整关系。

表 5-19 标准化后的协整关系

变量	exp	int	@ trend
系数	1.00000	-7.151	-0.0174
渐进标准差		(1.31112)	(0.00086)

注：对数似然比 = 503.7035。

标准化后的协整关系如表 5-19 所示，由表 5-19 我们可以看出，长期来看，出口商品结构集中度与我国出口增长正相关。由此，我们可以得到表示两变量长期关系的误差修正项 ecm。

$$ecm_t = exp_t - 7.151\,int_t - 0.0174@\,trend_t \qquad (5.13)$$

由表 5-20 可以看出，对序列 ecm 进行单位根检验，发现检验 t 统计量值是 -8.784909，小于 99%置信度下的临界值 -3.504727，所以 ecm 在 99%的置信度下是平稳的。

表 5-20 ecm 的单位根检验

		t 值	P 值
ADF Test Statistic		-8.784909	0
检验临界值	1% level	-3.504727	
	5% level	-2.893956	
	10% level	-2.584126	

4. 误差修正模型检验

以上分析可以看出，出口商品结构集中度与我国出口存在协整关系。所以，我们可以构建误差修正模型对两者进行短期和长期的 Granger 因果关系检验。我们建立的误差修正模型如公式（5.14）所示。

$$\Delta \exp_t = c_i + \sum_{j=1}^{2} \lambda_j \Delta \exp_{t-j} + \sum_{j=1}^{2} \delta_j \Delta \mathrm{int}_{t-j} + \theta\, \mathrm{ecm}_{t-1} + \varepsilon_t \tag{5.14}$$

如果 θ 为零被拒绝，说明误差修正机制产生，出口商品结构集中度是我国出口的长期 granger 原因；反之，说明出口商品结构集中度不是我国出口的长期 granger 原因。如果式中的 δ_j 为零被拒绝，说明出口商品结构集中度是我国出口的短期 granger 原因；反之，说明出口商品结构集中度不是我国出口的短期 granger 原因。

表 5-21　误差修正模型检验结果

变量	相关系数	标准误差	T-检验	概率
exp（-1）	-0.533125	0.096592	-5.519373	0.0000
exp（-2）	-0.379725	0.085004	-4.467135	0.0000
int（-1）	-2.315752	0.772163	-2.999044	0.0036
int（-2）	-2.390751	0.720707	-3.317231	0.0013
ecm	-0.355655	0.072555	-4.901883	0.0000

误差修正模型检验结果如表 5-21 所示。由表 5-21 可以看出，int（-1）与 int（-2）系数显著不为零，说明出口商品结构集中度是我国出口的短期 granger 原因。ecm 系数也显著不为 0，说明出口商品结构集中度是我国出口的长期 granger 原因。

由以上分析可以看出，近些年来我国出口商品结构集中度在缓慢上升，而且出口商品仍然集中于劳动密集型商品，这样虽然能充分发挥我国劳动力比较优势，促进我国出口增长，但也会导致我国出口增长后劲不足，最终导致出口无法持续稳定增长。由表 5-21 也可以看出无论从短期还是从长期来看，出口商品结构集中度均会影响我国出口增长，长期来看，出口商品集中度的增加会促进我国出口增长。但同时出口商品集中度的增加又会导致我国出口增长波动的增加[①]。所

---

① 徐颖军（2006）的实证结果也表明，我国出口商品集中度和地理集中度对出口不稳定性有显著的负面影响，我国出口趋于稳定主要得益于出口市场分散化策略的推行和出口产品的多样化。

以，当前我国出口商品集中度的增加虽然能促进我国出口增长，但不利于我国出口的稳定。因此，我们在保持出口增长的同时，也应不断培养出口发展的动力，不断提高自身的技术水平，出口更多真正自己创造的资本技术密集型商品，减少劳动密集型商品的出口集中度，增加资本技术密集型产品的出口集中度，只有这样才能在促进我国出口增长的同时增强我国出口发展的动力，实现出口增长与出口稳定的协调和统一。

三、出口商品地理集中度与我国出口稳定增长的关系

（一）我国出口商品地理集中度发展现状

出口商品地理集中度是指一国出口商品集中于各个国家或地区的状况，体现了一个国家出口商品的地理分布。我国出口商品地理集中度如图 5-23 所示。由图 5-23 可以看出，1983～2010 年我国出口商品地理集中度的变化可以分为两个阶段：第一个阶段是 1983～1991 年，在该阶段出口商品地理集中度变化幅度比较大，先下降后上升；第二个阶段是 1992～2010 年，在该阶段出口商品地理集中度变化比较缓慢，且整体呈下降趋势。这主要是由于近些年来我国已经意识到出口商品过于集中于个别国家或地区的风险，1991 年中国政府提出了"市场多元化的战略"，通过参与自由贸易协定等方式开发更多的国际市场，逐步扭转出口市场过分集中于美国、欧盟和日本的状况，以便减少出口市场过于集中的风险。

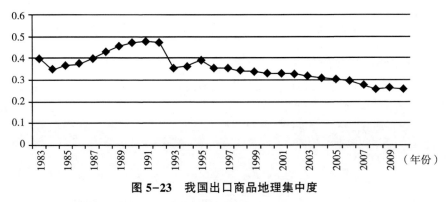

图 5-23　我国出口商品地理集中度

资料来源：根据联合国贸易统计数据库数据计算得出。

（二）出口商品地理集中度影响我国出口稳定增长的路径

我国出口商品地理集中度的提高，会减少开拓新市场的成本，但会使我国的出口过分依赖于少数国家或地区，导致其出口容易受制于人，出口风险加大，一旦这些少数国家出现政治或经济上的动荡，则我国的出口就会受到很大冲击。另外，如果我国出口依赖于少数国家或地区，则我国向这些少数国家出口商品越来越多，会造成我国厂商在这些少数国家或地区的过度竞争，我国出口商品的议价能力就会下降，出口效应就会受到影响。此外，我国出口商品过分集中于个别市场，还会引起贸易摩擦的加剧，又进而会阻碍我国出口增长，不利于我国出口长期稳定增长；反之，我国出口商品集中度的下降，会降低我国出口风险，增强我国出口商品的议价能力，减少贸易摩擦，有利于我国出口稳定增长，但会增加开拓市场的成本，具体如图5-24所示。

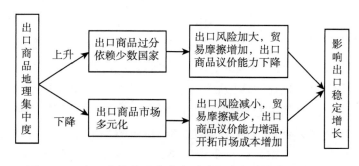

图5-24　出口商品地理集中度对我国出口稳定增长的影响

（三）出口商品地理集中度与我国出口增长关系的实证分析

1. 样本选取和数据来源

Gini-Hirschman系数是目前文献中常用衡量集中度的指标之一，我们用该指标衡量我国出口商品地理集中度的大小①，其计算公式如（5.15）式所示。

$$G_t = \sqrt{\sum_{i=1}^{n} \left(\frac{X_{it}}{X_t} \right)^2} \tag{5.15}$$

---

① 徐颖君，（2006）"中国出口贸易能稳定增长吗——关于出口集中度和比较优势的实证分析"[J].《世界经济研究》第8期：36-44.

其中，G_t 表示第 t 期的 Gini-Hirschman 系数，X_{it} 表示第 t 期出口到第 i 国的出口额，X_t 表示第 t 期总出口额。如果我国出口商品集中于某国家或地区，则 G_t 就比较大，我国出口商品地理集中度就较大；反之较小。根据数据的可得性，我们选取 2003 年 1 月至 2008 年 10 月我国各个月份的数据作为研究对象。用各个月份的出口额的对数来衡量出口（exp），根据各个月份的出口国别构成计算各个月份的 Gini-Hirschman 系数来衡量出口地理集中度（intg）的大小，并将月度数据按照移动差分平均法进行季节调整，从而剔除数据的季节性特征。相关数据来源于中国商务部网站。

2. 单位根检验

如果两个时间序列变量是平稳的，则可以直接对这两个变量进行回归分析；如果两个变量都不平稳，但都是一阶单整的，则可以对两个变量进行一阶差分使其变成平稳的，然后采用协积回归方法，如 Engle 和 Granger 提出的以残值为基础的 ADF 方法或 Johansen 的最大似然法进行协整分析。Pesaran（1996）与 Pesaran 和 Shin（1996）扩展了一种 ARDL（自回归分布滞后模型）方法，该方法尤其适用于那些回归变量不全是 1 阶单整的情形，但 ARDL 仍要求各时间序列的单整性不能超过 1。所以，我们需要首先对出口商品地理集中度和出口进行单位根平稳性检验。单位根检验结果如表 5-22 所示。

表 5-22 ADF 检验结果

项目	exp	intg
d（0）	−3.221（0.02）	−1.965（0.61）
检验类型	有截距项，无趋势项	有截距项，有趋势项
d（1）	—	−15.325（0.0001）
检验类型	—	有截距项，无趋势项

注：d（i）表示 i 阶差分，滞后期根据 SIC 标准自动选择，括号内为 P 值。有无趋势项、截距项和滞后阶数根据广泛使用的 AIC 原则判断。

由表 5-22 可以看出，出口 exp 稳定，但出口地理集中度 intg 是一阶单整的。所以既不能直接对 exp 和 intg 进行一般的回归分析，也不能用 Engle 和 Granger 提出的以残值为基础的 ADF 方法或 Johansen 的最大似然法进行协整分析，需要建立 ARDL（自回归分布滞后模型）进行分析。

3. ARDL（自回归分布滞后模型）检验

为了检验 exp 和 intg 的协整关系，我们构建 exp 和 intg 的 ARDL 模型，具体如（5.16）式所示。

$$\Delta \exp_t = a_0 + a_1 t + \phi \exp_{t-1} + \delta intg_{t-1} + \sum_{i=1}^{m-1} \lambda_i \Delta \exp_{t-1} + \sum_{i=1}^{m-1} \gamma_i \Delta intg_{t-1} + \xi \quad (5.16)$$

根据（5.16）式，如果 $\phi \neq 0$ 与 $\delta \neq 0$ 同时满足，则 exp 与 intg 有协整关系，否则 exp 与 intg 没有协整关系。Pesaran Shin 和 Smith（2001）为强制因变量可能为 0 阶单整或 1 阶单整设计了一套边界临界值，如果 LM、LR 和 F 统计值低于临界值边界的低点，则接受 $\phi = 0$，$\delta = 0$，exp 和 intg 之间不存在协整关系；相反，如果高于临界值边界的高点，则拒绝 $\phi = 0$，$\delta = 0$，exp 和 intg 之间存在协整关系。

我们采用 microfit5 软件的边界检验来计算相关统计量。边界检验结果如表5-23 所示。

表 5-23　边界检验结果

显著性水平	10%		5%		1%	
	I (0)	I (1)	I (0)	I (1)	I (0)	I (1)
临界值	2.72	3.77	3.23	4.35	4.29	5.61
F 统计量	F = 2.2881					
结论	不存在协整关系					

由表 5-23 可以看出，以 exp 和 intg 为回归变量的 F 统计量为 2.2881，小于 Pesaran[1] 提供的 10% 显著性水平下临界值边界的低点 2.72。所以，出口与出口商品地理集中度之间不存在协整关系。由此说明，出口商品地理集中度对我国出口增长的影响不明显。

由表 5-23 的边界检验结果我们可以看出，出口市场多元化虽然能在一定程度上减少我国出口波动，但对我国出口增长的影响并不明显。这主要是由于随着经济全球化的推进，世界经济已越来越融为一体，我国对某一区域的出口波动很难通过向世界其他区域的出口加以抵消，但不同区域对我国出口不稳定性的影响又存在较大差异，亚洲和北美洲对我国出口不稳定的影响都低于其所占份额，而欧洲对我国出口不稳定的影响大大超过其所占份额；从单个国家和

① Pesaran M. H., Shin Y., Smith R. J., (2001) "Bounds Testing Approaches to the Analysis of Level Relationships" [J]. Journal of Applied Econometrics, (16)：289-326.

地区来看，以美国、中国香港和日本为代表的前十大出口国家和地区占我国出口总额的平均份额为74.22%，而对于我国出口不稳定的贡献低于其份额，为67.81%[①]。但出口商品地理集中度的降低能减少我国出口风险，减少贸易摩擦，增强出口商的议价能力，提高出口商的贸易获利。所以，实施市场多元化战略有利于我国出口贸易的长期发展，但当今我国市场多元化战略的实施对出口稳定增长的影响并不显著。因此，要想使市场多元化战略既能提高我国出口贸易获利，又能促进我国出口稳定增长，就必须在实施出口市场多元化战略的同时考虑开拓市场的成本及我国在新市场的出口潜力，倾向于开拓那些政治经济比较稳定且我国出口潜力比较大的市场。同时还应注重培养自主创新能力，开发新的出口商品，增强出口商品的竞争能力，增加在新市场的出口份额，使出口市场多元化战略更好地促进我国出口稳定增长。

第三节　各种内部因素对我国出口稳定增长的影响的比较

内部因素会通过各种途径和方式制约我国的出口稳定增长，但由于不同的内部因素对我国出口稳定增长影响的途径和过程的差异，它们对我国出口稳定增长的影响程度也必然不同。通过把握这些内部因素对我国出口稳定增长影响的差异，可以更好地利用这些因素促进我国出口稳定增长。我们将分别从各种内部因素影响我国出口稳定增长的途径的差异和各种内部因素对我国出口增长影响的比较的实证分析两个方面进行分析。

一、内部因素共同影响我国出口稳定增长的途径

由现有文献和以上分析可以看出，技术进步、出口商品结构、出口退税、出口商品结构集中度和出口商品地理集中度会相互作用并共同影响我国出口稳定增长。我们可以将内部因素影响我国出口稳定增长的途径归纳为图5-25。

---

① 胡兵、乔晶，（2009）"我国出口国际区域结构的实证分析"［J］.《山西财经大学学报》第4期：21-27.

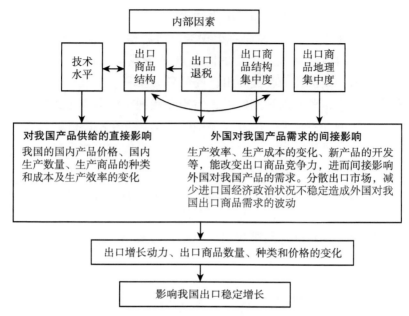

图5-25　内部因素影响我国出口稳定增长的途径

由图5-25可以看出，各种内部因素会相互影响，例如，一国的技术进步与出口商品结构相互影响。技术进步能改善一国的产业结构，一国产业结构的改善能带来出口商品结构的改善。马胜伟、何元贵（2010）[①]指出，一般来说，要素禀赋是外生的、给定的，当外生的资源禀赋无法发生改变时，一国可以通过内生的技术进步促使要素效率和禀赋结构变化，从而打破资源优势的静态特点，实现对外贸易结构的优化，从第二次世界大战后日本出口商品结构的演变历程，我们也可以发现技术进步能实现出口商品结构的优化。出口企业为了占有更多的市场份额，往往采用先进的技术和管理经验，一国出口商品结构的优化会通过先导作用，促进一国产业结构的改善，最终促进一国技术进步。李荣林、姜茜（2010）运用协整检验、误差修正模型就1987~2007年制造业对外贸易结构与产业结构之间的关系进行了多角度全方位的分析，发现无论是长期还是短期，出口贸易结构变化都是影响产业结构的重要因素。此外，一国的出口商品结构的变化又会影响该国的出口商品结构集中度，同时，出口商品

　　① 马胜伟、何元贵，（2010）"全要素生产率对出口贸易的影响——基于广东省的实证分析"［J］. 《工业技术经济》第3期：92-96.

结构集中度的变化也会影响一国的出口商品结构。此外，一国对不同种类出口商品出口退税率的结构调整也会影响一国的出口商品结构，提高资本技术密集型商品的出口退税率，降低劳动密集型商品出口退税率，会使资本技术密集型商品的出口成本下降，劳动密集型商品的出口成本上升，从而使资本技术密集型商品的出口有所上升，劳动密集型商品的出口受到一定的抑制，出口商品结构得到一定改善。

各种内部因素在相互作用的同时，共同作用于我国出口稳定增长。各种内部因素同样是通过影响我国产品的供给及外国对我国产品的需求，进而影响我国出口增长动力、出口商品数量、种类及价格的变化，最终影响我国的出口稳定增长。

二、不同内部因素影响我国出口稳定增长的过程的比较

虽然各种内部因素对我国出口稳定增长的影响途径有点类似，但不同内部因素影响出口稳定增长的过程有一定的差异。通过比较不同内部因素对我国出口稳定增长影响的产生过程，可以更好地把握各种内部因素的变化对我国出口和整个经济的影响大小和影响范围，进而采取正确合理的措施促进我国出口和整个经济的稳定增长。我们将对这五种主要的内部因素对我国出口稳定增长影响产生的过程加以比较。

技术水平、出口商品结构、出口退税和出口商品结构集中度都是通过直接或间接影响我国国内供给，进而影响我国出口稳定增长。技术进步是促进我国出口保持稳定增长的最根本动力，技术水平对我国国内生产和供给的影响最直接，技术进步会直接影响我国的国内生产和供给，提高我国出口产品的国际竞争力，改变我国国内要素禀赋，进而优化我国出口商品结构，提高我国在国际分工中的地位，同时提高原有出口产品的生产效率，降低原有出口产品生产成本，促使新产品出现，间接促使外国对我国产品的需求增加；出口商品结构的改变会影响我国的贸易条件，进而影响国内出口企业生产的积极性和国内的供给，最终影响我国的出口；出口退税率的调整将会直接影响出口产品的生产成本及国内市场价格，进而影响国内的生产和出口，还会间接影响国内的产业结构和出口商品结构，最终影响我国出口稳定增长；出口商品结构集中度的变化会影响我国的出口商品结构、贸易条件和国内生产企业的规模经济效益，进而影响国内生产和供给，最终影响我国的出口增长和出口波动幅度。出口商品地

理集中度主要是通过影响我国出口风险和出口商品议价能力，影响外国对我国出口商品的需求，进而影响我国出口稳定增长。

由此可以看出，内部因素主要是通过影响我国国内供给，进而影响我国出口稳定增长。尤其是技术进步对我国国内供给的影响最直接。只有出口商品地理集中度是通过影响外国对我国出口商品的需求来影响我国出口增长的，而且由出口商品地理集中度与我国出口关系的实证分析可以看出，出口商品地理集中度对我国出口增长的影响并不明显。

三、各种内部因素对我国出口增长影响差异的实证分析——基于偏最小二乘法的回归分析

由上一节的分析可以看出，出口商品地理集中度对我国出口稳定增长的影响不是很明显，技术进步、出口商品结构、出口退税及出口商品结构集中度对我国出口稳定增长的影响比较明显。技术进步、出口商品结构、出口退税及出口商品结构集中度对我国出口稳定增长影响程度的大小有何差异？对该问题的分析将有助于更好地利用这些内部因素来带动我国出口稳定增长，我们将对这一问题进行实证分析。

（一）模型的建立

我们将以我国出口为因变量，从技术进步、出口商品结构、出口退税及出口商品结构集中度为自变量建立多元回归模型。具体见（5.17）式。

$$exp = c + \alpha tec + \beta str + \gamma tax + \delta int \tag{5.17}$$

其中，exp 表示我国各年度的出口额，tec 表示我国各年度的技术水平（用研发投入来衡量），str 表示我国各年度的出口商品结构（用资本技术密集型商品出口占出口商品总额比例来衡量），tax 表示我国各年度的出口退税额，int 表示我国各年度出口商品结构集中度（用 Gini-Hirschman 系数来衡量）。根据数据的可得性，我们选取 1986~2011 年的年度数据进行实证分析。

（二）数据来源

各年度的出口额来自各年份的《中国统计年鉴》，研发投入数据来自各年份的《中国科技统计年鉴》，各年度的出口商品结构数据是根据我国商务部网站的数据进行计算得出，各年度的出口退税额来自国研网数据库，各年度出口

商品结构集中度是根据联合国贸易统计数据库数据计算得出。为了分析技术进步、出口结构、退税额和出口商品结构集中度指标对我国出口的影响，我们对出口、技术进步、退税额进行了价格调整，并将其转化为对数的形式。

（三）方法的选择

由于影响我国出口稳定增长的各种内部因素间相互作用比较明显，例如技术进步会明显影响我国的出口商品结构，所以，在多元回归分析中各个变量间的相关性比较强，即会出现明显的多重共线性，如果用普通的最小二乘法进行回归分析，将会导致显著性检验失效，回归结果的精确度大大下降。为了消除多重共线性的影响，我们选择了偏最小二乘（Partial Least-Squares，PLS）方法进行回归分析。偏最小二乘回归≈多元线性回归分析+典型相关分析+主成分分析，与传统多元线性回归模型相比，偏最小二乘回归有以下几个优点[1]：①能够在自变量存在严重多重共线性的条件下进行回归建模；②允许在样本点个数少于变量个数的条件下建模；③最终模型中包括所有自变量；④更易于辨识系统信息与噪声；⑤每一个自变量的回归系数更容易解释。因此，偏最小二乘回归聚集了普通最小二乘法与主成分分析的优点，既不损失自变量又能消除多重共线性。

PLS方法有单因变量的PLS回归与多因变量的PLS回归，我们研究的是单因变量出口与各种内部影响因素之间的关系，所以，我们在这里仅仅讨论单因变量的PLS回归。我们采用软件SAS9.2，通过编程进行偏最小二乘分析。

1. 单因变量PLS回归方法建模思路[2]

设因变量Y和p个自变量构成的自变量集合$X = [x1, \cdots, xp]$，为了研究因变量与自变量之间的统计关系，我们观测了n个样本点，由此构成了n维的因变量向量和由自变量构成的n×p的观测矩阵$X = [x1, \cdots, xp]_{nxp}$。PLS回归方法是首先在矩阵X中提取成分t1（t1为x1，…，xp的线性组合），要求t1应可能大地携带X中的变异信息，且与Y的相关程度最大，这样，t1尽可能好地综合了X的信息，同时对Y又有最强的解释能力，在第一个成分t1被提取后，PLS回归分别实施X对t1的回归及Y对t1的回归，如果回归方程已经达到满意的精度，则算法终止；否则，将利用X被t1解释后的残余信息

①　王惠文，（1999）《偏最小二乘回归方法及其应用》［M］. 国防工业出版社.

②　许和连、赖明勇、钱晓英，（2002）"外商直接投资影响因素的偏最小二乘回归建模分析"，［J］《中国管理科学》第5期：20－25.

进行第二轮的成分提取，如此反复迭代，直到能达到一个较满意的精度为止，若最终对 X 共提取了 k 个成分 t1，…，tk，PLS 回归将通过实施 Y 对 t1，…，tk 的回归，然后表达成 Y 关于原变量 x1，…，xp 的回归方程。

2. PLS 成分个数的确定[①]

PLS 回归分析中需要提取成分，成分个数的确定很关键，在确定成分个数时既要克服多重共线性，又要使所提取的成分更好地解释系统。学术界广泛应用交互检验（Cross Validation，CV）方法来确定成分个数。

交互检验就是求得使预测残差平方和（Prediction Residual Error Sum of Squares，PRESS）最小时的成分数。

$$PRESS\ (k)\ =\ \sum_{i=1}^{n}\ (y_i - \hat{y}_{k(-i)})^2 \tag{5.18}$$

其中，y_i 为 y 在样本点 i 上的实际值，$\hat{y}_{k(-i)}$ 为 y 在样本点 i 上的拟合值，该拟合值是通过将样本点 i 代入用除去样本点 i 的样本使用 k 个 PLS 成分拟合的回归方程所得。使（5.18）式达到最小时的 k 即是要求的 PLS 成分数。

3. PLS 回归计算方法[②]

首先将自变量和因变量数据进行标准化处理，自变量 X 标准化处理后的数据矩阵为 E_0，因变量 Y 标准化处理后的数据矩阵为 F_0。

第一步，设 t_1 是 E_0 的第一个成分，$t_1 = E_0 w_1$，w_1 是 E_0 的第一个轴，是一个单位向量；u_1 是 F_0 的第一个成分，由于 $u_1 = F_0$，可得：

$$w_1 = E_0' F_0 / \parallel E_0' F_0 \parallel \qquad p_1 = E_0' t_1 / \parallel t_1^2 \parallel \qquad E_1 = E_0 - t_1 p_1' \tag{5.19}$$

然后，检验交叉有效性。若有效，就继续计算，否则只提取一个成分 t_1。

第 h（h=2，…，m）步，已知数据 E_{h-1} 和 F_0，可得：

$$w_h = E_{h-1}' F_0 / \parallel E_{h-1}' F_0 \parallel \qquad t_h = E_{h-1} w_h \qquad p_h = E_{h-1}' t_h / \parallel t_h^2 \parallel \qquad E_h = E_{h-1} - t_h p_h' \tag{5.20}$$

其中，$\parallel \cdot \parallel$ 表示向量的模。检验交叉有效性，若有效，就继续计算，否则停止求成分的计算。这时得到 m 个成分 t_1，…，t_m，实施 F_0 在 t_1，…，t_m 上的回归，得到：

$$\hat{F}_0 = r_1 t_1 + \cdots + r_m t_m \tag{5.21}$$

---

① 许和连、赖明勇、钱晓英，（2002）"外商直接投资影响因素的偏最小二乘回归建模分析"，[J]《中国管理科学》第 5 期：20-25.

② 王惠文，（1999）《偏最小二乘回归方法及其应用》[M]. 国防工业出版社.

由于 t_1，$\cdots$，t_m 均是 E_0 的线性组合，即：

$$t_h = E_{h-1} w_h = E_0 w_h^*$$ (5.22)

所以，$\hat{F}_0$ 可以写成 E_0 的线性组合，即：

$$\hat{F}_0 = r_1 E_0 w_1^* + \cdots + r_m E_0 w_m^* = E_0 (r_1 w_1^* + \cdots + r_m w_m^*)$$ (5.23)

可以将上式还原成 y 对 x 的回归方程形式：

$$\hat{y} = a_0 + a_1 x_1 + \cdots + a_p x_p$$ (5.24)

4. 变量投影重要性指标

在偏最小二乘回归分析中，通常采用变量投影重要性指标（Variable Importance in Projection，VIP）来衡量各个自变量在解释因变量时的作用的重要性[①]。自变量是通过成分 t 来解释因变量的，如果成分 t 能很好地解释因变量，而且自变量在构造成分 t 时起着重要作用，那么自变量对解释因变量也起着重要作用，此时自变量在解释因变量时的重要性可以用 VIP 来衡量，具体如（5.25）式所示。

$$VIP_j = \sqrt{\frac{p \sum_{h=1}^{m} RD(y;t_h) w_{hj}^2}{RD(y;t_1,\cdots,t_m)}}$$ (5.25)

其中，p 表示自变量个数，w_{hj} 表示轴 w_h 的第 j 个分量，它被用于测量 x_j 对构造 t_h 成分的边际贡献，RD（y；t_h）和 RD（y；t_1，$\cdots$，t_m）分别表示 t_h 对 y 的解释能力及 t_1，$\cdots$，t_m 对 y 的累计解释能力，且有：

$$RD(y;t_h) = r^2(y;t_h)$$ (5.26)

$$RD(y;t_1,\cdots,t_m) = \sum_{h=1}^{m} RD(y;t_h)$$ (5.27)

r（y；t_h）表示因变量 y 与主成分 t_h 的相关系数。一个自变量的 VIP 越大，就意味着该自变量对因变量的解释作用越大。如果一个自变量的 VIP 大于 1，则意味着该自变量对因变量的解释作用比较明显；如果一个自变量的 VIP 小于 1，则意味着该自变量对因变量的解释作用不明显。

（四）实证分析结果

1. 多重共线性检验

根据学者以往的研究成果，制约出口稳定增长的各种内部因素之间相互影

---

① 王惠文，（1999）《偏最小二乘回归方法及其应用》[M]. 国防工业出版社.

响，彼此有很强的相关性。为了分析技术进步、出口结构、退税额和出口商品结构集中度指标对出口的影响，需要首先对模型进行多重共线性检验。用 SAS9.2 计算各个自变量的膨胀因子（记作 VIF），从而来诊断变量间的多重共线性，具体检验结果见表 5-24。所有变量中最大的 VIF 值常被用来作为判断多重共线性的指标，如果最大的 VIF 值大于 10，通常就表明变量间存在严重的多重共线性，这种相关性会严重影响最小二乘法的估计值。由表 5-24 可以看出，技术进步、出口结构、出口退税和商品结构集中度的 VIF 值远大于 10，技术进步和出口退税的 VIF 值达到 28.26795 和 29.75185。由此可以看出，模型有较强的多重共线性，不能用普通最小二乘法对模型进行回归分析，有必要采用偏最小二乘法。

表 5-24　多重共线性检验结果

变量	VIF	容忍度
常数项	0	
技术进步（tec）	28.26795	0.03538
出口商品结构（str）	11.37115	0.08794
出口退税（tax）	29.75185	0.03361
出口商品结构集中度（int）	13.46556	0.07426

2. 交叉有效性检验

通过交叉有效性验证法确定偏最小二乘法的成分数，具体检验结果如表 5-25 所示，PRESS 统计量是拟合值与真实值之间的偏差平方和，因此 PRESS 统计量越小，所提取的主成分越能反映变量的信息。由表 5-25 可以看出，当提取 3 个主成分时，获得最小的残差平方和为 0.13821，此时所提取的成分能充分反映总体信息，所提取的信息量如表 5-26 所示。

表 5-25　交叉有效性分析

成分数	PRESS	成分数	PRESS
0	1.045455	3	0.13821
1	0.19294	4	0.139903
2	0.1415		

由表 5-26 可以看出，三个主成分解释自变量信息达到 98.1521%，解释因变量信息的能力为 97.7818%。

表 5-26　各成分对变量的贡献率与累计贡献率

单位:%

主成分	主成分对自变量信息贡献率	主成分对自变量信息累计贡献率	主成分对因变量信息贡献率	主成分对因变量信息累计贡献率
1	88.0220	88.0222	94.5532	94.5532
2	4.1117	92.1339	2.6694	97.2226
3	6.0182	98.1521	0.5592	97.7818

3. 模型结果

利用 PLS 回归方法得到原始自变量，技术进步、出口结构、出口退税与出口商品结构集中度对出口影响的回归模型，具体结果见表 5-27。

表 5-27　PLS 回归模型运算结果

变量	偏回归系数	标准回归系数
常数项	2.9781	
技术进步（tec）	0.4071	0.3785
出口商品结构（str）	2.3330	0.1617
出口退税（tax）	0.4313	0.3911
出口商品结构集中度（int）	1.7265	0.0930

由表 5-27 可以看出，技术进步、出口商品结构、出口退税及出口商品结构集中度均会影响我国出口增长，而且与出口之间表现出正向关系。

4. 变量投影重要性指标计算结果

为了衡量各个自变量在解释出口时的作用的重要性，我们需要计算各个变量投影的重要性指标，计算结果如图 5-26 所示。

由图 5-26 可以看出，出口商品结构和技术进步对出口的解释作用最大，其 VIP 值分别为 2.06547 和 1.98649，这说明在影响出口稳定增长的内部因素中，出口商品结构的改善和技术进步对我国出口增长的贡献最大，但技术进步对我国出口增长的贡献不如出口商品结构。这是因为出口结构的优化，能改善

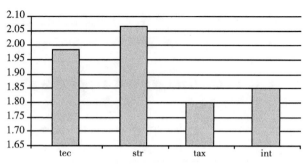

图 5-26　变量的投影重要性指标计算结果

我国贸易条件，增强出口企业的生产积极性，有利于我国出口增长；技术进步不仅能使我国原有出口商品生产效率提高，生产成本下降，还能促使我国生产要素改善，开发新的出口商品，提高出口商品竞争优势，从而促进我国出口增长。但由于我国科技成果转化率比较低，技术进步促进我国出口增长的潜力没有充分发挥出来。出口商品结构集中度的增加对出口的解释作用虽然不如技术进步和出口商品结构，但也比较明显，其 VIP 值为 1.86579，这是因为我国出口商品仍然主要集中于劳动密集型商品，这样虽然能充分发挥我国劳动力比较优势，获得更大的规模经济效益，促进我国出口增长，但同时会导致我国出口增长后劲不足。出口退税对我国出口的解释作用不如出口商品结构集中度，但也比较明显，其 VIP 值为 1.81676，这说明随着出口退税的提高，我国出口会增加，这是因为出口退税的提高能降低出口商品成本，直接增强我国出口商品低价的优势，从而促进出口增长。

由此可以看出，技术进步、出口商品结构、出口退税及出口商品结构集中度对我国出口增长的影响都很明显，都是影响我国出口增长的主要因素，但其影响程度有一定的差异。首先，出口商品结构和技术进步对我国出口增长的促进作用最显著，其次是出口商品结构集中度，最后是出口退税。因此，为了促进我国出口稳定增长，应增加研发投入，提高整体技术水平，优化出口商品结构，根据我国出口形势，有针对性地适时提高出口退税水平，使出口由原先集中为劳动密集型商品转变为集中为资本技术密集型商品，在一定程度上提高出口商品结构集中度的同时增强出口增长的动力，进而促进我国出口稳定增长。

第六章　内外部因素影响出口稳定
增长的扩展分析

一国的出口稳定增长会同时受到内外部因素的制约，在内外部因素共同作用下，我国出口会发生相应的变化。内外部因素如何相互作用并共同影响了我国的出口增长？内部因素与外部因素对我国出口稳定增长的影响有何差异？对以上问题的回答有利于我国更好地制定稳定出口增长的政策。我们将在本章对以上问题——进行分析。

第一节　内外部因素共同影响出口稳定增长的机制

一、内部因素与外部因素的相互作用

影响我国出口稳定增长的内部因素与外部因素并不是相互隔离的，它们之间是相互联系相互影响和相互作用的。

一方面，外部因素的变化会影响内部因素。首先，外部因素的变化有可能会有利于我国的内部因素。例如外生贸易壁垒的变化会影响我国的出口商品结构，外国对我国劳动密集型出口商品实施的贸易壁垒的增加，能间接促使我国出口商品结构的改善；此外，外商直接投资的变化也会影响发展中国家出口商品结构的变化，外商直接投资增强了我国产品出口竞争能力，改善了我国出口商品结构。弗农的产品生命周期理论认为"外商直接投资进入东道国，在东道国设立生产企业，会为东道国带来资本和增加资本积累，进而影响其出口商品结构"。王博（2009）采用我国1983~2006年的年度数据，实证研究了外商

直接投资（FDI）与出口增长、出口商品结构的影响，结果表明外商直接投资不仅促进了我国的出口扩张，而且外商直接投资对资本密集型产品出口的影响力要大于对劳动密集型商品出口的影响力，这表明外资在一定程度上促进了我国商品出口结构的优化。其次，外部因素的变化有时候会不利于我国内部因素的改善。例如，外国对我国资本密集型出口商品实施的贸易壁垒的增加，会造成我国减少资本密集型产品的生产增加劳动密集型产品的生产，间接阻碍我国出口商品结构的改善；FDI的减少会导致我国出口商品结构改善的速度放缓。由此可以看出，外部因素会影响内部因素，但外部因素对内部因素的影响比较间接，并不能从根本上改变内部因素。

另一方面，内部因素的变化会影响外部因素。通常可以通过内部因素的变化改变外部因素。首先，出口商品地理集中度的变化会导致外生贸易壁垒的变化，出口市场多元化有利于减少外生贸易壁垒，出口市场过分集中会导致我国出口商品面临的外生贸易壁垒增加，我国出口市场过分集中于美国和欧盟是我国出口面临来自美国和欧盟的贸易壁垒比较多的一个重要原因，例如，2009年的"活拔绒"事件产生的一个重要原因就是中国出口的羽绒制品过度集中在欧洲①。根据海关统计，2008年中国1322家羽绒企业对欧洲出口羽绒羽毛及其制品，共计7.2亿美元，占中国羽绒行业出口金额的37%。其次，技术进步能改善很多外部因素。例如，技术进步会影响外生贸易壁垒。由于我国与发达国家技术水平的差距，技术性贸易壁垒已经成为我国出口商品面临的最主要的贸易壁垒，而突破技术性贸易壁垒的最根本途径就是提高我国技术水平，所以，技术进步有利于减少我国面临的外生技术性贸易壁垒。技术进步还能影响外商直接投资的质量，技术进步还能促使我国吸引高水平的外商直接投资，使外商直接投资更好地促进我国出口稳定增长。另外，技术进步还会影响我国参与区域贸易安排的范围。技术水平的提高可以使我国开发出更多种类的新产品，这样我国就可以根据自己的比较优势在更广泛的范围内参与区域贸易安排，使区域贸易安排更好地促进我国出口稳定增长。此外，出口商品结构的变化也会引起其面临的外生贸易壁垒的变化，随着人类对环境和资源保护意识的增强，低耗能、高技术含量的低碳产品成为世界商品发展的一个趋势，发达国

---

① 该事件缘起瑞典一家电视台连续播放了一档名为"冷酷的事实"的节目，该节目报道了部分中国企业"活拔绒"的场景，结果一些消费者因"活拔绒"存在虐待动物的可能，纷纷开始抵制中国制造的羽绒制品，中国企业订单迅速减少。此事件表面上看是动物保护主义的举措，实际上是一种国际贸易保护主义的举措。

家提出修改国际贸易规则，使国际竞争规则更有利于现代化的高成本和高清洁的制造业的发展，例如，欧盟和美国已经提出对进口的高耗能商品征收碳关税等举措，限制高耗能商品的贸易。我国应根据世界贸易结构的趋势调整我国出口商品结构，从而减少来自国外的贸易壁垒。我国出口商品结构的改变还会在一定程度上导致人民币汇率的变化。"巴拉萨—萨缪尔森效应"指出，经历高速经济增长的国家，其可贸易品部门的生产率提高较快，这将导致其实际汇率升值。马丹、许少强（2005）通过理论与实证分析认为，出口商品结构（制成品相对初级产品）的优化能反映其可贸易品部门生产率的变化，由此得出中国贸易结构的变化在一定程度上可以解释人民币实际有效汇率的变化。出口退税率的调整也会影响人民币汇率，随着我国出口的迅速增长，外汇储备迅速增加，由此增加了人民币升值的压力，通过调低出口退税率可以促使出口增速放缓，减缓外汇储备的增加速度，进而缓解人民币升值的压力。出口退税率调低使实际有效汇率下降，人民币汇率变相提高。出口退税率调低部分抑制了出口增长，缓解了由于外汇储备增加所带来的人民币升值，保持人民币汇率的稳定①。

由此可以看出，影响我国出口稳定增长的外部因素会促使内部因素的改变，外部因素对我国出口稳定增长的冲击既存在机遇又存在挑战，我们应把握住机遇并迎接挑战，更好地利用外部因素促进内部因素的改善。例如，针对我国劳动密集型出口商品外生贸易壁垒的增加，我国政府和企业一方面应采取措施积极应对，另一方面也应借此加快出口商品结构调整的速度，促进出口商品结构的改善。此外，影响我国出口稳定增长的内部因素的改善能促进外部因素的改善，从而带来外部因素的同时改善，进而促进我国出口稳定增长。

二、内外部因素共同影响我国出口稳定增长的途径

在现实中，内部因素和外部因素会相互影响，然后共同作用于我国的出口稳定增长。外部因素主要是通过影响我国出口产品的价格、出口商品数量来直接影响外国对我国产品的需求，改变国内生产要素禀赋等途径影响国内供给，进而影响我国出口稳定增长；内部因素是通过影响国内产品价格、生产商品成

---

① 董雯雯，（2008）"调整出口退税对人民币汇率的影响分析"［J］.《黑龙江对外经贸》第11期：56-58.

本和种类、出口商品竞争力及出口市场范围等途径，影响我国产品生产和供给及外国对我国产品的需求，进而影响我国出口稳定增长。具体如图 6-1 所示。

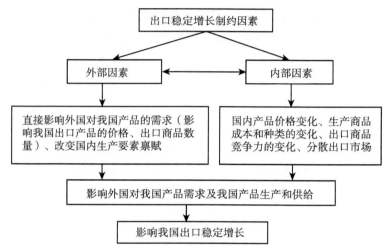

图 6-1　内外部因素共同影响我国出口稳定增长的途径

第二节　内外部因素影响我国出口稳定增长机制的比较

一、内外部因素影响我国出口稳定增长的机制的相同点

我们可以将一国的出口增长分为需求因素带动的增长与供给因素带动的增长。外部因素和内部因素最终均是通过影响外国对我国产品的需求及我国产品的生产和供给，从而影响我国出口稳定增长。

外部因素与内部因素均会影响我国国内的生产和供给。首先，外部因素大多会间接影响出口国国内的生产和供给，其中 FDI 会直接影响出口国国内的生产和供给。进口国收入的变化会间接影响我国国内的供给，由于通常劳动密集型商品的收入需求弹性小于资本密集型商品的收入需求弹性，所以随着进口国收入的增加，进口国对资本密集型商品增加的需求大于对劳动密集型商品增加的需求，世界市场上资本密集型商品的相对价格会上升，从而会促进我国国内的出口企业生产更多资本密集型商品；进口国对我国出口商品设置的外生贸易壁垒的变化也会间接影响我国国内的供给，进口国对我国劳动密集型出口商品设置的贸易壁垒的增加，会造成我国国内劳动密集型产品价格下降，我国会减少劳动密集型产品的生产增加资本密集型产品的生产；汇率的变化也会间接影响我国国内的生产。人民币的贬值能促进我国出口商品数量增加，出口商会根据国外需求调整国内的生产；根据替代效应理论和互补效应理论，FDI 会直接影响我国国内的生产和供给，进而影响我国的出口增长，但 FDI 对我国国内供给的影响是替代效应和互补效应共同作用的结果，是很有限的；区域贸易安排对我国国内供给的影响与外生贸易壁垒对我国国内供给的影响类似，会间接影响我国国内的供给。其次，内部因素也会影响国内的供给。例如，技术进步会直接影响国内供给，出口商品结构、出口商品结构集中度及出口退税的变化会间接影响国内供给。技术进步会促进我国国内生产效率的提高，并且我国会通过技术进步开发出新产品，从而增加我国国内生产商品的种类；在经济全球化背景下，我国的生产不仅要考虑国内的需求还要考虑国际市场的需求，所以，我国出口商品结构和出口商品结构集中度必然会影响国内的生产和供给。李磊（2000）分析了 1985~1998 年我国出口贸易结构与产业结构的关系，发现劳动密集型行业出口贸易结构与产业结构负相关，资本密集型行业出口贸易结构与产业结构正相关；出口退税政策也会影响我国的出口，我国的出口发生变化后，国内的供给会根据国外需求的变化进行调整，所以，出口退税政策也会间接影响我国国内的供给。对资本密集型产品实施出口退税，则会促使国内资本密集型产品的相对价格上升，国内资本密集型产品的供给就会增加。

外部因素与内部因素也会影响进口国对我国出口商品的需求。首先，外部因素大多会直接影响进口国对我国出口商品的需求。其中，进口国收入、外生贸易壁垒、汇率的变化及区域贸易安排的参与会直接影响进口国对我国出口商品的需求。进口国收入的减少会直接导致进口国对我国出口商品需求的减少，而且对需求收入弹性大的资本密集型商品的需求减少得更多，例如，由于金融危机，2009 年德国出口下降幅度大于中国，中国出口额超过德国。进口国收入的增加会直接导致进口国对我国出口商品需求的增加；外生贸易壁垒及区域贸易安排的参与会影响我国出口商品在进口国的价格和数量，进而影响进口国对我国出口商品的需求。外生贸易壁垒的减少及区域贸易安排的参与会降低我国出口商品在进口国的价格，引起外国对我国出口商品需求的增加从而促进我国出口增长；汇率的变化会直接引起我国出口商品在进口国的价格变化，从而影响进口国对我国出口商品的需求。例如，人民币的贬值使我国出口商品以外币表示的价格下降，从而促进外国对我国出口商品需求的增加。其次，内部因素也会影响进口国对我国出口商品的需求。例如，出口退税会引起我国出口商品价格的变化，进而引起进口国对我国出口商品需求的变化。出口退税的提高可以使出口企业以更低的价格出口商品，从而促使进口国对我国出口商品需求的增加。林龙辉（2010）基于产品层面的最新数据，利用多变量协整分析、脉冲响应函数等计量模型，分别从长期和短期视角实证检验了出口退税政策对我国制造品出口价格的影响大小。实证结果表明，出口退税率每提高1%，将导致我国纺织品对美国市场的出口价格大约下降2.45%；此外，技术进步会提高国内生产效率，降低出口商品生产成本，进而降低出口商品价格，最终间接影响进口国对我国出口商品的需求。但由第五章第三节的实证分析可以看出，出口退税对我国出口增长的贡献比较小。

二、内外部因素影响我国出口稳定增长机制的区别

内外部因素都是通过影响进口国对我国出口商品的需求或我国国内的供给，进而影响我国出口稳定增长。但内部因素与外部因素对我国出口稳定增长影响的产生过程有一定差异。大多外部因素会直接影响外国对我国产品的需求，或间接影响我国国内供给和生产，而且对国内生产和供给的影响相对比较小；大多内部因素会直接影响我国国内生产和供给，进而影响我国出口商品质量和竞争力，对外国对本国产品需求的直接影响相对比较小。而依靠外国需求数量增加带动的出口增长易发生波动，不具有持续性，因此，通过干预外部因素来带动的出口增长不具有持续性。而通过改善内部因素带来的出口增长不易受外部冲击，而且具有持续性。例如，提高技术水平，可以提高我国出口商品质量和竞争力，增加出口商品种类，从而带动我国出口长期持续的增长。外国对我国产品的需求及我国国内供给和生产的变化共同影响了我国的出口稳定增长。外国对我国产品需求的变化对我国出口增长的影响更加直接，但我国国内生产和供给的变化能改变我国出口商品种类和质量，进而又能改变外国对我国产品的需求。所以，影响我国出口稳定增长的根本因素是内部因素。外部因素通常是难以控制和驾驭的，是影响我国出口稳定增长的外在力量；内部因素通常是可以控制和驾驭的，是影响我国出口稳定增长的内在力量，而且内部因素

的改善通常能同时带来外部因素的改善，外部因素的改善能促使内部因素的改变，但不能带来内部因素的根本改善。例如，随着我国出口增长，我国出口商品面临的外生贸易壁垒也随之迅速增加，这主要是由我国旧有的高耗费低附加值的出口增长模式造成的。通过技术进步提高出口商品的质量和档次，可以促使我国出口商品面临的外生贸易壁垒下降。但如果仅靠更好地应对外生贸易壁垒，并不能从根本上改善我国出口商品结构，提高出口商品的档次。所以，改变和影响内部因素是促进我国出口稳定增长的根本途径。

第三节　FDI 与出口商品结构影响我国出口增长的比较
——基于脉冲响应函数方法的实证分析

外部因素和内部因素的变化会同时影响我国出口增长，但由本章第二节的分析可以看出，内外部因素影响我国出口增长的机制不同，内部因素能从根本上影响我国的出口增长。在本节我们将采用脉冲响应函数方法比较内外部因素对我国出口增长的动态影响。由于外部因素的数据大多是面板数据，而内部因素的数据是时间序列数据，所以无法将所有的内外部因素放入一个模型进行比较。由于外商直接投资是影响我国出口增长的一个重要可干预的外部因素，而且外商直接投资和大多内部因素一样会直接影响我国国内供给，内部因素中出口商品结构对我国出口增长的贡献度最大，所以我们选取外部因素中的外商直接投资、内部因素中的出口商品结构与出口建立向量自回归（VAR）模型来分析和比较当期外部因素与内部因素的变化对我国当期及今后出口稳定增长的动态影响。

一、数据来源和协整检验

因为向量自回归模型应用于具有协整关系的非平稳时间序列建模，所以在对各变量进行脉冲响应函数分析之前，我们必须对变量的平稳性进行检验。由于数据的可得性，我们选取的数据样本区间为 2003 年 1 月至 2008 年 10 月的月度数据，数据来自商务部官方网站。由于我们研究的是外商直接投资对出口的影响，所以我们采用的数据是外商直接投资的增量。根据各月份的出口数据计算出各月份的出口商品结构，用 str 表示，我们用资本技术密集型商品①出口占总出口的比例来衡量我国的出口商品结构。先对出口额和外商直接投资额取对数，以消除时间趋势，分别用 exp 和 fdi 表示，再对各项进行单位根检验。出口商品结构、出口、外商直接投资自然对数值及其一阶差分的 ADF 值如表 6-1 所示，其中，有无趋势项、截距项和滞后阶数根据 AIC 原则判断。

表 6-1　ADF 检验结果

项目	exp	fdi	str
d (0)	6. 710796 （−2. 599934、−1. 945745、−1. 613633）	0. 161578 （−2. 598907、−1. 945596、−1. 613719）	−2. 566143 （−3. 530030、−2. 904848、−2. 589907）
检验类型 (k、q、j)	2、NT、NC	0、NT、NC	1、NT、C
d (1)	−7. 206168 * （−4. 107947、−3. 481595、−3. 168695）	−10. 57654 * （−2. 599413、−2. 599413、−1. 613677）	−15. 07620 * （−2. 599413、−1. 945669、−1. 613677）
检验类型 (k、q、j)	4、T、C	0、NT、NC	0、NT、NC

注：d (i) 表示 i 阶差分，第二行括号内的数据分别表示 99%、95% 和 90% 置信度水平的临界值；上标 * 表示在 99% 置信度水平，拒绝存在单位根的零假设。检验类型中的 k 表示滞后阶数；q 表示有无趋势项（T 代表有趋势项，NT 代表无趋势项）；j 表示有无截距项（C 代表有，NC 代表没有）。

由表 6-1 可以看出，我国出口额、外商直接投资额和出口商品结构序列 ADF 检验的统计值比在 90% 的置信度水平下的临界值都大，所以，不能拒绝原假设，各序列存在单位根，是非平稳的。各序列的一阶差分序列的 ADF 检验的统计值均小于 99% 的置信度水平下的临界值，所以各序列的一阶差分都拒绝原假设，是平稳的。所以，各序列均为一阶单整，可以对各变量进行 Johansen 协整检验。

Johansen 协整检验结果如表 6-2 所示。由表 6-2 可以看出，"没有协整关系"的原假设的迹统计量的值为 52. 82840，大于 95% 置信度下的临界值 42. 91525，所以，应该拒绝原假设，表明这三个变量之间至少存在一个协整关系。而对于"至多一个协整关系"的原假设，迹统计量的值为 25. 58051，小于 95% 置信度

---

① 采用通常的做法，将第 5 类商品——化学品及其相关产品和第 7 类商品——机械及运输设备归类为资本技术密集型商品。

下的临界值 25.87211，所以接受原假设。协整检验结果表明，三个变量只存在一个协整关系。

表 6-2　协整检验结果

H_0	特征值	迹统计量	5%的显著度
None*	0.330152	52.82840	42.91525
At most 1	0.200571	25.58051	25.87211
At most 2	0.141292	10.35820	12.51798

二、VAR 模型的构建和估计

向量自回归（VAR）模型系统内每个方程有相同的等号右侧变量，而这些右侧变量包括所有内生变量的滞后值，每个变量对预测其他变量起作用。VAR 模型的具体表达式如下：

$$y_t = A_1 y_{t-1} + \cdots + A_N y_{t-N} + Bx_t + \varepsilon_t \tag{6.1}$$

其中，y_t 表示一个内生变量列向量，x_t 表示外生变量向量，A_1，$\cdots$，A_N 和 B 表示待估的系数矩阵，ε_t 表示误差向量。误差向量内的误差变量之间允许相关，但是这些误差变量不存在自相关，与 y_{t-1}，$\cdots$，y_{t-N} 和 x_t 也不相关。在 VAR 内每个方程最佳估计为普通最小二乘法[①]。

在（6.1）式的基础上以时间序列 exp、fdi 和 str 建立向量自回归（VAR）模型，要想正确建立 VAR 模型，需要正确地确定模型的滞后阶数，我们根据 AIC 标准确定 VAR 模型的最佳滞后阶数为 2。模型设定为 VAR（2），采用普通最小二乘法用 EViews6.0 得到的估计方程如（6.2）式所示。

$$\begin{pmatrix} \exp \\ fdi \\ str \end{pmatrix} = \begin{pmatrix} 0.039 \\ 0.314 \\ 0.136 \end{pmatrix} + \begin{pmatrix} 0.438 \\ 0.562 \\ 0.542 \end{pmatrix} \begin{pmatrix} \exp_{t-1} \\ fdi_{t-1} \\ str_{t-1} \end{pmatrix} + \begin{pmatrix} 0.513 \\ 0.067 \\ -0.157 \end{pmatrix} \begin{pmatrix} \exp_{t-2} \\ fdi_{t-2} \\ str_{t-2} \end{pmatrix} \tag{6.2}$$

$R^2 = 0.984$，$ADR^2 = 0.983$

由此可以看出，模型是显著的，其对数似然值为 107.9945，赤池信息

---

① 张晓峒，（2006）《Eviews 使用指南与案例》[M].机械工业出版社.

（AIC）值为-2.970426，施瓦兹值（SC）为-2.741947。只有模型稳定时，其结果才是有效的，才能进行脉冲响应分析。所以，在进行脉冲响应分析前，必须对估计出的 VAR 模型进行稳定性检验。我们用 AR 根进行检验，如果估计出的 VAR 模型的所有根的倒数小于 1，即全部根的倒数值在单位圆内部，则 VAR 模型是稳定的，否则是不稳定的。用 EViews6.0 得到的单位根如图 6-2 所示。

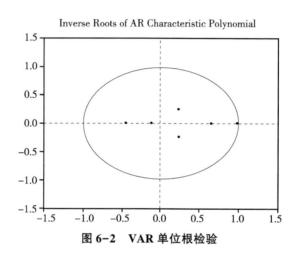

图 6-2　VAR 单位根检验

由图 6-2 可以看出，全部根的倒数均在单位圆内部，由此可以看出，所设定的模型（6.2）式是稳定的，可以对此模型进行脉冲响应分析。

三、脉冲响应分析

脉冲响应函数刻画了在扰动项上加一个一次性的冲击对于内生变量当前值和未来值所带来的影响，我国出口对外商直接投资和出口商品结构的脉冲响应如图 6-3 所示。横轴表示冲击作用的滞后期间，纵轴表示出口对扰动项一个标准差冲击的响应程度。

由图 6-3 可以看出，出口对于自身的一个标准差的正向冲击立即就表现出较强的正效应，这种效应在第 2 期有所下降，到第 3 期又有所上升，之后呈下降趋势。出口受到外商直接投资的正向冲击后，刚开始没有反应，第 2 个月开始，外商直接投资的冲击促进了出口增长，但这种促进作用不稳定，第 4 个

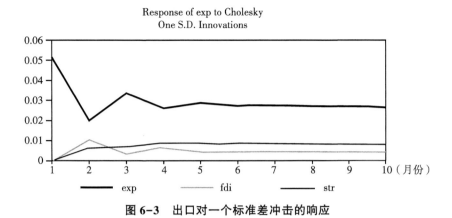

图 6-3 出口对一个标准差冲击的响应

月开始，外商直接投资对出口的促进作用逐渐削弱，第 7 个月开始，这种正效应比较稳定。这主要是由于在初期外商直接投资强化了我国原先的要素禀赋优势，促进我国增加具有要素禀赋优势的产品的生产，进而促进了我国的出口；到了后期，外商直接投资企业促成了我国出口部门的二元结构，而且对内资企业的挤出效应越来越明显。出口额受到出口商品结构的正向冲击后，刚开始没有反应，第 2 个月开始，出口商品结构的正向冲击促进了出口增长，第 4 个月，这种促进作用最大，第 5 个月之后，这种响应稳定在 0.03 左右。由此可以看出，外商直接投资和出口商品结构均对出口额有正的效应。在前 2 期外商直接投资对出口额的正效应超过出口商品结构的正效应，但从第 3 期开始出口商品结构对出口额的正效应超过外商直接投资的正效应。

四、预测方差分解

脉冲响应函数分析只能描述外商直接投资与出口商品结构的冲击对我国出口额的影响，但无法分析外商直接投资与出口商品结构的冲击对出口额变化的贡献度，通过建立预测方差分解模型可以解决该问题。方差分解可以将系统的预测均方误差分解为系统中各变量所做的贡献，进而可以描述外商直接投资与出口商品结构的冲击在我国出口额动态变化中的重要性。根据上面得到的 VAR 模型对出口额进行方差分解，分解结果见表 6-3。

表 6-3　出口额的预测方差分解

单位：%

时期	标准差	exp	fdi	str
1	0.052195	100	0	0
2	0.057137	95.38527	3.302286	1.312442
3	0.066795	95.15524	2.709359	2.135402
4	0.072639	93.43585	3.122217	3.441934
5	0.078856	92.83475	3.022598	4.142652
6	0.084101	92.23646	3.038777	4.724761
7	0.089095	91.90297	2.984244	5.112783
8	0.093647	91.62247	2.949236	5.428293
9	0.097918	91.41890	2.907642	5.673462
10	0.101902	91.25003	2.872898	5.877075

　　由表 6-3 可以看出，出口额的波动在第 1 期只受自身波动的影响，到了第 2 期，外商直接投资与出口商品结构对出口额波动的冲击开始显现出来。外商直接投资波动冲击对出口额的贡献度在前 6 期不断上下波动，从第 7 期开始呈下降趋势，第 7 期之后基本稳定在 2.9% 左右；从第 2 期开始，出口商品结构波动冲击对出口额的贡献度逐渐增强，到第 10 期增加到 5.877075%。在第 2 期和第 3 期，外商直接投资波动冲击对出口的贡献要大于出口商品结构波动冲击对出口的影响；从第 4 期开始，出口商品结构波动冲击对出口的贡献度大于外商直接投资波动冲击对出口的贡献度；到了第 10 期，出口商品结构波动冲击对出口预测方差的贡献（5.877075%）远大于外商直接投资波动冲击对出口预测方差的贡献（2.872898%）。出口对其自身预测方差的贡献率虽然逐渐减弱，但一直保持最高，第 10 期仍为 91.25003%。

五、结论

　　根据上述的脉冲响应和预测方差分解分析的结果，我们发现，外部因素外商直接投资与内部因素出口商品结构的变化对我国出口增长的动态影响不同。在初期，我国出口增长受到外商直接投资变化的影响较大，受到出口商品结构变化的影响较小；到了后期，我国出口增长受到出口商品结构变化的影响大于受到外商直接投资变化的影响。由图 6-3 及表 6-3 可以看出，在前 2 期我国出口受到外商直接投资的影响大于受到出口商品结构的影响；从第 3 期开始，我国出口受到出口商品结构的影响大于受到外商直接投资的影响。由此可以看出，外部因素的变化对我国出口增长的短期影响比较大，内部因素的变化对我国出口增长的长期影响比较大。

第七章 保持我国出口稳定增长的对策建议

在现实中，内部因素和外部因素会共同影响我国出口稳定增长，我们可以通过应对不可干预的外部因素、影响那些可干预的外部因素和可控制的内部因素来实现出口稳定增长。根据第四章至第六章的分析，外部因素：进口国收入、外生贸易壁垒、汇率、外商直接投资和区域贸易安排均会影响我国的出口稳定增长；内部因素：技术进步、出口商品结构、出口退税和出口商品结构集中度也会影响我国的出口稳定增长，虽然出口商品地理集中度对我国出口增长的影响不明显，但会影响我国出口的稳定。在本章，我们将根据第三章至第六章的分析结果，依据经济政策学提出相应的保持我国出口稳定增长的对策建议。

第一节 出口稳定增长的政策理论——经济政策学

我们可以用荷兰经济学家计量经济学创始人丁伯根创立的经济政策学来解释我国出口稳定增长的实现。经济政策学主要研究了各种政策要素之间的协调，即政策目标的协调、政策工具协调以及政策主体的协调原理等。丁伯根在他撰写的著作《经济政策：原理与设计》中设计了 21 个计量经济政策模型以定量方法研究了政策目标与工具的协调性。经济政策学的核心是研究政策的协调，阐述如何从政策技术上保证经济稳定增长[1]。保持出口稳定增长的政策理论与保持经济稳定增长的政策理论类似。

---

① 周炼石，（2008）"论经济稳定增长政策理论"［J］.《上海行政学院学报》第 5 期：4-15.

一、出口目标多元化与协调化原理

一国出口增长大起大落的一个主要原因是出口目标的单一化。政府没有协调好当前出口增长与出口增长动力，如贸易条件改善、产业结构及出口商品结构调整之间的矛盾。一些国家出口的目标就是出口的快速增长。例如我国过去出口的目标就是创汇，忽略了国内产业结构的调整及贸易模式的改变等。随着我国出口的迅速增长，我国旧有的高耗费、高污染、高对外贸易依存度及低附加值的贸易模式成为我国出口持续增长的瓶颈，而且来自国外的贸易壁垒也在逐年增加，如果不调整单一的出口增长的目标，我国的出口增长将难以为继，出口将会大幅波动。所以，我国政府应该提出转变出口增长方式，保持出口稳定增长的多元化的出口目标。

要实现出口稳定增长，就是要同时实现出口增长和出口稳定两个目标。出口增长和出口稳定既相互联系又有区别。出口稳定是建立在出口增长基础上的稳定，但出口增长同时也必须建立在出口的长期可持续发展的基础上。出口增长和出口稳定是两个不同的概念。出口增长更多是一个"量"的概念，出口稳定不仅是一个"量"的概念，更是一个"质"的概念。出口稳定的含义通常包括出口的长期可持续发展、出口结构的合理性、出口企业的经济活动充满活力及宏观调控的有效性[①]。没有出口增长就无法实现出口可持续发展，也就无法实现出口稳定。没有建立在出口稳定基础上的出口增长也无法长期持续下去。我国的出口要想更好地发展，就必须要在"量变"的基础上实现"量变"和"质变"的统一，即要实现出口增长和稳定的协调和统一。

在过去，衡量我国各地区业绩的一个重要指标就是出口创汇。各地区政府为了创业绩，只顾出口数量的增加，不管出口商品结构的优化和出口商品质量的提高，通过耗费大量的资源和能源来带动出口的增长。结果出口增长背后带来的是国内资源的耗竭、对国内环境的大量污染、对国外资源的依存度的提高、国际市场上资源价格的提高及与外国的贸易摩擦的加剧等，这一系列后果又会进一步抑制我国的出口增长。在当前国内外复杂的经济环境下，我国的出口增长要想持续下去，还必须在关注出口增长的同时更加关注出口的"质"，

---

① 孙静，（2011）"试析经济稳定与经济增长、经济发展的关系"［J］.《经济研究导刊》第20期：3-4.

在实现出口增长的同时更加注重出口商品结构的调整、贸易条件的改善等，以"质"的提高带动"量"的增长，实现出口稳定增长。

但在实现出口稳定增长的目标过程中会出现出口增长和出口稳定两个目标矛盾，如果在处理两个目标矛盾时顾此失彼，就必然难以实现出口稳定增长。例如，如果只关注出口的增加忽略了出口商品结构的调整和贸易条件的改善等，就会出现出口先是大幅增加随后增速将会越来越慢甚至大幅下降。经济政策学的一个重要观点就是运用经济政策原理，协调多元目标的矛盾和冲突。协调的基本方法是固定目标法和机动目标法①。

1. 固定目标法

固定目标法是丁伯根提出的重要原理。他的基本思想是，在确定所要实现的政策目标以后，必须提出实现目标的政策工具以保证目标的实现；相反，如果提不出相应的政策工具，或者无法求解这些政策工具值，则表明这些目标是有矛盾的，必须放弃某些目标，确保另外一些目标的实现。

固定目标法的最大优点是，由于每一组目标有相应的政策工具组做保证，使得多元目标更具有可达性。它所揭示的目标与工具的协调原理，是政策制定者确定目标数量、目标量值合理程度的重要依据。

2. 机动目标法

固定目标法使政策目标和实现手段结合起来，保证了目标的实现。但缺陷是当目标之间出现矛盾、政策工具短缺时，就不得不放弃某些目标，导致一国的经济或者政治损失。由泰尔提出的机动目标法解决了丁伯根的难题。其主要思想是，当政策目标发生矛盾不能同时实现时，不是放弃某些目标保留某些目标，而是把全部目标保留下来，使大多数目标不同程度地接近理想值，以寻求最大的社会经济效益的组合。机动目标法可以大致实现政府所要实现的目标，避免因放弃某些目标付出政治经济代价。机动目标法不仅继承了固定目标法的原则，还增加了协调的灵活性，成为实际工作中可操作的协调方法②。

由第三章我国出口增长现状及其不稳定性的分析可以看出，我国出口速度远超过世界平均水平，但我国出口增长的波动性也远超过世界平均水平。由此可以看出，我国在今后发展出口的过程中应该更好地协调出口增长和出口稳定两个目标。机动目标法对我们协调出口增长和出口稳定两个目标矛盾，争取出

①② 周炼石，（2008）"论经济稳定增长政策理论"［J］.《上海行政学院学报》第5期：4-15.

口增长和出口稳定目标的同时实现，防止出口大起大落，实现出口又好又快地增长，具有现实的指导和操作意义。在我国出口发展的过程中，出口增长与出口稳定有时候会产生冲突，我们可以采用机动目标法来协调出口增长与出口稳定的目标。例如，由于我国旧有的出口贸易模式，出口增长过快导致出口难以持续，这时候我国可以适当下调出口增长的目标，将更多的经费和支出用于研发投入及产业结构的调整方面，增强出口增长的持续性。随着我国出口商品结构不断得到优化、出口商品质量不断得到提高及出口商品竞争力不断增强，我国的出口增长和出口稳定两个目标就会逐渐地统一。

二、贸易政策工具边界条件原理

政策工具边界条件原理是指任何政策工具都必须在一个边界值内实施，不能超过这个边界值范围，否则会造成一个国家出口的大幅波动，对一个国家造成巨大的损失。丁伯根认为，任何政策"事实上存在着某些工具上的极限值（或边界条件）。存在这些极限的可能是由于物质的原因……也可能来自心理上的从而也是政治上的原因"[1]。贸易政策工具也不例外，任何贸易政策工具的实施也必须遵循边界条件原理。

很多理论和实践证明了贸易政策工具边界条件的存在。例如，著名的最优关税论证明了贸易政策边界条件的存在，具体如图7-1所示[2]。其中，横坐标表示关税率水平，纵坐标表示征收国的福利水平，曲线AB表示关税水平对本国福利的影响，OA表示自由贸易状态下的社会福利水平，t^*表示最佳关税，此时$dw/dt=0$。t_H表示禁止性关税，对应于该关税水平，国内经济恢复到封闭状态，所以当关税水平大于等于t_H时，社会福利水平要低于自由贸易下的福利水平OA。大国对进口商品征收关税可以改善本国的贸易条件，但同时会带来贸易量减少，当一国关税水平达到最优关税水平t^*时，该国实施关税使本国福利水平达到最大，超过最优关税水平时，关税的征收会导致该国整体福利的下降。由此可以看出，关税政策也必须在一个范围内实施，超过该范围对本国不利，会造成该国福利的减少。

---

① J. 丁伯根著，(1988)《经济政策：原理与设计》[M]. 张幼文译，商务印书馆，第86页.
② 李坤望，(2009)《国际经济学》[M]. 高等教育出版社.

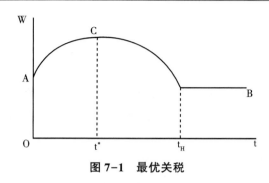

图 7-1　最优关税

美国在 1930 年通过的斯牧特—郝利关税法案（Smoot-Hawley Tariff Act）在实践中不但没达到保护当时美国农民的利益，反而导致 40 多个国家对美国实施贸易报复，美国出口额大幅下降，从 1929 年的 52 亿美元降到 1932 年的 16 亿美元，这主要是因为美国的做法违反了贸易政策规律，违反了政策边界条件的约束，将平均进口关税大幅上调，调到 60%，该做法增加了经济的无效运作。由此，我们可以看出，在采用一些工具促进我国出口稳定增长时，也必须考虑到这些政策工具的边界条件，否则会造成适得其反的效果。

三、集分权贸易政策协调原理

集分权政策协调原理是丁伯根经济政策学中的另一个重要思想。该原理的核心思想是根据各种政策的不同特性，合理使用集权或分权政策，并对集权和分权政策加以协调，充分发挥各种政策的效用[1]。我们采用丁伯根的集分权政策协调原理分析贸易政策的协调。

（一）集权与分权定义

丁伯根指出，集权是指用单个政策制定者代替以前两个或两个以上的自主的政策制定者，就是由许多机构、地区和国家去执行一个集中设计的政策。分权是指用两个或两个以上的政策制定者代替单个政策制定者。在地理意义上意味着允许单个地区独立或相对独立地拥有一些权力。

---

① 周炼石，（2002）"集分权政策理论及应用"［J］.《上海行政学院学报》第 1 期：50-56.

(二) 不同性质的贸易政策及分权者与集权者的偏好

根据贸易政策的受益方不同，可以将贸易政策分为四类。分权者和集权者偏好不同性质的贸易政策[①]。

1. 资助性贸易政策

资助性贸易政策指实施之后不仅对我国一特定地区有利，而且对其他地区也有利的贸易政策。集权者通常偏好资助性贸易政策，因为集权者从全局出发，希望一项贸易政策实施后对几个地区都有利。但分权者常常会低估本地区从资助性贸易政策中获得的好处，从而对该政策的实施力度不够大。例如，我国政府有选择地参与区域经济一体化的政策，对我国各地区的出口都有利。

2. 抵触性贸易政策

抵触性贸易政策是指只对本地区有利，对其他地区甚至整体目标不利的贸易政策。分权者考虑到本地区的利益，会偏好抵触性贸易政策，而且通常会过度使用抵触性贸易政策。例如，为了扶植本地区的产业，我国当地政府往往会采取对本地区的企业给予补贴加以扶持，并抵制来自其他地区的同类产品，从而造成我国各地区和各城市的市场分割，最终造成产品在国内销售的成本高于向国外的销售成本，大量商品被迫出口。

3. 中性贸易政策

中性贸易政策是指对本地区有利，对其他地区无益也无害的贸易政策。集权者和分权者通常都能接受该政策。例如，东部地区政府通过建立贸易壁垒预警机制为东部地区出口企业提供有关贸易壁垒的信息，鼓励东部地区企业积极主动地应对外生贸易壁垒，该政策对东部地区的出口增长有利，对中西部地区的出口增长无益也无害。

4. 混合政策

混合政策是指对本地区有利，对其他地区既有益处又有害处的政策。集权者和分权者通常都能接受该政策。例如，加大中西部开发，增加对中西部的研发投入和基础设施建设，促进中西部发展的政策，短期内由于国家减少了对东部地区的研发投入对东部地区不利，但长期来看，中西部地区的发展有利于承接东部沿海地区的产业转移。理论上讲，东部地区的部分产业向中西部地区转移是一种必然的趋势，因为随着东部地区经济和贸易的发展，对

---

① 周炼石，(2002) "集分权政策理论及应用" [J].《上海行政学院学报》第 1 期：50-56.

土地、劳动力等要素的需求增加，土地和劳动力等成本提高，东部地区在劳动密集型出口商品上必然逐渐丧失比较优势，而中西部地区劳动力成本低，土地供给比较丰裕，东部地区出口企业为了降低生产成本，应该会将部分价值链转移到中西部地区，但现实中并没有出现东部地区产业向中西部地区大规模转移的现象，其中一个主要原因就是中西部地区技术水平低、产业配套条件跟不上。只有在中西部地区能为东部地区转出产业提供良好协作配套条件的情况下，中西部地区才能更好地承接东部地区产业转移。在中西部地区生产力水平低下的情况下，很多产业部门还未得到有效发展，产业配套严重不足，从而限制了部分产业的转移①。中西部地区承接东部地区的产业转移，既有利于东部地区的出口发展也有利于促进中西部地区的出口发展，有利于我国整体的出口稳定增长。

对于以上各种政策，丁伯根提出"合理使用"的原则②："就近乎中性的手段而言，分权较为可取，就明显的资助性或明显的抵触性手段而言，集权较为可取。"因为集权者可以更好地从全局出发，使全局获得更大的利益或减少更多的损失。对于一些混合政策，是采用集权还是分权取决于集权和分权状态下的负作用，如果分权比集权的负作用小，通常就采用分权；反之，采用集权。因此，我国在使用贸易政策影响出口增长时，也应根据不同政策的性质决定采取中央统一制定和实施还是允许各地区拥有相对独立的一些权力。

第二节　应对和影响外部因素，促进出口稳定增长

制约我国出口稳定增长的外部因素中，进口国收入和外生贸易壁垒是我国无法干预的，面对进口国收入和外生贸易壁垒的变化，我国只能采取措施加以应对。汇率、外商直接投资及区域贸易安排是可以干预的外部因素，对于这些外部因素，我国可以采取措施对这些因素加以影响来促使我国出口增长与出口稳定的协调统一，进而实现出口稳定增长。

---

① 吴晓军、赵海东，（2004）"产业转移与欠发达地区经济发展"［J］.《当代财经》第 6 期：96-99.

② J. 丁伯根著，（1988）《经济政策：原理与设计》［M］. 张幼文译，商务印书馆.

一、应对不可干预的外部因素，促进出口稳定增长

（一）应对主要进口国收入变化对我国出口稳定增长的冲击

出口市场所在国的经济状况会直接影响这些国家对我国出口商品的需求，所以，出口国市场的经济状况对我国出口增长的影响将会很直接、很明显。由第四章进口国收入对我国出口稳定增长影响的分析可以看出，我国出口市场所在国经济发展状况与我国出口增长有长短期的因果关系，即出口市场所在国的经济发展无论在长期内还是在短期内均会明显影响我国出口增长，主要进口国经济的下滑不利于我国出口稳定增长。由于进口国的经济状况是我国无法干预和控制的，所以我们只能采取措施尽量减缓主要进口国收入变化对我国出口稳定增长的冲击。

1. 政府应开发经济发展速度快的发展中国家市场，维护欧美市场

近几年来，新兴和发展中国家、亚洲新兴工业化国家及亚洲发展中国家的经济增长速度远远超过主要发达国家，在这种状况下，政府应该更好地开发新兴和发展中国家市场及亚洲新兴工业化国家市场来抵消欧美等发达国家经济下滑对我国出口增长带来的冲击。2004~2010年，主要发达国家、亚洲新兴工业化国家、新兴和发展中国家及亚洲发展中国家的国内生产总值增长率如图7-2所示。由图7-2可以看出，2004~2010年亚洲新兴工业化国家、新兴和发展中国家及亚洲发展中国家的国内生产总值增长率均高于主要发达国家，尤其是亚洲发展中国家的国内生产总值增长率远远高于主要发达国家。

由此可以看出，当前的经济环境有利于我国更好地分散出口市场，更好地改善出口市场过分集中于欧美主要发达国家的局面，更好地开发发展中国家市场，尤其是一些亚洲国家的市场。金融危机背景下，由于欧美主要发达国家经济大幅下滑，导致我国出口受到很大冲击。通过将出口市场分散到更多的国家，尤其是亚洲一些国家，可以降低出口风险，增强出口增长的稳定性，而且由于我国与亚洲一些国家地理位置的临近及文化的相似性，开发这些国家市场的成本会比较低。所以，面临金融危机的背景下，政府应该通过参与区域贸易协定等方式与其中一些经济发展形势相对比较好、政治比较稳定的国家建立更好的经贸关系，增加在这些市场上的出口份额。

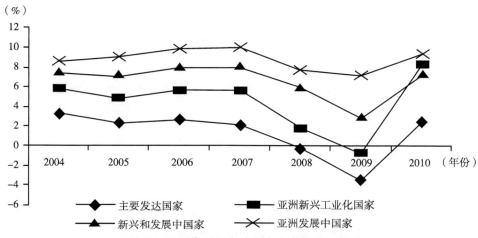

图7-2 不同类型国家的国内生产总值增长率

资料来源：各年份的《国际统计年鉴》。

虽然近些年来我国政府在开发新兴市场方面取得了一定的成效，但由于欧美发达国家的经济发展水平远远超过发展中国家和新兴市场国家，其人均消费水平比较高，因此，我国出口对欧美市场的依赖程度仍然很大，我国出口商品仍然有一半以上是出口到欧美市场的。欧美近几年来的经济在低速增长而且出现了大幅波动，具体如图7-3所示。由图7-3可以看出，2002~2010年美国和欧盟的经济增长速度均低于整个世界经济增长速度，2007~2009年欧盟和美

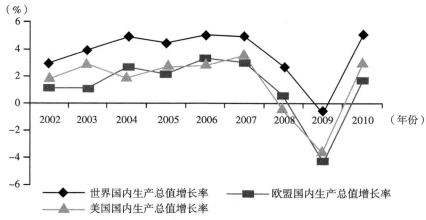

图7-3 2002~2010年世界及欧美的国内生产总值增长率

资料来源：各年份的《国际统计年鉴》。

国经济迅速下滑，2010 年有所反弹，但欧美国内生产总值增长率仍然低于世界水平。因此，近几年来欧美经济的低速增长和大幅波动不利于我国出口稳定增长，随着欧美经济的波动我国出口增长也会发生大幅波动。例如，我国2007 年的出口增长率为 25.7%，2008 年出口增长 17.2%，2009 年出口出现负增长，出口下降 16%，2010 年出口恢复增长，增长 31.3%。而我国的出口主要是靠数量增长带动的，因此，欧美的经济状况仍然对我国出口增长的影响比较大，欧美经济的低速增长和大幅波动不利于我国出口稳定增长。

因此，我国政府在进一步采取措施保持与亚洲市场及一些新兴发展中国家的经贸关系，并通过广告等形式宣传"中国制造"，进一步开发这些市场的同时，也必须通过政治外交等手段保持与欧美较好的经贸关系，尽量减轻欧美经济下滑对我国出口增长的大幅冲击。由于鼓励开发新兴国家市场的政策属于资助性的政策，应由政府制定相关政策并执行。此外，我国政府还应通过国家外交及时获得其他国家的经济信息，以便及时对外部经济环境的变化采取应对措施，尽量减轻外部经济环境变化对我国出口稳定增长的冲击。

2. 企业应提升出口产品的形象，增加在新开发市场的出口份额

在开发经济增长速度较快的出口市场时，我国政府起着很重要的作用，但政府仅仅只能起到辅助作用，我国在这些新开发市场的出口增长的维持主要靠企业提升出口商品的质量和档次，只有出口商品质量和档次提高了，"中国制造"才能在这些新市场上树立良好的形象，才能增加在新开发市场的出口份额，更好地达到稳定出口增长的目的。一旦出口企业忽略了出口到这些市场的产品质量，只是以低价在这些出口市场上取胜，这些市场上的消费者就会认为中国制造的商品是劣质的低价商品，政府采取的一系列维持与这些新兴发展中国家的举措和对"中国制造"良好形象的宣传也起不到增加在这些市场的出口份额的目的。

所以，出口企业应提高研发投入，从国内外吸引更多的研发人才，不断进行技术创新，提高出口到新市场商品的质量和档次。一方面，企业应非常熟悉国际质量标准 ISO9000，在生产和加工过程中采用的标准应逐步与国际质量标准接轨，政府应推行国际质量管理体系标准 ISO9000，督促企业提高出口商品质量。要保证企业出口的商品质量还要靠相关管理部门对企业的生产进行监督检查，产品出口前要经过商检部门严格的检验，不符合标准的商品坚决不能出口。另一方面，由于著名品牌是高质量出口商品的标志，企业应有品牌意识，积极创立自己的品牌，并通过质量的提高和广告宣传把自己的品牌做成名牌，有了自己的品牌后还要重视品牌的保护，并做好商标的注册，避免丧失品牌带来的收益。

（二）应对外生贸易壁垒的增加对我国出口稳定增长的冲击

由第四章的分析可以看出，外生贸易壁垒的增加会直接导致进口国对我国出口商品需求的下降，进而导致我国出口量下降，但同时进口国对我国劳动密集型出口商品设置的贸易壁垒的增加也会间接促使我国产业结构和出口商品结构的改善，进而有利于我国出口稳定。所以，外生贸易壁垒的增加对我国的出口增长是一种威胁，但威胁中又存在机遇。政府和企业应尽量减少短期内外生贸易壁垒对出口增长的冲击，同时通过转变出口贸易模式，增强出口的稳定，以稳定带动出口的长期增长，最终实现出口增长与出口稳定的协调统一。

1. 政府应辅助企业应对贸易壁垒并借机促使企业转型升级

在旧有的"三高一低"的贸易模式下，我国的出口增长主要靠数量增长拉动，随着我国出口增速的加快，面临的外生贸易壁垒种类和数量也在迅速增加。自从我国加入 WTO 之后，外国不得不减少对我国出口商品实施的传统贸易壁垒的数量，但以保护环境和人类健康为由不断出现的一些新型贸易壁垒不断出现，例如技术贸易壁垒、社会责任标准和碳关税等。这些新型贸易壁垒的出现虽然对我国出口造成很大冲击，但同时这些贸易壁垒的增加也迫使我国企业不断进行技术创新，促使我国出口增长模式改变，也为我国出口贸易的发展指明了方向。例如，碳关税的出现虽然短期内将会增加我国出口商品成本，减少国外对高耗能产品的需求，进而导致我国出口减少，但从长期来看，碳关税的实施将会迫使我国企业提高技术水平和生产效率，降低能耗，减少出口产品生产过程中带来的污染，生产更多的清洁产品，减少高耗能产品的生产和出口，有利于我国环境的改善，进而有利于我国出口的可持续增长和贸易模式的转变。再如，技术性贸易壁垒的增加迫使我国企业不断提高技术水平，以便突破这些技术性贸易壁垒，同时迫使我国积极参与国际标准的认证，促进我国产品标准的完善和与国际标准接轨的程度，促使企业生产更多的绿色产品，提高产品技术含量，进而有利于我国贸易模式的改变，增强出口增长的后劲和潜力。

所以，一方面，政府应该辅助企业应对贸易壁垒。例如，政府可以建立外生贸易壁垒预警机制，更迅速地了解相关信息，收集国际上各种标准的变化，收集国外实施贸易壁垒的动态信息及发展趋势，把握外生贸易壁垒的状况，并快速将相关信息反馈给企业，使企业意识到必须通过技术创新跨越外生"合规性"贸易壁垒，企业才能得以生存，并积极协助企业进行应诉。由于这种措施是一种中性的促进贸易的措施，所以国家政府也可以鼓励地方政府积极采取该措施促进各地区的出口发展。政府还应促使行业协会的建立，通过行业协会向企业传达政府的举措，向政府传达企业的需求。政府还应通过立法惩治企业间不正当的低价竞争，利用我国贸易大国的优势增强我国在世界贸易中的代表权和话语权，积极参与国际标准和 WTO 规则的制定和修改。另一方面，在新型外生贸易壁垒不断出现的情况下，政府也应更好地借机通过制度改革促使企业进行转型升级，靠深化改革来形成"制度红利"。例如，政府可以根据企业需要为企业建立一个转型升级的平台，例如，对企业出口商品进行监管，提供贸易便利化，促进高校与企业合作解决企业创新遇到的难题等，促使各地区根据自身优势建立一些转型升级的示范区，通过示范区的成功带动更多企业进行转型升级的积极性。

2. 企业应发挥行业协会的作用，积极应对和突破外生贸易壁垒

由于外生贸易壁垒是一种难以控制的外部因素，所以我国企业只能积极应对。要应对这些贸易壁垒，企业就必须首先认识这些贸易壁垒，并及时掌握国际上外生贸易壁垒的动态和发展趋势，同时还应好好学习 WTO 等相关的国际规则，并了解进口国所在地的法律法规。例如，温州一鞋企奥康打赢欧盟反倾销案就是一个典型的案例①。2010 年 3 月，欧盟初级法院在审理奥康等 5 家企业抗辩欧盟反倾销案件上，个别法律条款使用不当，判定中国鞋企一审败诉。奥康继续上诉欧盟高等法院，指出了欧盟初级法院审理中的不公正之处。最终，经过奥康的积极努力，欧盟高级法院在 2012 年 11 月 15 日终裁奥康胜诉。奥康胜诉获得的直接好处是欧盟将承担高达 500 万元人民币的诉讼费、获得欧盟退回的 3 年反倾销税，间接的好处是为我国企业积极应对贸易壁垒提供了借鉴。但是，在该案例中，奥康虽然胜诉了，却是单枪匹马地准备第二次上诉，泰马、金履等 4 家鞋企在各种压力下纷纷退出。奥康在准备二次上诉的过程中也付出了时间和金钱的代价，但最终是由温州的所有鞋企获得了胜诉带来的好处。所以，面对外生贸易壁垒的增加，企业应充分发挥行业协会的作用，由协会的所有企业共同应对，发挥各自的长处，增强胜诉的可能性，并通过行业协会协调企业之间的关系，对那些不积极参与应诉的企业给予相应的惩戒。此

---

① 《劳动报》2012 年 11 月 27 日 "中国企业走出去应该怎么走"。

外，企业可以通过增加对外直接投资，在国外投资建厂的方式绕开来自国外的贸易壁垒。

企业在应对外生贸易壁垒时，即使胜诉了也依然会付出代价。所以，企业应尽可能地摆脱贸易壁垒。企业摆脱贸易壁垒的最有效的途径就是不断提高自身的实力，企业可以通过行业协会惩治和预防企业间的低价竞争，提高出口商品质量和技术含量，突破来自国外的贸易壁垒，同时，根据国际需求不断开发新产品，使企业出口由原先的靠"量"增长带动，转变为靠"种类的增加和价格的提高"带动。

二、影响可干预的外部因素，促进出口稳定增长

汇率、外商直接投资和区域贸易安排是可以干预的外部因素，可以采取一些措施干预这些因素，进而促进我国出口稳定增长。

（一）通过人民币汇率市场化促进我国出口稳定增长

我国的汇率制度应随着时代和经济发展来调整。当今，我国已经成为出口大国，随着出口的增长，我国面临的人民币升值的压力越来越大。在金融危机背景下，美国一些官员和利益集团指责中国政府操纵了人民币汇率，人民币汇率"低估"导致美国失业，美国政府对我国施加人民币升值的压力。美国国会参议院 2011 年 10 月 11 日通过了《2011 年货币汇率监督改革法案》。该项法案表示，如发现有国家刻意压低本币汇率，美国可对来自这些国家的进口商品征收惩罚性关税。所以，我国有必要推行人民币汇率市场化，降低人民币升值的压力。而且人民币汇率市场化有利于我国经济的市场化，可以使我国更好地根据国内商品价格与国际商品相对价格的差异确定自身的比较优势，利用全球资源获得更多的贸易利益。由第四章人民币汇率与我国出口增长关系的实证分析也可以看出，人民币升值虽然在长期内对我国的出口增长有负面影响，但影响程度不大。由此可以看出，人民币市场化虽然会对我国出口增长有一定的负面影响，但有利于我国出口的可持续发展，根据我国国情，合理地推进人民币汇率市场化进程有利于我国出口稳定增长。

1. 政府推行人民币汇率市场化时应合理控制人民币升值幅度

在当前背景下，我国政府和学术界已对人民币汇率市场化达成共识，人民币汇率市场化可以降低人民币升值面临的外部压力，同时也有利于我国国际收

支的平衡和经济的可持续发展。2012年3月，中国人民银行副行长兼国家外汇管理局局长易纲指出，人民币汇率的形成机制会越来越市场化。中国央行授权中国外汇交易中心宣布，自2012年6月1日起银行间外汇市场完善人民币对日元的交易方式，发展人民币对日元直接交易，进一步促进人民币汇率市场机制的形成。

当前我国已经具备了人民币汇率市场化的一些条件，例如，我国实现了经常项目下的自由兑换和资本项目下的基本可兑换，人民币的国际化进程在进一步加快。人民币汇率市场化是人民币汇率机制改革的必然趋势，该趋势有利于减少贸易摩擦和增加贸易利益，进而有利于我国的出口稳定增长。但是我国在推进人民币市场化的进程中，应循序渐进，应符合我国经济和贸易发展的需要。因为人民币的过度升值不利于我国经济和贸易的发展，根据我们在第112届广交会上的调研，50家企业中有35家表示它们最多能承受4%左右的人民币升值，15家表示能承受5%左右的人民币升值。广场协议后日元过度升值导致日本经济停滞就是一个历史教训。所以，我国通过人民币汇率市场化促进出口稳定增长时，政府必须注意根据国情将汇率波动幅度控制在一定范围内。人民币汇率市场化改革对国内各地区的出口稳定增长都有利，所以属于资助性政策，通常采用集权。

2. 企业应利用人民币汇率波动中存在的机遇弥补外汇风险带来的损失

由人民币汇率政策的调整可以看出，在人民币汇率市场化的趋势下政府允许人民币汇率波动的幅度会越来越大。如2005年7月21日19时，央行宣布废除原先盯住单一美元的货币政策，开始实行以市场供求为基础、参考"一篮子货币"进行调节、有管理的浮动汇率制度；2007年5月21日，央行决定银行间即期外汇市场人民币兑美元交易价浮动幅度由千分之三扩大至千分之五；央行在2012年4月14日宣布，自2012年4月16日起银行间即期外汇市场人民币兑美元交易价浮动幅度由0.5%扩大至1%，即每日银行间即期外汇市场人民币兑美元的交易价，可在中国外汇交易中心对外公布的当日人民币兑美元中间价上下1%的幅度内浮动。

人民币汇率的更大波动将会使出口企业面临更大的外汇风险。人民币大幅度升值会导致我国出口企业生产成本提高，劳动力和原材料的成本优势会受到削弱，出口商品竞争力削弱，出口下降；人民币的大幅贬值会使外商在现有价格的水平上压价。此外，人民币汇率的较大波动会引起出口企业的生产成本发生很大变化，企业无法制订合理的生产和出口计划，不利于企业出口的稳定增

长。人民币汇率的波动还会增加出口企业出口收入风险，从而导致出口企业长
单和大单减少，不利于出口企业的获利。因为人民币市场化进程中，人民币升
值幅度的增加会导致企业接大单和长单赔钱，企业不愿意接大单和长单，只好
接短单和小单，而短单和小单的利润很少。根据我们在第112届广交会上的调
研，50家企业中有38家企业指出，人民币汇率波动增大之后，它们出口的短
单和小单比较多，长单和大单相对比较少。

虽然人民币汇率市场化会对出口企业带来比较大的外汇风险，但企业可以
利用人民币汇率波动中存在的机遇进行转型升级，弥补外汇风险带来的损失。
例如，人民币升值会使人民币支付能力增强，企业可以利用人民币升值购买先
进的机器设备、技术及并购国外的品牌等方式提高出口商品的质量和档次；例
如，2010年8月，浙江吉利集团以13亿美元收购了福特汽车公司旗下全资子
公司沃尔沃轿车公司，通过收购沃尔沃，吉利集团不但获得了沃尔沃的核心技
术、专利等知识产权和制造设施，还获得了沃尔沃在全球的营销渠道；人民币
贬值时，企业可以利用机会扩大出口，积累转型升级所需要的资金。

随着我国出口商品质量和档次的提高，出口企业对人民币升值的敏感度也
会有所下降。根据调研结果，我们发现，不同的企业对人民币升值的敏感度不
同，出口附加值比较高的商品的大企业对人民币升值不大敏感，例如，厦门生
产游艇的企业瀚盛对近期的人民币升值敏感度相对不太高，而那些出口低附加
值商品的中小企业对人民币升值比较敏感，例如，我们调研的企业中，生产和
出口文具的海宁晨宇文具厂对人民币升值就比较敏感。所以，随着我国出口企
业的转型升级，汇率对我国出口增长的影响将会越来越不重要。

（二）吸引满足我国贸易模式转变需要的高质量的外商直接投资

由第四章外商直接投资与我国出口稳定增长关系的分析可以看出，外商直
接投资的增加能促进我国出口增长，但也会对我国内资企业产生挤出效应和促
使我国出口部门二元结构的形成，不利于我国出口稳定。因此，为了促进我国
出口稳定增长，我国应继续稳定地引进更多满足我国贸易模式转变需要的高质
量的外商直接投资，增强外商直接投资对我国出口稳定增长的促进作用。2010
年4月，我国国务院出台了《关于进一步做好利用外资工作的若干意见》，修
订了《外商投资产业指导目录》，明确提出要扩大开放领域，鼓励外资投向高
端制造业、高新技术产业、现代服务业、新能源和节能环保产业。严格限制
"两高一资"和低水平、过剩产能扩张类项目。

1. 政府应推动外商直接投资，促进我国贸易模式转变

过去，我国政府通过制定给予外资企业大量优惠的政策吸引了大量外商直接投资，外商直接投资带动了我国出口增长。外商直接投资主要从两个方面来促进一国的出口增长，一方面是使引资国迅速进入全球分工体系，利用本国的资源优势促进出口增长，以换取本国经济发展所需的外汇；另一方面是提升引资国的出口结构，由初级产品出口向工业制成品出口转变，并逐步增加工业制成品的资本及技术含量①。但外资过量的进入对我国出口带来的负面效应也逐渐呈现出来，从我国的实践来看，外商直接投资的增加的确促进了我国的出口增长，但对我国出口商品结构的促进作用很有限，外商主要集中于我国的劳动密集型加工产业，而这些产业也是国内过剩的产业，大量外商直接投资的流入加剧了这些产业的过度竞争和产能过剩，而且随着外资企业在我国出口中所占比例的增加，大量出口利润转移到国外，而由此带来的大量环境污染却留给了我国。由于我国各地区的经济发展水平和环境有很大差异，所以在引进外资时要根据各地区的优势和特征，引进适合各地区贸易模式转变需要的高质量的外商直接投资，同时通过牵线搭桥等方式增强外资企业与内资企业的上下游联系，在利用外商直接投资促进我国出口增长的同时，更好地发挥外商投资企业对内资企业的带动和示范效应，培养自己的高新技术产业和实现传统产业的升级，促进我国贸易模式转变。

2. 政府应通过经济体制改革为内外资企业营造一个公平竞争的环境

外商直接投资的增加会对内资企业产生挤出效应和并促使出口部门的二元结构的形成。所以，政府在鼓励引进高质量外资的同时，应通过经济体制改革为内外资企业营造一个公平竞争的环境，减弱外商直接投资增加带来的负面影响。中共十八大报告也明确提出经济体制改革的核心问题是处理好政府和市场的关系，特别强调各种所有制经济依法"平等使用生产要素、公平参与市场竞争、同等受到法律保护"的"三个平等"的公平竞争。例如，取消对外资企业的一些优惠措施，使内外资企业承担同样的税负，内外资企业获得同样的融资便利，进而鼓励内资企业积极进行技术创新，鼓励内资企业培养自身的核心竞争力，进而培养我国自己的高新技术产业，实现既有高新技术产品出口又有高新技术产业，出口更多真正属于我国的高新技术产品，真正获得高新技术

---

① 丁文丽，(2001)"外商直接投资与中国出口总量及结构的相关关系分析"[J].《经济经纬》第 2 期：96-98.

产品出口的贸易利益，减弱我国出口部门的二元结构特征和外商直接投资对我国内资企业的挤出效应。

3. 内资企业应在模仿外资企业先进技术的同时积极创新

外商投资企业往往拥有先进的技术和管理经验，所以，外资企业进入我国虽然加剧了我国国内的市场竞争程度，迫使内资企业进行技术创新，同时也能对我国内资企业的生产和管理带来示范效应。所以，作为内资企业应该利用政府提供的与外资企业接触的平台，主动与外资企业建立联系，通过到外资企业进行参观和与派工作人员到外资企业实习等方式学习外资企业的先进技术和管理经验，更好地发挥外资企业对内资企业的技术溢出效应，培养内资企业自身的竞争力。但外资企业不可能让内资企业接触他们最先进的核心技术，杨全发、陈平（2005）发现外资的技术外溢效果不明显，因为外商直接投资对外资企业的出口促进作用非常显著，而对内资企业作用甚微。其主要原因是外资企业出口都是以"两头在外"的加工贸易为主，从产品研发、原料供应，技术设备一直到销售市场都主要依赖国外市场。外资企业不会把核心技术传播给内资企业，而核心技术决定着企业研发出的新产品的市场占有率和利润率。所以，内资企业在消化、吸收和模仿外资企业技术的同时，还必须进行自主创新，并掌握核心技术。

（三）参与区域贸易安排，促进我国出口稳定增长

由第四章区域贸易安排的参与与我国出口稳定增长关系的分析可以看出，通过积极与别的国家签订区域贸易安排协议能促进我国的出口增长。但区域贸易安排的参与还会带来贸易转移效应，不利于我国出口的可持续发展，而且参与区域贸易安排对我国出口增长的促进作用不具有长期持续性，主要受到区域内贸易自由化进程的制约。因此，我国一方面应有选择地积极参与贸易安排，另一方面还应通过提升自身竞争力，增强参与区域贸易安排对我国出口增长促进作用的持续性。因为随着参与的区域贸易安排的增加，可以选择的伙伴国减少，当参与的区域贸易安排增加到一定程度时，继续参与区域贸易安排只能选择那些不适合的伙伴国，这样不但不能更好促进我国出口稳定增长，而且贸易转移效应会远远大于贸易创造效应，阻碍我国出口稳定增长。由此，也可以看出，签订区域贸易安排协议的政策在实施中也必须遵循政策工具边界条件原理，我国应根据自身情况有选择地参与区域贸易安排。通过参与区域贸易安排，成员国对来自我国的产品削减关税和非关税壁垒，有利于我国国内各地区

出口的增长，所以签订区域贸易安排协议的政策是一种资助性政策，通常采用集权。

1. 政府应有选择地参与区域贸易协定，减弱贸易转移效应

由于 WTO 成员各方贸易利益的冲突，WTO 举行的多边贸易谈判屡屡受挫，例如，多哈回合谈判屡次失败的一个重要原因就是各国政府及利益集团利益的不一致。美国和欧盟作为重要的两个谈判方仍然顽固地为自己的贸易政策和贸易争端辩护；发展中成员则通过广泛的政治同盟保卫自己弱小的农村经济和幼稚的新兴制造业；最不发达国家在努力捍卫自己不被"边缘化"和通过贸易消除贫困的利益要求①。各国为了在一定的区域内更好地利用国际分工获得更多的贸易利益，积极地参与区域经济一体化。所以，在区域经济一体化迅速发展的背景下，我国政府也必须积极地参与各种区域贸易协定才能获得更多的贸易利益。根据第四章关于区域贸易协定的参与对我国出口稳定增长的影响分析可以看出，我国政府对区域贸易协定的积极参与促进了我国出口数量的增长。

根据区域经济一体化理论，区域贸易协定的参与不仅会使我国受到贸易创造效应的影响还会受到贸易转移效应的影响。贸易创造效应是指我国参与区域贸易协定后，产品由成本较高的国内生产转往成本较低的成员国生产，我国与其他成员国间的贸易量增加，从而使我国获益；贸易转移效应是指我国参与区域贸易协定后减少从低成本的非成员国的进口，从而使我国遭受损失。2000～2004 年我国参与东盟自由贸易区的静态贸易利益如表 7-1 所示。由表 7-1 可以看出，2000～2004 年我国参与东盟自由贸易区的贸易转移效应大于贸易创造效应，而且两者的差额越来越大，其主要原因可能是我国与东盟各国的比较优

表 7-1　我国参与东盟自由贸易区的静态贸易利益

单位：百万美元

年份	2000	2001	2002	2003	2004
贸易创造	0.236	0.248	0.327	0.467	0.631
贸易转移	0.697	0.762	0.877	1.174	1.548
差额	-0.461	-0.514	-0.550	-0.707	-0.917

注：陈汉林、涂艳（2007），"中国—东盟自由贸易区下中国的静态贸易效应—基于引力模型的实证分析"［J］.《国际贸易问题》第 5 期：47-50.

① 盛斌，（2006）"贸易、发展与 WTO：多哈回合谈判的现状与前景"［J］.《世界经济》第 3 期：60-71.

势差距不大。由此可以看出,参与区域贸易协定虽然能扩大我国出口,但同时会使我国遭受贸易转移效应的影响,贸易转移效应有可能大于贸易创造效应,使我国整体福利受损,进而不利于我国出口的可持续发展。

所以,我国在参与区域贸易安排时,应该选择那些经济发展稳定、潜力大且与我国比较优势差距大的国家签署区域贸易协定,减弱参与区域贸易协定的贸易转移效应。

2. 企业应提升出口商品竞争力,增强对区域内成员出口增长的持续性

由第四章区域贸易协定的参与与我国出口增长相关性的实证分析结果可以看出,区域贸易安排的参与对我国出口增长促进作用的大小与区域内的自由贸易化进程密切相关。2005~2010 年 APEC 关税下调空间有限,贸易自由化进程有所放缓,参与 APEC 对我国出口增长的促进作用不明显。2010 年东盟区域内贸易自由化进程加快,中国和东盟老成员六国一切正常关税削减为零,当年参与东盟自由贸易区对我国出口增长的促进作用就比较大。由此可以看出,具体一个区域贸易安排的参与对我国出口增长的促进作用不稳定,而且不具有持续性。

所以,作为企业来讲,应该利用参与区域贸易安排的契机,一方面扩大出口数量,另一方面还应不断提高技术水平,培养自身产品的竞争力,开发出新产品,增强出口商品质量,这样既能使区域贸易安排的参与持续地促进企业出口的增长,而且能增加我国可以参与的区域贸易安排的范围,进而增强区域贸易安排对我国出口增长促进作用的持续性。

在政府和企业的共同努力下,我国可以通过有选择地参与区域贸易安排促进出口稳定增长,具体如图 7-4 所示。

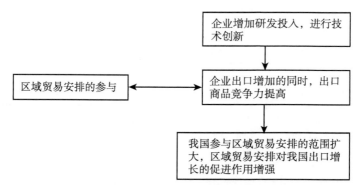

图 7-4　有选择地参与区域贸易安排,促进我国出口稳定增长的途径

第三节　影响内部因素，促进出口稳定增长

由第六章的分析可以看出，内部因素对我国出口稳定增长的长期影响更加显著，内部因素是制约我国出口稳定增长的最根本因素。内部因素通常是我国可以采取措施对其进行干预和影响的，我国可以通过干预和影响这些内部因素进而促进出口稳定增长。

一、影响不易控制的内部因素，促进出口稳定增长

内部因素中技术水平与出口商品结构相对来说是一国不易控制的因素，但也是促进我国保持出口稳定增长的最根本因素，我国可以采取相应的措施影响这些因素，进而促进出口稳定增长。

（一）提高技术水平，促进我国出口稳定增长

大卫·李嘉图认为"增加资本和劳动的投入可能导致投入要素的收益递减"，为了使我国出口保持稳定增长，必须促进我国技术进步。由第五章技术进步与我国出口增长关系的实证研究结果可以看出，技术进步无论在长期还是在短期都会促进我国整体的出口增长，但对我国出口增长的长期影响更加明显。我国出口稳定增长依赖于产业结构和出口商品结构的优化，而出口商品结构的优化的根本途径是劳动力素质的提高和企业的自主创新能力，劳动力素质的提高和企业的自主创新能力又依赖于技术进步。因此，技术进步是促进我国出口稳定增长的最重要的途径。

1. 政府应加大基础研发经费投入比例，培养更多科技人力资源

随着我国旧有的粗放型经济增长方式暴露出越来越多的弊端，政府意识到经济转型的重要性，从而更加关注技术进步的发展。近些年来，我国科技投入、科技人力资源及科技产出都得到了大幅度提高。我国国家财政科技拨款逐年增加。2005年，我国国家财政科技拨款为1334.9亿元，占国家财政总支出的比例为3.93%。到2010年，我国国家财政科技拨款上升到4114.4亿元，占国家财政总支出的比例上升到4.58%。同时，我国研发经费的支出也逐年增

加，由 2005 年的 2450 亿元增加到 2010 年的 7062.6 亿元①。科技经费投入的增加有利于提高我国技术进步的速度，进而促进我国出口稳定增长。我国近些年的研发人员数量也在逐年增加。2005 年，我国研发人员总数量为 136.5 万人，每万就业人员中研发人员的数量为 18.28 人。到 2010 年，我国研发人员总数量增加到 255.4 万人，每万就业人员中研发人员的数量增加至 33.56 人②。由此可以看出，近些年来，我国高素质人才在快速增加，这些高素质人才的增加将会促进我国技术进步，进而促进我国出口稳定增长。随着我国劳动力成本的上升，我国要向人口素质要红利，通过提高劳动者的素质，进而提高劳动生产效率、加快产业转型升级，最终使我国出口商品以低价取胜转向以质取胜，使我国出口保持稳定增长。

虽然我国研发经费投入在逐年增加，但我国基础研发经费投入比例太小，科技人力资源相对数量偏小。现代高科技革命的成果约 90% 是来自基础科学研究③，对基础研究的忽视会造成我国对技术引进和技术模仿的依赖，不利于我国核心竞争力的提高。基础研究投入的增加能增强我国的综合技术实力，增强我国自主创新的能力，而创新是企业发展的核心竞争力，创新能力的缺乏会导致企业乃至整个行业的衰败，日本电子行业的衰败就是一个很好的例子。战后日本通过模仿创新迅速在电子行业方面赶上和超过了欧美国家，但由于日本电子行业长期依赖技术模仿，缺乏创新能力，如今日本电子行业处于衰败的境地。近年来，虽然我国研发经费投入不断加大，但与其他国家相比，我国研发经费支出中基础研究所占的比例比较小。我国与部分国家研发经费支出方式比较如图 7-5 所示。由图 7-5 可以看出，2010 年我国研发经费支出中基础研究所占的比例为 4.6%，远低于意大利 27.0%、法国 25.4%、俄罗斯 21.0%、美国 17.4%、韩国 16.1% 及日本 11.9%。由此可以看出，我国对基础研究的重视程度还不够，我国应适当增加研发经费中基础研究的投入比例，增加更多的基础技术储备，增强我国综合技术实力。技术模仿虽然能降低研发投入的风险，加快我国技术进步的速度，但我国技术进步的后劲还要更多地依靠基础研究，我国政府应加大基础研究的投入。

①② www.sts.org.cn 中国科技统计数据 2011.

③ 郭强、杨维灵等，（1999）《知识与经济一体化》［M］，中国经济出版社.

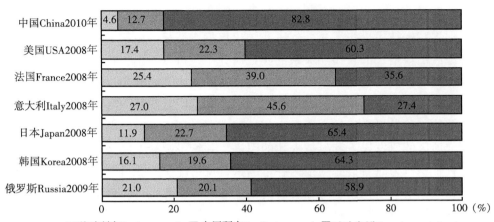

图7-5 我国与部分国家研发经费支出方式比较

资料来源：www. sts. org. cn 中国科技统计数据（2011年）。

　　虽然我国总的科技人员数量及每万就业人员中研发人员数量均不断增加，但与其他国家相比，我国每万就业人员中研发人员的数量偏少。我国与部分国家每万就业人员中研发人员数量如图7-6所示。由图7-6可以看出，我国每万就业人员中研发人员的数量远远低于日本、俄罗斯、德国、法国、英国、韩国、加拿大和意大利。由此可以看出，我国有待培养或引进更多的研发人员，从而为技术创新积累更多的人力资本。

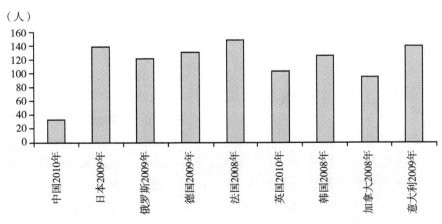

图7-6 我国与部分国家每万就业人员中研发人员数量比较

资料来源：www. sts. org. cn 中国科技统计数据（2011年）。

因此，我国应该通过加大基础研发投入，培养或从国外引进更多科技人员，促进我国技术进步，从而促进我国出口稳定增长。由第五章技术进步与我国各地区出口增长的长短期关系的实证研究结果可以看出，技术进步对我国各地区出口增长的促进作用不同，技术进步对我国东部地区出口增长的促进作用比较明显，对中西部地区出口增长的促进作用不明显。其中一个重要原因就是中西部地区研发投入比较少，自主创新能力弱。所以，政府尤其应大力增加对中西部地区的研发投入和科技人才的引进，并给予政策上的鼓励。但研发投入依靠资金积累为后盾，必须根据各个国家自身情况实施。过度地把资金投入到研发领域也不利于我国经济和贸易的稳定发展。由此也可以看出，研发投入的政策也必须遵循政策工具边界条件原理。

2. 政府应完善知识产权保护制度，建立完善的创新体系

要带动企业进行技术创新的积极性，就必须保护企业进行技术创新的成果，使企业充分享受技术创新带来的利益。完善的知识产权保护制度是保护企业技术创新成果的必要条件。虽然我国也已经出台了一系列关于知识产权的法律文件，但这些法律制度还不够完善。此外，我国部分企业的知识产权保护意识不强。因此，我国政府应完善相关知识产权的法律制度，向企业宣传知识产权的重要性，提高企业的知识产权保护意识。知识产权的保护政策也必须遵循政策工具边界条件原理，知识产权的过度保护会不利于知识的传播，进而不利于我国经济和贸易的发展。而当今我国的知识产权保护与其他国家相比还比较弱，增强知识产权保护有利于各地区企业享受技术创新的成果，所以属于资助性政策，通常采用集权的方式。

此外，我国政府还应根据企业需求建立完善的技术创新体系。首先，应该为企业的技术创新提供融资渠道，为企业提供国际市场需求导向的信息，面临国内外经济形势的回落，我国很多企业，尤其是中小企业面临生存压力，而进行技术创新需要投入大量的资金，如果没有融资渠道，中小企业即使愿意进行技术创新，也心有余而力不足。因此，我国政府有必要建立为技术创新服务的金融体制，为企业的技术创新提供便利的融资渠道。技术创新的风险很大，企业进行技术创新的另外一个后顾之忧就是技术创新失败后的风险承担问题，政府可以通过发展技术创新风险投资机构，由风险投资机构为企业分担部分投资风险，解决企业进行技术创新的后顾之忧。其次，政府可以推进产学研体系的建立和运行，帮助企业进行科技攻关，提高科研成果转化率。例如，2011年杭州政府出面，组建了中小企业服务平台，整合各类资源，将数千家企业和大专院校结为科技服务的战略同盟。杭州千岛湖丰凯实业有限公司主要生产茶叶加工机械，杭州市通过中小企业服务平台，组织专家帮助他们科技攻关，开发研制出了名优扁形茶清洁化、智能化、自动化加工生产线成套设备①。另外，政府还应通过体制改革，使民营企业获得与国有企业同等的待遇，充分发挥民营企业进行技术创新、发展高新技术产业的潜力。由第三章第一节的不同性质企业出口增长现状的分析可以看出，近几年来，私营企业出口增长速度超过国有企业和外资企业，民营企业在我国高技术产品出口中所占的比例也在逐年增加，已经超过了国有企业。民营企业是我国发展高技术产业的有生力量，但往往会因为难以获得与国有企业同样的待遇，使发展高技术产业的积极性受到挫伤。

3. 企业应根据市场需求积极进行技术创新，发展自己的品牌

由第五章技术水平影响我国制造业出口稳定增长的实证分析可以看出，在我国工资水平上涨的背景下，技术水平已经成为制约我国制造业出口增长的重要因素，我国出口企业必须通过技术创新才能持续经营下去。改革开放以来，我国的出口增长主要靠大量的人力和资源投入，随着我国出口的快速增长，我国的"人口红利"和"土地红利"优势逐渐削弱，原先"三高一低"的贸易模式难以为继。必须转变旧有的贸易模式，我国的出口才能保持稳定增长。只有依靠企业的技术创新推动战略新兴产业、先进制造业健康发展，加快传统产业转型升级，才能实现我国模式的转变。

不仅高新技术产业离不开技术创新，传统产业也只有通过技术创新才能从根本上增强自身的竞争力。出口劳动密集型产品的企业通过技术创新可以将本企业出口商品的低成本优势转化为国际市场上的竞争优势，对传统的劳动密集型产品，进行深加工、细加工，提高其附加值，形成易被市场接受的产品②。由于企业进行技术创新的风险很大，因此企业进行技术创新前，需要了解国际市场需求趋势，根据国际市场需求确定技术创新的方向，只有这样，企业研发出来的产品才能满足世界市场的需要，企业才能充分获得技术创新带来的利益。例如，日本出口企业积极地采取诸如研发低碳技术、节约能源使用、转向清洁能源等方式减少碳排放，从而顺应了目前世界贸易发展中的低碳趋势，增强了产品的国际竞争力。2010 年以来，具有低碳优势的出口产品逐渐拉动了

---

① 杭州助力中小企业转型升级，2012/11/18 0：06：09 劳动报．

② 朱钟棣、张秋菊，（2006）"中国需要新的贸易模式"［J］.《国际商务研究》第 2 期：1-7．

日本贸易部门的恢复，除了矿山机械与水泵等产品外，大部分机械类产品的出口都出现了不同程度的增长，显示出此类产品在国际市场上的竞争能力和发展潜力①。所以，我国企业应根据国际需求趋势研发新产品。通过研发和出口新型高技术商品，企业能提高出口商品附加值，获得更多的利润，而且能跨越来自国外的"合规性"贸易壁垒，还能弥补汇率波动给企业带来的损失。

企业进行产业升级，发展自己的品牌时面临的风险是很大的，而且要经过很长时间才能看到成效。上海丝绸（集团）公司总经理徐伟民在介绍上海丝绸转型成功之道时指出，"十家企业做服装品牌，至少有八家会死，在不断投入下，是否能存活，至少十年后才能看得出"。所以，对于企业来说，在进行转型时必须确定好目标，在具体一方面实现突破，创造差异化的自主品牌，避免与外资企业间的激烈竞争。同时，应根据企业自身所处的发展阶段和客观的消费环境来确定目标，避免因研发投入过大而陷入高成本投入的困境。此外，根据我国国情，我国大多企业为中小型企业，独立创新的能力不足，在现阶段我国企业应采用合作创新的模式提升企业技术效率。吴延兵等（2011）根据对我国制造业非国有企业的调研数据分析了合作创新、模仿创新和独立创新三种产品开发模式对企业技术效率的影响，发现合作创新对企业技术效率的促进作用最大。与此同时，由于我国制造业行业间存在较强的技术壁垒，制造业技术效率②出现恶化现象，阻碍了劳动生产率的提高③。所以，我国企业间应进行合作创新，这样不但能节约研发投入费用和实现创新资源的共享，还能提高技术效率。

（二）增加内资企业在高新技术产品出口中所占的比例

由第五章出口商品结构与我国出口增长的长短期关系的实证分析结果可以看出，出口商品结构的改善能促进我国出口增长，而且出口商品结构改善对我国出口增长的长期促进作用更大。出口商品结构的改善能促进我国旧有的"三高一低"贸易模式及国际分工中"外围"地位的改变，有利于实现我国出口增长与稳定的协调和统一。

---

① 张海玲、张宏，（2011）"日本发展低碳产品出口贸易的经验及启示"［J］.《现代日本经济》第 4 期：70-79.

② Farrell（1957）指出，在给定技术结构特征和要素投入的情况下，决策单元的实际产出与同样投入情况下的最大产出之比为该期的技术效率。

③ 辛永容等，（2008）"我国制造业劳动生产率因素分解"［J］.《系统工程》第 5 期：1-8.

改革开放以来，虽然我国出口商品结构得到了很大的改善，工业制成品出口占总商品出口的比例不断增加，高新技术产品出口占总商品出口的比例也有所提高。但我国有高新技术产品出口的同时缺少高新技术产业。我国高新技术产品出口中外资企业一直占很大比例。例如，2003~2011年在我国高新技术产品出口中外资企业占的比例超过80%，其中外商独资企业占的比例超过60%。由此可以看出，我国高新技术产业的出口主要是由外资企业实现的，我国缺乏真正属于自己的高新技术产业。近年来，随着我国出口的增长，我国传统产业出口的成本优势丧失，新兴产业的发展又相对滞后，这些问题都要通过发展高新技术产业来解决，因而高新技术产业的缺乏不利于我国出口增长的持续性发展，我国应采取措施大力发展属于自己的高新技术产业，增加内资企业在高新技术产品出口中所占的比例，通过高新技术产业的发展带动我国传统产业的转型升级。当前，我国已经通过设立高新技术开发区等政策来发展高新技术产业，但在这个过程中，往往不够重视国际市场的需求、国际市场发展趋势及我国传统产业转型升级的需求，高新技术产业的发展没能很好地促进传统产业的转型升级。

二、影响易控制的内部因素，促进出口稳定增长

内部因素中，出口退税率的调整、出口商品结构集中度及出口商品地理集中度是我国易控制的因素。我国可以通过改变这些因素进而促进出口稳定增长。

（一）调整出口退税率，完善出口退税制度

1. 政府应根据 WTO 规则和出口稳定增长的需要，合理地调整出口退税率

由第四章出口退税的调整与我国各行业出口长短期关系的实证分析结果可以看出，出口退税率的调整对不同行业出口增长的长短期影响不同。出口退税率的调整对机电行业产品出口增长的影响并不明显；短期内，出口退税率的调整对"两高一资"行业和高新技术行业的影响比较明显，对传统行业出口的影响不明显；长期内，出口退税率的调整对高新技术行业、传统行业、"两高一资"行业出口的影响比较明显。因此，我国应该从出口退税政策对不同行业出口影响的实际效果出发进一步细化出口退税调整的范围，同时还要考虑到产业结构升级的需要，进而促进我国的出口稳定增长。由于"两高一资"行

业和传统行业出口退税率的提高不利于我国产业结构的升级，所以也不宜长期通过出口退税政策提高其出口，而对于高新技术行业，其出口退税率的提高既能促进我国出口增长又有利于我国出口的稳定，可以长期通过对高新技术行业设置比较高的出口退税率促进我国出口稳定增长；短期内，可以提高"两高一资"行业和传统行业的出口退税率，促进我国出口增长。

此外，我国出口退税率的调整要符合 WTO 的规定。GATT 附件九《注释和补充规定》第十六条明确规定："免征某项出口商品的关税，免征相同商品供内销时必须缴纳的国内税，不能视为一种补贴。"GATT 在《补贴与反补贴条例》中规定"对出口产品生产和销售的间接税的免除或退还超过对用于国内消费的同类产品的生产和销售所征收的间接税属于出口补贴"。WTO 继承了这些规定。当今，我国出口退税率的设置基本低于产品在国内销售时必须缴纳的国内税。

2. 政府还需进一步完善出口退税管理，设置稳定的出口退税政策

从 1985 年开始实施出口退税政策以来，我国出口退税管理得到不断的完善。我国政府通过立法和先进信息管理手段对骗税问题进行了监控和遏制。为了严惩出口骗税行为，我国将出口骗税行为纳入了《刑法》。此外，我国采取了更先进的信息管理手段，对出口退税信息进行更加严密的监控。虽然我国在出口退税管理方面取得了很大的进展，但由于出口退税的日常管理涉及的部门很多，各部门分工不明确，而且各个部门的沟通、协调和信息共享不够，不能更好地监控出口退税的信息，无法从根本上杜绝出口骗税行为。因此，政府各部门应更具体明确各自的责任，并积极进行沟通、协调和信息共享，更好地监控出口退税信息。

此外，虽然自从我国实施出口退税政策以来，出口退税对我国的出口增长和出口商品结构改善起到了很好的促进作用，但是我国出口退税政策的调整和变化比较频繁。出口退税政策的不稳定性不利于企业制订和执行长期的生产经营计划，不利于企业出口的稳定增加。根据 WTO 的透明度原则，我国出口退税政策的每次调整都必须对外公布，我国出口退税政策的频繁调整将会引起国外企业怀疑我国政府给了企业补贴，进而会导致贸易摩擦增加及外国客户对我国出口商品进行压价，不利于我国出口稳定增长；相反，保持出口退税政策的稳定性能促进企业生产经营活动的稳定进行，同时能减少不必要的贸易摩擦，进而促进我国的出口稳定增长。因此，我国政府应制定比较稳定的有利于出口稳定增长的出口退税政策，实现我国出口增长和稳定的协调统一。出口退税政策实施也必须遵循政策工具边界条件原理。适当提高我国出口退税率能增强我国出口商品在国际市场上的竞争能力，从而促进出口增长。但如果过度提高我国出口退税率将会引起政府财政赤字、企业骗税的增加及贸易壁垒的增加等一系列问题，从而不利于我国的出口稳定增长；出口退税率的提高属于资助性政策，通常采用集权。

（二）扩大我国现有高新技术商品出口规模

由第五章出口商品结构集中度与我国出口增长的长短期关系的分析结果可以看出，无论从短期还是从长期来看，出口商品结构集中度均会影响我国出口增长，出口商品结构集中度的增强有利于我国扩大具有优势的产品的生产，获得更大的规模经济效益，降低生产成本，增强我国出口商品的低成本优势，促进我国出口数量的增加，进而促进出口增长。高技术含量商品存在技术的垄断性，买卖双方关系通常比较稳定，所以，我国现有高技术含量出口商品规模的扩大虽然导致出口商品集中度提高，但仍能提高出口的稳定性，同时又能更好地发挥规模经济效应，获得规模经济效益，进而增强我国出口增长动力，促进我国出口稳定增长。

因此，政府应该对我国高新技术产业出口的商品给予政策上的鼓励和优惠，例如，提高这些企业的出口退税率，帮助企业开发一些新兴市场等。企业应该利用政府给予的优惠，开发更多的出口市场，出口更多的高技术含量商品，使我国出口商品越来越集中于高技术含量的商品，促进我国出口稳定增长。增加我国高新技术产业生产的高技术含量商品出口有利于各地区的出口稳定增长，所以属于资助性政策，通常采用集权。

（三）增强出口市场多元化效果

近年来，我国出口市场多元化战略取得了一定的成就。首先，我国首位市场份额在下降。1991 年我国首位市场份额为 45%，2010 年我国首位市场份额降为 20%，下降了一半还要多。其次，我国前 5 大市场①份额在下降，非洲、拉丁美洲及新兴市场国家②份额在上升，具体见图 7-7。由图 7-7 可以看出，2002~2010 年我国前 5 大市场份额呈下降趋势，2002 年前 5 大市场份额为

---

① 指美国、欧盟、日本、中国香港和韩国。
② 指阿根廷、巴西、印度、印度尼西亚、墨西哥、俄罗斯、沙特阿拉伯、南非、韩国和土耳其。

73.9%, 2010 年该份额下降至 63.5%。此外，非洲、拉丁美洲和新兴市场国家的份额有所上升。2002 年非洲份额为 2.1%，2010 年该份额上升至 3.8%；2002 年拉丁美洲份额为 2.9%，2010 年该份额上升至 5.8%；2002 年新兴市场国家的份额为 10.4%，2010 年该份额上升至 15.4%。由此可以看出，我国出口对前 5 大市场的依赖程度下降，不断开拓了非洲、拉丁美洲和新兴国家的市场。市场多元化战略的实现降低了我国出口大幅波动的风险，有利于我国出口的稳定和持续增长。

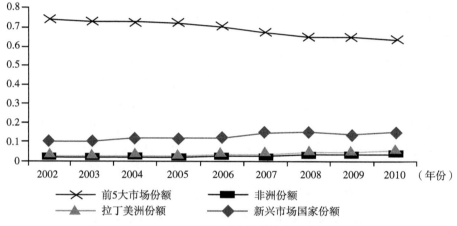

图 7-7　2002~2010 年我国实施市场多元化战略状况

资料来源：各年份《中国统计年鉴》。

我国实施市场多元化战略以来，虽然取得了一定的成就，不断地开拓了非洲、拉丁美洲及东南亚等一些新市场，但我国出口市场仍然高度集中于欧美，出口市场多元化效果不够显著。2010 年我国大陆货物出口总额为 15779 亿美元，其中对美国出口额为 2833 亿美元，对欧盟出口额为 3112 亿美元，占总出口额的比例分别为 18% 和 20%。对中国香港的出口额为 2183 亿美元，占总出口额的比例为 14%，而中国内地对中国香港的出口大多是对美欧市场的转口，所以，我国对美欧市场的实际出口额占总出口的比例应该在 50% 左右。由第五章出口商品地理集中度与我国出口增长关系的实证分析也可以看出，出口市场多元化对我国出口增长的影响不明显。这主要是由于以下一系列原因造成的。首先，欧美等发达国家有很强的支付能力。因为这些国家经济发展水平比较高，消费能力比较强，而且美元和欧元均是主要的国际支付货币，有很强的支付进口需求的能力。其次，我国与大多其他发展中国家有类似的出口商品结构，在开拓这些发展中国家市场时就会导致贸易摩擦不断升级，而且我国企业没有在新开发市场建立完善的营销网络。此外，开拓新市场需要支付一定的成本。

因此，我国政府可以通过逐步推进人民币国际化进程，增强开拓市场的支付能力，从而更好地实施出口市场多元化策略。我国各地区出口企业应该根据各地区的优势生产和出口差异化产品，积极发展与这些发展中国家的产业内贸易，尽量减少贸易摩擦，在新开发的市场建立稳定的营销网络。同时，不断进行技术创新，提高自身产品的竞争力。

出口市场多元化战略在实施中也必须遵循政策工具边界条件原理，因为适当地增加我国出口市场能降低出口风险，从而有利于我国出口稳定增长，但过多地分散出口市场将增加出口成本，从而不利于出口稳定增长。我国出口市场多元化战略有利于各地区的出口稳定，所以属于资助性政策，通常采用集权手段。

第四节　利用各因素间的相互作用促进出口稳定增长

在现实生活中，我国出口稳定增长同时受到内部因素和外部因素的共同影响，而且各种因素之间会相互作用。所以，我国应利用各种因素间的相互作用，同时应对和影响各种因素，实现出口稳定与增长的协调与统一。

一、利用各种外部因素间的相互影响，促进出口稳定增长

各种外部因素间是相互影响的，我们可以利用外部因素间的相互作用实现出口稳定及增长的协调和统一。

首先，可以利用外商直接投资与外生贸易壁垒的相互作用促进我国出口稳定增长。我国所引进的 FDI 对出口贸易产生的主要是互补效应而非替代效应，所以外商直接投资的增加能促进我国出口增长。2001 年以后，外资企业出口额占我国总出口额的比例均在 50% 以上。2008 年该比例达到 68.3%，2009 年和 2010 年该比例有所下降，但仍然超过 50%。由此说明，外商直接投资促进

了我国出口规模的增加。但是在采取措施促进外商直接投资增加，从而促进我国出口增长的同时可能会带来外生贸易壁垒的增加，这主要是由于很多外资企业主要从事低附加值的加工贸易，导致我国出口增长主要是靠数量增长，而以"量"带动的出口增长更易遭受外生贸易壁垒，而外生贸易壁垒的增加又会限制我国出口增长。因此，为了更好地发挥外商直接投资对我国出口稳定增长的促进作用，就应该提高引进的外商直接投资的质量，使外商直接投资更好地促进我国出口商品的"质"，在我国出口"量"增长的同时减少外生贸易壁垒，最终实现出口稳定与增长的统一。

此外，还可以利用外商直接投资与汇率间的相互影响，促进我国出口稳定增长。从现有的理论和实证分析来看，人民币汇率的变化会影响外国对我国的直接投资。程瑶和于津平（2009）指出，人民币汇率的渐进升值有利于引导中国 FDI 的增长方式由粗放型向集约型转变。张莹（2010）指出，人民币波动趋于稳定期间，外商投资者对人民币信心增强，汇率变动与投资增长开始呈同方向变动关系；现有的理论和实证研究表明，外商直接投资的增加在一定程度上会引起我国实际汇率的升值。由此可以看出，在人民币汇率稳定的前提下，人民币升值有利于我国外商直接投资的增加和增长方式的改善，外商直接投资的增加又会在一定程度上引起我国实际汇率的升值，最终形成"人民币升值↔外商直接投资增加"的格局。所以，在保持人民币汇率稳定的同时，适当的人民币升值有利于我国出口稳定增长。

二、利用各种内部因素间的相互影响，促进出口稳定增长

各种内部因素也会相互影响，我们可以利用它们之间的相互作用更好地实现出口稳定与增长的协调和统一。

首先，可以利用技术进步与出口商品结构间的相互作用，促进我国出口稳定增长。技术进步与出口商品结构通过产业结构产生联动效应，通过"技术进步↔产业结构优化↔出口商品结构优化"，实现技术、产业结构与出口商品结构间的良性循环，从而更好地发挥技术进步对我国出口稳定增长的促进作用。在此过程中，技术引进的结构和研发投入应根据产业结构的调整需要进行调整，同时注重产学研的结合，使技术进步更好地转化为生产力，促进我国产业结构的优化，通过产业结构的优化带动出口商品结构的优化，提高资本密集型行业的出口比重，资本密集型行业产出比重的提高又能促进我国产业结构优

化，同时通过更好地学习出口企业的先进技术和管理经验，带动我国整体的技术进步。

此外，可以利用出口退税与出口商品结构的相互作用，促进我国出口稳定增长。在采取提高出口退税率的措施促进我国出口增长时，应该关注出口退税率的调整对我国出口商品结构的影响，最终达到出口退税率的调整能促进我国出口稳定增长的目的。提高资本技术密集型商品的出口退税率，一方面可以提高该产品国内市场价格，进而扩大出口数量；另一方面还能间接优化产业结构和出口商品结构。所以，为了实现出口增长与稳定的协调与统一，我国在采用出口退税政策影响出口时应针对不同行业采用不同的策略，应尽可能在实现出口增长的同时注意出口退税率调整对出口商品结构的影响，尽可能提高资本技术密集型行业的出口退税率，做到在实现出口增长的同时促进出口商品结构的优化，进而同时促进我国出口的可持续发展，最终促进我国出口稳定增长。即实现：

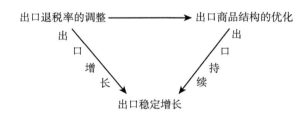

三、利用内外部因素间的相互影响，促进出口稳定增长

外部因素与内部因素间也会相互影响，我们也可以利用它们之间的相互作用实现我国出口稳定与增长的协调与统一。

一方面，在干预外部因素促进我国出口增长时，应该注意外部因素变化对内部因素的影响。例如，根据相关的理论与实证研究结果，外商直接投资的增加能促进我国出口增长，同时也能在一定程度上促进我国出口商品结构的改善，但由于内资企业对跨国公司生产体系的参与程度很小，外商直接投资对我国内资企业的出口促进作用不大，外商直接投资的技术溢出效应不明显，而且会促成我国出口部门的二元经济结构。因此，在采取措施干预外商直接投资以促进我国出口增长时，应该注重引进的外商直接投资的质量，同时促进内资企业更多地参与跨国公司的生产体系，最终使外商直接投资在促进我国出口量增长的同时，促进我国技术进步，同时实现出口商品"质"的提高，实现出口稳定与增长的协调和统一。

另一方面，在干预内部因素促进我国出口增长时，应该关注内部因素变化带来的外部因素的变化趋势，从而更好地实现出口稳定增长。例如，采取措施促进我国技术进步，进而带动我国出口稳定增长时，应该考虑到技术进步对外生贸易壁垒及贸易安排参与的影响，由于技术进步能带来外生贸易壁垒的减少和贸易安排参与范围的扩大，所以，技术进步能同时带动外生贸易壁垒和贸易安排朝着有利于我国的出口稳定增长的方向发展。当我国通过调高出口退税率促进出口增长时，应该考虑到出口退税率的提高对人民币汇率的影响。由于出口退税率的提高会造成人民币升值的压力，而大幅度的人民币升值不利于我国出口稳定增长，所以，我国通过调整出口退税率来促进出口增长时，更应该注重提高出口商品的"质"，提高出口商品的竞争力，从而缓解人民币升值对我国出口的负面影响，进而实现出口稳定增长。

由此可以看出，通过影响内外部因素进而促进我国出口稳定增长时，应该注意到各种因素间的相互作用，通过各种因素的协调来促进出口稳定增长。在当前背景下，我国应更加关注出口的稳定性，因为在过去我国出口增长速度过快，忽略了出口发展的可持续性。随着出口的快速增长，我国原有的"人口红利"优势在逐渐减弱，环境污染也越来越严重，我国旧有的"三高一低"的贸易模式难以为继。当今，在欧债危机和国际金融危机背景下，我国面临出口增长速度放缓的威胁，可以更多地关注旧有的贸易模式的改变，最终实现出口增长与稳定的协调与统一。由第六章第二节和第三节的分析可以看出，内部因素是制约一国出口稳定增长的最根本性因素，内部因素对我国出口增长的长期影响更大，外部因素对我国出口增长的短期影响比较大。在全球经济危机、贸易保护主义抬头等不利的外部环境下，我国要在短期内促进出口增长关键是要改善影响出口增长的外部因素，但要在长期内保持出口稳定增长关键是要改善影响出口稳定增长的内部因素，提高出口商品的质量，以"质"带动"量"的增长。所以，我国当前应该从根本上改善内部因素，面对复杂的外部经济环境，化危机为机遇，变压力为动力，发挥外部因素对我国内部因素改善的辅助作用，实现我国出口长期稳定增长，具体如图7-8所示。由图7-8可以看出，面临外部因素与内部因素对我国出口稳定增长的制约，我国可以通过应对不可干预的外部因素和影响可干预的外部因素在促进我国出口增长的同时促使各种内部因素改善，进而从根本上实现我国出口增长和出口稳定的协调统一。

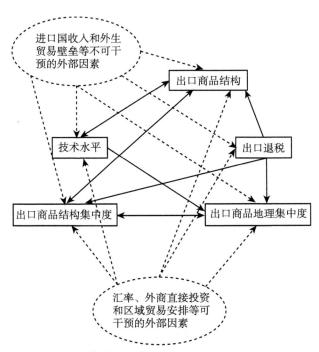

图 7-8 内外部因素的共同作用实现出口稳定增长的机制

附录一 出口增长影响因素调查问卷及调研结果

出口增长影响因素调查问卷

受访者单位_____ 单位规模_____ 单位性质_____

所在单位主要出口的商品是_____ 是否有自己的品牌_____

你认为哪些是影响本公司出口业务的主要因素，并按其影响程度大小顺序排列（ ）

A. 进口国的经济状况　　B. 贸易壁垒　　　　C. 人民币汇率

D. 技术水平　　　　　　E. 出口退税　　　　F. 出口商品种类的变化

G. 工资的上涨　　　　　H. 出口市场的集中程度　　I. 其他

调查对象

我们对以下 27 家出口文具、服装、五金、建材、机械、游艇、洁具、陶瓷和家具的企业进行了调查。

1. 出口文具的 4 家企业：海宁晨宇文具厂、山东华越彩印包装有限公司、昆山狮印文具用品有限公司、广东乐普升文具有限公司。

2. 出口服装的 5 家企业：汕头市卡漫奇制衣厂、上海飞马进出口有限公司、上海丝绸集团股份有限公司、上海服装集团进出口有限公司、上海东隆羽绒制品有限公司。

3. 出口五金、建材、机械的 6 家企业：江门科特电器厂、广东省五金矿产进出口集团公司、宁波埃美柯有限公司、临沂力士达五金机械有限公司、合肥百乐能源设备有限公司、昆山正奇风机械设备有限公司。

4. 出口游艇的 4 家企业：常州晨光游艇制造有限公司、厦门瀚盛游艇有限公司、厦门杰鹏游艇有限公司、厦门骏豪游艇有限公司。

5. 出口洁具/陶瓷的 5 家企业：潮州乐派陶瓷厂、潮州百盛陶瓷厂、乐华陶瓷洁具有限公司、兆峰陶瓷洁具有限公司、安华陶瓷洁具有限公司。

6. 出口家具的 3 家企业：东莞金钵家具、广东适意家具有限公司、广东劳卡家具有限公司。

调查问卷结果

我们发放了 300 份调查问卷，收回 238 份。其中，有 238 份问卷将进口国经济列入影响本公司出口业务的主要因素，有 107 份问卷将贸易壁垒列入影响本公司出口业务的主要因素，有 214 份问卷将人民币汇率列入影响本公司出口业务的主要因素，有 48 份问卷将技术水平列入影响本公司出口业务的主要因素，有 90 份问卷将出口退税列入影响本公司出口业务的主要因素，有 40 份问卷将出口商品种类列入影响本公司出口业务的主要因素，有 86 份问卷将工资列入影响本公司出口业务的主要因素，有 12 份问卷将出口市场集中度列入影响本公司出口业务的主要因素。由此可得出，将进口国经济、贸易壁垒、人民币汇率、技术水平、出口退税、出口商品种类、工资和出口市场集中度列入影响本公司出口业务主要因素的问卷数量占总问卷数量的百分比，如下图所示。

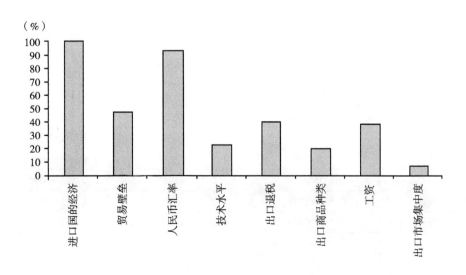

附录二 第三章出口不稳定性指数 计算结果

表1 1978~2010年发展中国家、发达国家和中国出口不稳定性指数

年份	发展中国家	发达国家	中国
1978	0.949253298	0.107454392	4.050000000
1979	0.004976342	0.323571258	0.016589799
1980	0.822132359	0.548650691	2.971506809
1981	1.004033923	0.195606657	3.831715232
1982	0.497331866	0.276282418	1.498739177
1983	0.091105286	0.485758957	1.001490963
1984	0.053044275	0.708196954	0.407817384
1985	0.621453777	0.889831127	1.908519078
1986	0.915021952	0.154154921	2.058980483
1987	0.677087398	0.222262404	0.269014442
1988	0.234091583	0.419613377	0.473874203
1989	0.067079116	0.164327481	0.218171785
1990	0.115326491	0.383902483	0.135167539
1991	0.000237352	0.273235681	0.154515331
1992	0.116960029	0.327585226	0.464869207
1993	0.224145659	0.029861327	0.537048955
1994	0.255096969	0.144891144	1.365929396
1995	0.643657724	0.453144607	2.225360504
1996	0.811965745	0.242396351	0.435892658
1997	0.739460359	0.078495754	1.062408061
1998	0.001739472	0.207689009	0.831094949
1999	0.259246358	0.126374319	2.032684058

续表

年份	发展中国家	发达国家	中国
2000	0.124618136	0.277058626	0.937041006
2001	0.638187971	0.552480895	2.238749022
2002	0.942911749	0.560773982	1.952807005
2003	0.834925566	0.14942537	0.640856805
2004	0.473234838	0.164528551	0.620000000
2005	0.087602264	0.142888400	1.204703003
2006	0.156714135	0.130012633	1.687280542
2007	0.491060662	0.361220263	2.069994238
2008	0.674410353	0.424066582	1.756134582
2009	0.11537449	0.182316284	1.973040164
2010	0.232879087	0.251328653	0.993821381

表 2　1990~2009 年我国各行业出口不稳定性指数

年份	资源密集型行业	劳动密集型行业	资本技术密集型行业
1990	0.006520918	0.035855396	0.011953218
1991	0.000692204	0.028973879	0.028862159
1992	0.001815793	0.023075302	0.017756102
1993	0.011235361	0.010647206	0.004649954
1994	0.011789580	0.028764791	0.014783056
1995	0.018566297	0.031090580	0.035735206
1996	0.012894507	0.007029543	0.012061451
1997	0.019065098	0.017829727	0.007605543
1998	0.020765145	0.004100051	0.009496714
1999	0.038692959	0.018714409	0.023440227
2000	0.006941739	0.009663807	0.010297798
2001	0.016611448	0.027299801	0.024732787
2002	0.020236522	0.025194691	0.019435855
2003	0.004226227	0.014532945	0.001245932
2004	0.002662980	0.000283107	0.011868532
2005	0.014007551	0.006855675	0.015245319
2006	0.006671053	0.015277437	0.016626376

续表

年份	资源密集型行业	劳动密集型行业	资本技术密集型行业
2007	0.011127271	0.021107959	0.016961821
2008	0.028177259	0.018255591	0.009537659
2009	0.022102413	0.025728750	0.032405152

表 3　1993~2010 年我国各地区出口不稳定性指数

年份	东部	中部	西部
1993	0.015792034	0.011865740	0.022070210
1994	0.014325593	0.034550241	0.040443671
1995	0.022180202	0.034081180	0.076881721
1996	0.006092757	0.002503327	0.004609966
1997	0.011785948	0.017190423	0.016376417
1998	0.006749466	0.033400170	0.021116176
1999	0.019625281	0.053959235	0.046599751
2000	0.009279903	0.012742839	0.021997082
2001	0.022660108	0.035172785	0.066141289
2002	0.019799804	0.038348755	0.038810900
2003	0.006436958	0.016327563	0.008755497
2004	0.006602083	8.85802E-05	0.000431883
2005	0.012666776	0.007215299	0.001733476
2006	0.017069441	0.021265203	0.014131287
2007	0.020225181	0.036998250	0.028009649
2008	0.016079008	0.049837902	0.042176343
2009	0.019854287	0.037956991	0.039135495
2010	0.011348256	0.007501957	0.014792294

参 考 文 献

中文

［1］白重恩等，（2011）"出口退税政策调整对中国出口影响的实证分析"［J］.《经济学》（季刊）第 3 期：799-820.

［2］曹冬艳、杨天开，（2011）"碳关税对高耗能产品贸易的影响"［J］.《黑龙江对外经贸》第 3 期：11-13.

［3］蔡春林、姚远，（2012）"美国推进第三次工业革命的战略及对中国借鉴"［J］.《国际贸易》第 9 期：17-22.

［4］曹宏成，（2007）"中国出口贸易流量研究——基于引力模型的实证"［J］.《工业技术经济》第 1 期：120-122.

［5］陈彬、钟筱红，（2007）"外资准入中的污染转移及其控制"［J］.《国际经贸探索》第 4 期：75-78.

［6］陈汉林、涂艳，（2007）"中国—东盟自由贸易区下中国的静态贸易效应"［J］.《国际贸易问题》第 5 期：47-50.

［7］陈六傅，（2007）"人民币实际汇率波动风险对我国各类企业出口的影响"［J］.《数量经济技术经济研究》第 7 期：81-88.

［8］陈平、黄健梅，（2003）"我国出口退税效应分析：理论与实证"［J］.《管理世界》第 12 期：25-31.

［9］陈雯，（2009）"中国—东盟自由贸易区的贸易效应研究"［J］.《国际贸易问题》第 1 期：61-66.

［10］陈云、何秀红，（2008）"人民币汇率波动对我国 HS 分类商品出口的影响"［J］.《数量经济技术经济研究》第 3 期：43-54.

［11］陈宪、张鸿，（2008）《国际贸易》［M］.上海财经大学出版社.

［12］程瑶、于津平，（2009）"人民币汇率波动对外商直接投资影响的实

证分析"[J].《世界经济研究》第 3 期：75-82.

[13] 戴志敏、罗希晨，（2006）"我国外商投资与出口贸易关联度分析"[J].《浙江大学学报》（人文社会科学版）第 6 期：67-73.

[14] J. 丁伯根著，（1988）《经济政策：原理与设计》[M]. 张幼文译，商务印书馆.

[15] 丁文丽，（2001）"外商直接投资与中国出口总量及结构的相关关系分析"[J].《经济经纬》第 2 期：96-98.

[16] 董雯雯，（2008）"调整出口退税对人民币汇率的影响分析"[J].《黑龙江对外经贸》第 11 期：56-58.

[17] 董小麟、肖姝娴，（2005）"中国三地区出口影响因素比较实证分析"[J].《国际经贸探索》第 3 期：4-7.

[18] 傅京燕，（2005）"技术性贸易壁垒对我国外贸出口的影响及相关对策"[J].《江苏商论》第 5 期：62-63.

[19] 郭红燕、韩立岩，（2008）"外商直接投资、环境管制与环境污染"[J].《国际贸易问题》第 8 期：111-118.

[20] 谷任、吴海斌，（2006）"汇率变动对我国纺织品出口国际竞争力的影响"[J].《国际贸易问题》第 8 期：29-34.

[21] 何兴容、凡福善，（2009）"出口退税与我国贸易出口增长"[J].《当代财经》第 10 期：105-109.

[22] 胡本田，（2004）"安徽省出口不稳定性与对策研究"[J].《安徽电气工程职业技术学院学报》第 2 期：57-61.

[23] 胡兵、乔晶，（2009）"我国出口国际区域结构的实证分析"[J].《山西财经大学学报》第 4 期：21-27.

[24] 胡国恒（2004），"外商直接投资与我国出口部门的二元结构"[J].《国际商务——对外经济贸易大学学报》第 3 期：51-54.

[25] 胡求光、黄平川，（2008）"外商直接投资对浙江省进出口贸易影响的实证分析"[J].《国际贸易问题》第 11 期：104-110.

[26] 胡求光、霍学喜，（2008）"中国水产品出口贸易影响因素与发展潜力"[J].《农业技术经济》第 3 期：100-105.

[27] 黄先海、林海蛟，（2001）"国际直接投资的贸易效应"[J].《浙江社会科学》第 5 期：15-19.

[28] 金柏松、李健等，（2011）"全球化视角下我国出口商品结构与产业

结构调整研究"［J］.《国际贸易》第 7 期：4-13.

［29］金雪军、卢佳，（2007）"人民币升值、出口退税下调与我国地区出口增长"［J］.《财贸经济》第 11 期：101-106.

［30］李磊，（2000）"中国出口结构与产业结构的实证分析"［J］.《财贸经济》第 5 期：59-62.

［31］李国荣，（2006）"我国外商直接投资与出口贸易关系的实证研究"［J］.《国际贸易问题》第 4 期：15-21.

［32］李荣林、姜茜，（2010）"我国对外贸易结构对产业结构的先导效应检验"［J］.《国际贸易问题》第 8 期：3-12.

［33］李荣富，（2008）"出口贸易相关因素的实证研究"［J］.《特区经济》第 6 期：248-250.

［34］李玉举，（2005）"区域贸易安排与出口潜力：引力模型结论的调适"［J］.《财经研究》第 6 期：86-95.

［35］李玉举，（2005）"应用引力模型评判区域贸易安排与出口增长"［J］.《财经科学》第 3 期：100-106.

［36］林龙辉、向洪金、冯宗宪，（2010）"出口退税对我国产品出口价格影响的实证研究——以出口到美国的纺织品为例"［J］.《价格理论与实践》第 1 期：61-62.

［37］刘靖等，（2006）"中国农产品出口地理结构的衡量与分析"［J］.《世界经济》第 1 期：40-51.

［38］刘李峰、武拉平，（2006）"中国与新西兰签署自由贸易协定对双边农产品贸易的影响研究"［J］.《当代亚太》第 7 期：55-62.

［39］刘穷志，（2005）"出口退税与中国的出口激励政策"［J］.《世界经济》第 6 期：37-43.

［40］卢向前、戴国强，（2005）"人民币实际汇率波动对我国进出口的影响：1994~2003"［J］.《经济研究》第 5 期：31-39.

［41］刘卫江，（2002）"中国出口收入不稳定性成因的实证分析"［J］.《财经科学》第 2 期：17-19.

［42］门明、刘腾，（2008）"人民币汇率波动对我国出口影响的微观探讨"［J］.《山西财经大学学报》第 9 期：22-28.

［43］马丹、许少强，（2005）"中国贸易收支，贸易结构与人民币实际有效汇率"［J］.《数量经济技术经济研究》第 6 期：23-33.

［44］马一可，（2010）"金融危机下技术性贸易壁垒对我国出口贸易的影响与对策"［J］.《黑龙江对外经贸》第 1 期：32-35.

［45］钱学锋、熊平，（2010）"中国出口增长的二元边际及其因素决定"［J］.《经济研究》第 1 期：65-79.

［46］强永昌、龚向明，（2011）"出口多样化一定能减弱出口波动吗——基于经济发展阶段和贸易政策的效应分析"［J］.《国际贸易问题》第 1 期：12-19.

［47］沈可挺，（2010）"碳关税争端及其对中国制造业的影响"［J］.《中国工业经济》第 1 期：65-74.

［48］沈可挺、李钢，（2010）"碳关税对中国工业品出口的影响——基于可计算一般均衡模型的评估"［J］.《财贸经济》第 1 期：75-84.

［49］盛斌，（2006）"贸易、发展与 WTO：多哈回合谈判的现状与前景"［J］.《世界经济》第 3 期：60-71.

［50］施炳展，（2010）"中国出口增长的三元边际"［J］.《经济学（季刊）》第 4 期：1311-1330.

［51］施炳展，（2011）"金融危机后中国频遭贸易壁垒的内因分析：以中美贸易为例"［J］.《财贸研究》第 4 期：46-53.

［52］师求恩，（2004）"TBT 对我国出口增长的制约"［J］.《经济理论与经济管理》第 12 期：16-19.

［53］孙静，（2011）"试析经济稳定与经济增长、经济发展的关系"［J］.《经济研究导刊》第 20 期：3-4.

［54］孙龙中、徐松，（2008）"技术性贸易壁垒对我国农产品出口的影响与对策"［J］.《国际贸易问题》第 2 期：26-34.

［55］孙霄翀、刘士余、宋逢明，（2006）"汇率调整对外商直接投资的影响——基于理论和实证的研究"［J］.《数量经济技术经济研究》第 8 期：68-77.

［56］孙致陆、肖海峰，（2011）"外商直接投资对东道国国内投资的"挤入"与"挤出"效应"［J］.《亚太经济》第 2 期：108-112.

［57］田强，（2007）"技术性贸易壁垒对我国纺织品服装出口的影响与对策"［J］.《黑龙江对外经贸》第 8 期：31-34.

［58］王静岩，（2010）"绿色贸易壁垒与我国农产品出口贸易"［J］.《黑龙江对外经贸》第 10 期：26-28.

[59] 王若飞，（2012）"浅谈我国科技成果转化率低的原因和对策"[J].《重庆科技学院学报》（社会科学版）第 2 期：97-99.

[60] 王小平，（2006）"中国服务贸易周期波动的实证分析"[J].《财贸经济》第 7 期：10-16.

[61] 王子军、冯蕾，（2004）"外商直接投资与中国出口竞争力"[J].《南开经济研究》第 4 期：52-57.

[62] 王志鹏，（2002）"论外商直接投资对实际汇率的影响"[J].《经济评论》第 2 期：87-91.

[63] 汪素芹、姜枫，（2008）"对外直接投资对母国出口贸易的影响——基于日本、美国对华投资的实证分析" [J].《世界经济研究》第 5 期：78-83.

[64] 魏澄荣、全毅，（2008）"出口退税调整对福建省外贸出口影响的实证分析"[J].《国际贸易问题》第 5 期：49-54.

[65] 魏龙、李丽娟，（2005）"技术创新对中国高技术产品出口影响的实证分析"[J].《国际贸易问题》第 12 期：32-35.

[66] 魏巍贤，（2000）"中国出口增长的决定因素分析"[J].《预测》第 3 期：25-31.

[67] 吴晓军、赵海东（2004），"产业转移与欠发达地区经济发展"[J].《当代财经》第 6 期：96-99.

[68] 吴延兵等，（2011）"创新、模仿与企业效率——来自制造业非国有企业的经验证据"[J].《中国社会科学》第 4 期：77-94.

[69] 小岛清，（1994）《对外贸易论》[M].周宝廉译，南开大学出版社.

[70] 肖黎等，（2010）"湖南出口商品结构与出口贸易增长的灰色关联分析"[J].《企业经济》第 10 期：116-119.

[71] 许和连、赖明勇，（2002）"外商直接投资对中国出口贸易影响的实证分析"[J].《预测》第 2 期：10-13.

[72] 徐佳梅，（2007）"人民币汇率市场化与中国企业汇率风险管理"[D].厦门大学硕士学位论文.

[73] 许军、李勤，（2009）"中国加工贸易的周期性波动分析"[J].《经济经纬》第 6 期：34-37.

[74] 徐婧，（2008）"CAFTA 对中国和东盟贸易扩大效应的实证研究"[J].《世界经济研究》第 10 期：63-69.

［75］徐维、贾金荣，（2011）"技术性贸易壁垒对我国农产品出口的影响"［J］.《中国经济问题》第 2 期：45-51.

［76］徐颖君，（2006）"中国出口贸易能稳定增长吗——关于出口集中度和比较优势的实证分析"［J］.《世界经济研究》第 8 期：36-44.

［77］闫逢柱、苏李，（2009）"从结构角度看中国出口贸易的增长波动"［J］.《财经科学》第 10 期：102-109.

［78］杨波，（2008）"科技创新对出口促进作用的国际比较研究"［J］.《科研管理》第 1 期：21-28.

［79］杨长湧，（2010）"我国出口市场多元化战略的现状、影响及对策"［J］.《宏观经济研究》第 6 期：12-18.

［80］杨扬，（2003）"江苏省出口不稳定性成因分析与对策探讨"［J］.《华东经济管理》第 1 期：4-6.

［81］应瑞瑶、周力，（2006）"外商直接投资、工业污染与环境规制"［J］.《财贸经济》第 1 期：76-81.

［82］于峰、齐建国，（2007）"我国外商直接投资环境效应的经验研究"［J］.《国际贸易问题》第 8 期：104-112.

［83］张彬，（2010）《国际区域经济一体化比较研究》［M］.北京：人民出版社.

［84］张俊芳、郭戎，（2010）"我国科技成果转化的现状分析及政策建议"［J］.《中国软科学增刊》（下）第 10 期：137-142.

［85］张丽，（2011）"低碳贸易壁垒的缘起、发展以及现状研究"［J］.《黑龙江对外经贸》第 1 期：33-35.

［86］张莹，（2010）"人民币汇率变动对外商直接投资的影响"［D］.苏州大学硕士学位论文.

［87］曾国平、申海成，（2008）"中国农产品出口贸易影响因素研究——基于贸易引力模型的面板数据"［J］.《重庆大学学报》（社会科学版）第 3 期：18-23.

［88］赵革、黄国华，（2006）"25 年来中国外贸出口增长因素分析"［J］.《统计研究》第 12 期：20-22.

［89］赵志强、胡培战，（2009）"技术标准战略、技术贸易壁垒与出口竞争力的关系"［J］.《国际贸易问题》第 10 期：79-86.

［90］郑春芳、陈仙丽，（2011）"碳关税对我国外贸出口的四大影响"

[J].《对外经贸实务》第 1 期：30-32.

[91] 郑桂环、史德信、汪寿阳，（2004）"出口退税政策对中国出口增长的影响分析"[J].《管理评论》第 6 期：44-50.

[92] 郑桂环、汪寿阳，（2005）"出口退税结构性调整对中国出口主要行业的影响"[J].《管理学报》第 7 期：417-421.

[93] 郑恺，（2006）"实际汇率波动对我国出口的影响"[J].《财贸经济》第 9 期：37-43.

[94] 钟昌标，（2007）"影响中国电子行业出口决定因素的经验分析"[J].《经济研究》第 9 期：62-70.

[95] 朱钟棣等，（2007）"合规性贸易壁垒的应对和应用研究"[M]. 人民出版社.

[96] 朱钟棣、张秋菊，（2006）"中国需要新的贸易模式"[J].《国际商务研究》第 2 期：1-7.

[97] 全惟幸，（2003）"贸易结构与汇率——从中日比较看巴拉萨-萨缪尔逊假设"[J].《世界经济研究》第 11 期：42-48.

英文

[1] Adams F. G., Behrman J. R., (1982) "Commodity Exports and Economic Development", Lawrence R Klein, Richard M Young. Wharton Econometric Studies [C]. Lexington：Lexington Books.

[2] Aitken B. J. and Harrison A. E., (1999) "Do Domestic Firms Benefit from Direct Foreign Investment? Evidence from Venezuela"[J]. American Economic Review, 6：605-618.

[3] Aristotelous K., (2001) "Exchange Rate Volatility, Exchange-Rate Regime, and Trade Volume：Evidence From the UK-US Export Function 1889-1999", Economics Letters, 72, 87-94.

[4] Bernard A. B. & Jensen, J., B., (1999) "Exceptional export Performance：Cause, Effect or Both"[J]. Journal of International Economics, 47：1-25.

[5] BinXu, (2010), "Comment on the Anatomy of China's Export Growth", http：//www. nber. org/chapters/c10452.

[6] Blomstrom M., (1991) "Host Country Benefits of Foreign Investment", NBER Working Paper Series, No. 3615, Mass. US.

〔7〕Braunerhjelm R., （1996）"The Relation Between Firm-specific Intangible and Export", Economics Letters, 53: 213-219.

〔8〕Chao C. C., Chou W. L., Yu ESH. （2001） "Export Duty Rebates and Export Performance"〔J〕. Journal of Comparative Economics, （3） .

〔9〕Chien-Hsun CHEN, Chao-Cheng MAI. （2006） "The Effect of Export Tax Rebates on Export Performance: Theory and Evidence from China"〔J〕. China Economic Review, （2） .

〔10〕Chowdhury A., （1993） "Does Exchange Rate Volatility Depress Trade Flows? Evidence from Error-Correction Models"〔J〕. Review of Economics and Statistics, 75: 700-761.

〔11〕Dominguez, Kathryn M. E. and Linda L. Tesar. （2006） "Exchange Rate Exposure"〔J〕. Journal of International Economics, 68: 188-218.

〔12〕Doroodian K., （1999） "Does Exchange Rate Volatility Deter International Trade in Developing Countries"〔J〕. Journal of Asian Economics, 10: 465-474.

〔13〕Eaton, Jonathan, Akiko Tamura. （1994） "Bilateralism and Regionalism in Japanese and US Trade and Direct Foreign Investment Patterns"〔J〕. Journal of the Japanese and International Economies.

〔14〕Gabriel J. Felbermayr & Wilhelm Kohler. （2006） "Exploring the Intensive and Extensive Margins of World Trade"〔J〕. Review of World Economics, Vol. 142 （4）.

〔15〕G. M. Swann, P. P. Temple and M. Shurmer. （1996） "Standards and Trade Performance: The British Experience"〔J〕. Economic Journal Vol. 10.

〔16〕Hughes K. （1986） "Export and Technological Competition and Trade Performance"〔J〕. Applied Economics, 29: 179-196.

〔17〕Hummels D. and P. Klenow. （2005） "The Variety and Quality of a Nation's Exports"〔J〕. American Economic Review, 95 （3）: 704-723.

〔18〕Jun K. and Singh H., （1996） "The Determinants of Foreign Direct Investment in Developing Countries"〔J〕. Transnational Corporations, August: 67-105.

〔19〕Liu Z., （2002） "Foreign Direct Investment and Technology Spillover: Evidence from China"〔J〕. Journal of Comparative Economics, 30: 579-602.

〔20〕Love J., （1987） "Export Instability in Less Developed Countries: Consequences and Causes"〔J〕. Journal of Economic Studies, 14 （2）: 3-77.

〔21〕Mary Amiti, Caroline Freund. （2010） "The Anatomy of China's Export

Growth" [C]. http://www. nber. org/chapters/c10451

[22] Mary Amiti David Greenaway. (2000) "Foreign Direct Investment and Trade: Substitutes or Complements?" [C] . NBER Working Paper.

[23] Massell B. F., (1964) "Export Concentration and Fluctuations in Export Earnings: A Cross-section Analysis. " [J]. The American Economic Review, 54: 47-63.

[24] Peree E., and Steinherr A., (1989) "Exchange Rate Uncertainty and Foreign Trade" [J]. European Economic Review, 33: 1241-1264.

[25] Peter Clark, Natalia Tamirisa, Shang jin Wei, Azim Sadikov, and Li Zeng (2004) "Exchange Rate Volatility and Trade Flows: Some New Evidence" [C] . IMF Working Paper.

[26] Robert C. Feenstra. (2007) "China's Growing Role in World Trade" [C]. http://www. nber. org/Books/feen07-1.

[27] Satis Chandra Devkota. (2004) "Causes of Export Instability in Nepal" [C]. International Trade 0410002, EconWPA.

[28] Sercu P., and Vanhulle, C., (1992) "Exchange Rate Volatility, International Trade, and the Value of Exporting Firms" [J]. Journal of Banking and Finance, 16: 155-182.

[29] Shi Bingzhan. (2011) "Extensive Margin Quantity and Price in China's Export Growth" [J]. China Economic Review, 22: 233-243.

[30] Tegene A., (1991) "Commodity Concentration and Export earning Instability: The Evidence from African Countries" [J]. American Economist, 34: 55-59.

[31] Tibor Besedeš, Thomas J. Prusa. (2007) "The Role of Extensive and Intensive Margins and Export Growth" [C] . http://www. nber. org/papers/w13628.

[32] Tinbergen J., (1962) "Shaping the World Economy: Suggestions for an International Economic Policy", Twentieth Century Fund.

[33] Venables A., (2000) "Regional Integration Agreements: Forces for Convergence or Divergence? Review of Economic and Development.

[34] Venables A., (2002) "Winners and Losers from Regional Integration Agreements", London School of Economics, Department of Economics.

[35] Wakelin K., (1998) "The Role of Innovation in Bilateral OECD Trade

Performance"[J]. Applied Economics, 30: 1335-1346.

[36] BlomstormL M., (2006)"Host Country Benefits of Foreign Investment"[C]. www. nber. org/papers/w3615.